国家古籍整理出版资助项目

中国近代人物日记丛书

古 辛 整理

唐景崧日記

中华书局

图书在版编目(CIP)数据

唐景崧日记/古辛整理. —北京:中华书局,2013.8
(2014.4重印)
(中国近代人物日记丛书)
ISBN 978-7-101-09254-7

Ⅰ.唐… Ⅱ.古… Ⅲ.唐景崧(1841～1903)—日记
Ⅳ.K827=52

中国版本图书馆 CIP 数据核字(2013)第 048779 号

书　　名　唐景崧日记
整 理 者　古　辛
丛 书 名　中国近代人物日记丛书
责任编辑　张玉亮
出版发行　中华书局
　　　　　(北京市丰台区太平桥西里 38 号　100073)
　　　　　http://www.zhbc.com.cn
　　　　　E-mail:zhbc@zhbc.com.cn
印　　刷　北京天来印务有限公司
版　　次　2013 年 8 月北京第 1 版
　　　　　2014 年 4 月北京第 2 次印刷
规　　格　850×1168 毫米　1/32
　　　　　印张 10⅝　插页 3　字数 250 千字
印　　数　2001-3500 册
国际书号　ISBN 978-7-101-09254-7
定　　价　38.00 元

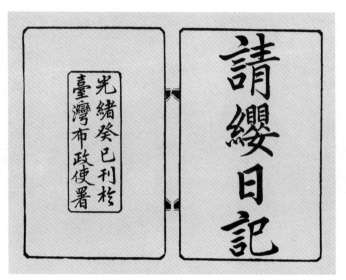

《请缨日记》书影

唐景崧手书石刻

《中国近代人物日记丛书》出版说明

　　编辑出版《中国近代人物日记丛书》，旨在为学术界提供完备、可靠的基本资料。

　　日记体裁的特殊性，使其具有其他种类文献所不具备的史料价值。日记中的资料，有的为通行文献所不载，有的可与通行文献相互印证、补充，有的可以订正通行文献中的讹误。中国近代许多著名的历史人物都留有非常丰富的日记，较为著名的有晚清四大日记翁同龢《翁文恭公日记》、李慈铭《越缦堂日记》、王闿运《湘绮楼日记》、叶昌炽《缘督庐日记》等，都是具有较高史料价值、经常被学者征引的重要文献。

　　然而许多日记文献藏于图书馆、博物馆、研究机构或个人手中，学者访求不便。为此，系统发掘整理这类文献，是一项很有意义的工作。中华书局于二十世纪七十年代开始策划《中国近代人物日记丛书》，出版了多个品种，受到学术界的重视与好评，《翁同龢日记》、《郑孝胥日记》等至今仍是引用率较高的近代日记整理本。

　　新世纪以来，我们继承这一传统，加大近代人物日记的出版力度，试图通过进一步完善整理体例、新编更便利使用的索引、搜集更完备的附录资料等方式，使这套丛书发挥更大的作用，继续为学术研究贡献力量。

　　编好这套丛书，一定会遇到不少困难，但我们相信，在学术界、文博界和公私收藏机构与个人的大力支持下，这套有着悠久历史的基本文献丛书将会有更多更完备、精良的品种问世并传世。

中华书局编辑部

目　录

前　言

　　近代史的人物长廊上有太多的名人，唐景崧是其中比较有传奇色彩的一个。而他传奇的一生，是以一次"请缨"拉开序幕的。

　　唐景崧（1841—1903），字维卿（一作薇卿），广西灌阳人。同治四年（1865）进士。此后，接吏部候补主事，在这一京官微职上蹉跎了将近二十载光阴，他也从二十多岁的少年士子步入不惑之年。直到十八年后的光绪八年（1882），法越战火烧到西南边陲，这时的唐景崧不甘寂寞，做出了一件无论从当时还是后世都足以对其刮目相看的事来——请缨。他以一个小小候补主事的身份，向皇帝提交了长达两千言的奏折，这份题为"奏为筹护藩邦敬陈管见恭折仰祈圣鉴事"的奏折，将唐景崧带入了波澜壮阔的近代史长卷。在奏折中，唐景崧深入分析了法越局势，提出了自己的看法，欲凭自己与早年参加起义、后驻军越南、此时正活跃在边境的黑旗军首领刘永福的乡谊，对其晓以大义，与其共同对抗法人入侵，护藩邦而靖夷氛。他指出，时为中国藩属国的越南若被侵略，不止是西南一隅的问题，"今者琉球固无望矣，朝鲜又生事矣，日本、俄罗斯皆睢盱而欲蠢动者也……"国家的巨患，虽小臣亦不得诿为分外之事，他"不冀迁官，不支岁帑"，甚至"毋庸援照洋使章程办理"，只求能假以朝命，为国效劳。这份充满爱国激情的奏折不久得到批复："吏部候补主事唐景崧，着发往云南，交岑毓英差遣委用。钦此。"从此，他踏上了前往越南联络刘氏的征途。多年以后，当他离开转战千里、血染疆场的越南,在台湾道任上,根据这次请缨从戎的亲身经历,结合军报邸抄、公函友书,刊成《请缨日记》一书,为记录中法战争留下了珍贵的第一手资料。

《请缨日记》十卷,光绪十九年癸巳(1893)刊于台湾布政使署。书前有丘逢甲的长篇序言,高度评价了唐景崧请缨从戎、保卫边疆的爱国精神。后有凡例一篇,值得注意的是,在近代日记文献中,有凡例者比较少见。作者在凡例中交代了日记的刊行体例、信息来源、专名省语之用法、暗码俗称之本义,可谓不厌其烦。同时,作者明确指出,"是编事后纂成",并非实时所记。对这一点作者是毫无隐晦的。一些学者在研究《请缨日记》时持"篡改说",认为唐景崧是事后追记,不足为信,加之所记确有与史实不符之处,进而质疑此书的史料价值。其实大可不必——所记不实,在日记和其他文献中多是难以避免的,与是否为实时记录并无直接关系。日记文献的史料价值,不仅仅在于其中所记述的史料是否真实——究竟有哪些不实之处、这些不实之处为何产生,作者本人的主观"篡改"或加工所反映的信息,更是研究日记作者的难能可贵的材料。日记文献不同于其他类型文献的独特价值,恰在这方面更为突出。

与其他文献不同,日记为私人文笔,不受文体限制,能保留大量的细节描述,使得文字逼真可感。不过不幸的是,这部日记带给我们的真实感,多是关于战争的残酷:

　　　午刻,台内法兵骤出,飞奔东门,城上枪炮齐下,丁军哨官都司何天发搴旗抢登台上,中炮,血肉腾空。两军追击逸虏,枯草为红。(卷六,十二月十五日)

　　　土山对峙,杀气云腾,枪弹拂拂左右。(卷七,正月初四)

　　　每于濠浅处,必鞠躬以行,昂首即受枪;然地道中亦有中弹

者,听命而已。(卷七,正月初九)

除了枪炮,能轻易夺人性命的还有:

> 回巴坛岭,闻十八夜有虎入营,在月下巡营一过,并未伤人,爪迹径圆七寸。(卷四,四月二十日)

> 行六十里至北深,沿路竹木交加,阴晦可怖,溪流活活,涉过十数重。北深无民居,仅盖蕉屋为余宿所,四面林箐不能支军帐,将士宿草中,虎噬两卒。(卷六,九月二十八日)

> 野象极多,蹄陷田圆径尺,甚碍马足。(卷六,十二月十七日)

> 宣光一带,荒僻无路,但随象迹以行。野象百十为群,夜行触之则毙。(卷九,五月初三日所录张之洞奏疏)

甚至蚊虫和植物都隐藏着致命的危机:

> ……叶上飞蛭簌簌咕人,两头能跃,细如发,入肉壮如箸,流血被体,俗呼山马蝗,春夏尤多。(卷六,九月十六日)

> 宣光水土恶毒,军中患病将四百人,又无医药,左右呻吟不绝。(卷六,十月十八日)

有人说,用餐是一日中最美妙的时光,过年是一年中最美妙的时光。但在战争中,吃饭和过年有着与和平时期决然不同的景象:

> 战士伏城下送饭尝被击,每以布裹饭递掷而前。后因粮少食粥,不能掷,辄饿竟日。(卷六,十二月二十八日)

> 丁统领短衣泥屦来营贺年;景军将弁俱来贺,枯槁无人色。枪炮之声犹不绝于耳。市商渐集,而价极翔贵:银二十两买米百斤,银七钱换豚肉一斤,鲜蔬绝少,日食盐菜而已。(卷七,光绪十一年正月初一)

战争中所要面对的不止是凶残的敌人和恶劣的环境,还有如何面对战友、如何面对自己的问题。在极端的环境下,人的情绪难免失控。将士的情绪、关系、纪律，是身为带队者的唐景崧必须要妥善处理的：

> 传檄各营管带，申饬无能。谈敬德愧甚，不敢谒见。（卷六，十一月二十五日）

> 为余四十四岁初度。各营官自二十五日斥责后，垂首噤默；恐堕锐气，厨下适烹熊掌，乃召营官开筵畅饮，谈笑尽欢。（卷六，十一月二十七日）

> 渊亭席上责守忠初二日之战不力，守忠负气出，渊亭喝亲兵捉之，经张盛高等劝止；守忠回营，愤欲卸甲。余函责之，兼函劝渊亭。今接守忠书，悔罪语切，尚可嘉也。（卷六，十月二十五日）

> 奉发赏格十纸，内斩教匪一条，似当注明以临阵斩获为凭，阵后献级不赏，无故往村中捕获虽有习教实据亦不赏。盖防弁勇妄杀越民，冒称教匪请赏，故以临阵为凭。至教民诛不胜诛，不出拒我，即可宽其生路，免招困兽之斗，而蹈驱爵之讥。伏冀采纳。（卷四，三月十六日）

> 营官李润缚送索饷什长二名营门正法。（卷四，三月初一日）

和衷共济，调和鼎鼐，严明军法，唐景崧为此煞费苦心，有时不得已而需要施以严刑。这里，我们看到了战争夺人性命的另一种方式——军法。胜固可升官，败则身败名裂，等待的是降职、严谴乃至极刑：

> 除黄桂兰畏罪自尽，应毋庸议外，已革道员赵沃、已革提督陈朝纲本应军前正法，惟念北宁被陷，系越官开门迎敌，该革员等回救不及，尚有一线可原。所请发往黑龙江充当苦差之已革道员赵沃、已革提督陈朝纲，着改为斩监候，秋后处决，

即解交刑部监禁。已革副将周炳林不能联络刘团，以致偾事；军功覃志成所部骚扰地方，情节较重，均着发往黑龙江效力赎罪。并请革职之游击谢洲、田福志，参将蒋大彰，守备贾文贵，副将李石秀改为发往军台效力赎罪。（卷六，九月二十三日）

这不能不让唐景崧深有感触。他在流连山川、听闻乃老上司徐延旭被逮入罪之处时，感慨良多：

约钟西耘、尹仰衡、南宁钟孝廉游紫霞洞。洞去龙州五十里，山在河干，两洞毗连，跨山之半有楼、有亭、有半月廊，龙州同知蔡仲岐所修葺也。数年从事鞍马，日居卑湿帐中，几忘世间有栋宇几榻之乐，至此精神为之一健。窗外碧桃一株，虬枝拂槛，客袖皆绿。晚酌毕，披襟坐山门风月下，俯听河流淙淙有声。道士为言晓山抚军被逮时，舟行过此，游眺竟日而去，不觉边关情事枨触心头。（卷八，四月初八日）

在整理本书的过程中，确切地说是编制人名索引的过程中，最令整理者动容的，不是张之洞、岑毓英、李鸿章、李鸿藻、曾国荃、曾纪泽等近代史上耳熟能详的赫赫大名，而是那些不见经传，甚至在这部如此细致记述战争细节的日记中都仅仅出现一两次、却牺牲得如此壮烈的名字。甚至于有的人连名字都没有留下：

黑旗勇敢无匹，败退时，仍以药筒、药包、石块、小刀掷击法人。忽见法之黑兵从左边攻入，有一华人自知逃避不及，即焚火药房，轰法兵四十人。（卷九，五月初三日录西人河内来信）

历史，是他们铸成的。

除了中法战事的记载以外，本书中保留了不少关于越南的记述，也可为我们保留一份内地知识分子初踏异域的笔记文字。如卷一里十二月初四日记载的初至顺化的官员接待和民间风俗：

　　海防官皆大员，赤足，鞋无后，兜帛蒙首，窄袖衣及膝，语
次摩挲两足。……坐小船入内河，妇女摇舟，歌声琅琅，忽停
桨登篷，食槟榔闲坐。盖其生性好逸，男子尤甚，持家勤苦皆
女子也。

　　所有这些，都使这部《请缨日记》翔实丰富，生动可感。该书
不仅是研究近代史上重大事件的资料，更是观察晚清知识分子政
治心态、文化心态的窗口。

　　本书虽然历来受到研究者重视和征引，但向无完整整理本行
世，唯"中国近代史资料丛刊"之《中法战争》卷二有节录本，多所
删削，且无题跋、凡例，日记中保留的大量奏稿函札、邸钞公牍、条
约纪略、交游唱和，多数都被删去。此次整理，以光绪癸巳刊本为
底本进行标点，参考了节录本，对节录本删削之处概予补足，并就
日记中的成篇文献（节引者不在此列）编制了篇名索引，对日记中
出现的人名编制了人名索引（两种索引凡例见后）。《清史稿》有
唐景崧、刘永福本传，对了解本书所记述的历史背景较有参考价
值，俞明震《台湾八日记》附收唐景崧奏稿 38 件，作为附录一并附
于书后。

　　本书为首次全文整理，加之整理者学识所限，处理不当之处必
多，恳请方家有以教我。

请缨日记序

玉关烽警,正班定远出塞之年;铜柱云摩,是马伏波登坛之地。书生面目,顿改戎装,海上幺么,群惊将令。然而封侯投笔,便消磨兰台旧史之才;诫子传书,亦散佚浪泊旋师之后。未有刀头环影,半镜方飞,盾鼻墨痕,成编快睹,如《请缨日记》者也。

我维卿方伯夫子三垣奎宿,早耀文光,八桂名流,夙饶奇抱。于蛮触交争之日,正和战未决之秋,贾谊上书、请系匈奴于阙下,陈汤献策、将维属国于关西。始则一介行边,终乃偏师捣穴。于是本子云之典册,写小范之心兵。纪事成书,编年仿体,以一身之涉历,关全局之转移。盖非陆贾持节,仅事羁縻,终军弃繻,空谈慷慨。综观全事,可得言焉。当其觅骏燕台,听箫吴市,大江东去,洗出雄心,秋色西来,郁为兵气。方谓伯通庑下,定有才人,要离冢边,不无奇士。苟能数五十馀国,使虏情尽在掌中;亦可率三十六人,奏边功全资幕下。无如酒徒零落,击筑难闻;遂使烟水苍茫,买舟竟去。五羊停棹,未看岭上梅花;万马窥边,且眺关城杨柳。诚以编板桥《杂记》,浪抛词客才华;不若展故箧《阴符》,略见英雄本色。越南旧隶黄图,久藩赤县。三年修贡,屡镌金叶之书;万里待封,频舣银河之棹。乃者粲粲熊罴,共骇西人之衣服;眈眈豺虎,将夺北地之燕支。如使卧榻之侧,鼾睡竟容;将毋火维之区,全藩尽撤。公于此行,盖欲授策屠王,传书侠客,同扶残叶,永拱中枢。苟舆服而保脾泄,楚尚有材;则甲楯而栖会稽,越犹可国。知不独驾汉官之驷乘,相如自侈谕蜀之文;方且赠齐国之鱼轩,管子将行复卫之策也。尔乃富良江上,王气消沉,真腊城中,妖氛震撼。平章方以斗秋虫为乐事,尚书乃以撰降表为世家。铸翁仲之金人,难威夷狄;挽安阳之神弩,坐失河山。公知韩将背洹水之约而事秦,楚终出方城之师而灭蔡。君卿虽尚存口舌,叔宝已全无心肝。回望珠江,再航琼海,则此记也,固拟之风土记而不伦,较之利病书而更覼者也。然而龙尾伏辰,遂亡虢祀,虬髯仗剑,或王扶馀。如得尉佗黄屋左纛,上表称老夫臣;婆留玉带锦衣,开门作节度使。仍可资为外藩,自胜沦于他族。即或夜郎自大,竹王之种已稀;南交可宅,西母之图宜益。将使二千馀年之故土,仍隶中朝;三十六郡之旧图,再编交趾。亦必号召豪杰,乃能申画郊圻。则有刘牢之本南国枭雄,黄汉升亦西州豪士。越南舍长城之万里,昧国士之无双。公知时局之已更,乃遂露章而复上。盖以中国有圣人之世为王者,大一统之图必不置羌寔沉墨于无何有之乡,舍邓赊麈眇于不可通之域。则当吾皇神武能驭英雄,何不我马驰驱,再通山泽。果而得郭中令之书,承嗣屈膝;感陆士衡之荐,戴渊抒诚。囊鞬道左,誓复蔡州;酾酒江头,志吞朔虏。亦可谓知人善任,将不难计日成功矣。无何吐蕃诣浑太尉而请盟,倭人误石尚书以款局。官书火迫,催赴昆明,心计灰飞,难羁炎徼。当斯时也,去留两非,倏忽万感。仰天长啸,日寒白虹;斫地悲歌,斗坠紫气。明知大同之塞,虽战胜而马市终开;无如广武之军,方屯定而鸿沟已画。绕朝适所谋不用,子野惟辄唤奈何。乃于进退维谷之秋,顿有惊喜自天之信。闻沙陀之鸦军,破林邑之象阵。于是疆臣决主战之议,大帅上吁留之章。盖当戎服方加,冰衔特晋,天子亦知公真可用矣。第以乍辞郎署,未能全付军符,非关李广之数奇,实待贾生之才老。故虽当金戈铁马之场，历瘴雨蛮云之际，航海捣燕之策未见施行，分道伐吴之师又多自竞。奇计屡摈而勿用，壮怀终郁而不伸。然而公之才固未尝不略见一二也。其守谅山也，碛磜乍败，符离新溃。粮绌而无筹可唱，乞米徒书；将骄而有檄难征，强兵何策。鱼阵晨压，狼烽夜冲，越甲屡鸣，吴军尽墨。公乃气慑虎狼，画周猿鸟。李临淮作帅，色变旌旗；程不识行军，令严刁斗。遂使残军复振，败局能支。至是而后，大帅悔知之不早、用之不尽，而前失已不可追矣。其攻宣光也，绲阴平而入蜀，度陈仓而下秦，万险备尝，一军曲达。方将扼兀尤于金山，北虏绝无归路；擒孟获于泸水，南人不生反心。月晕而围已合，云压而城欲颓，金人见宗岳而呼爷，夏贼畏范韩而坠胆。此亦法人自纵横海上、睥睨寰中而来所未有之困者矣。则此记也谓之为相斫之书则过，拟之以大事之记非夸者也。今者银河洗甲，凯旋而柳色当楼；瀛海开藩，判毕而芸编满案。始搜伍籍，将付手民。子长酒肉之簿，饶有史材；髯仙嬉笑之词，皆为文料。盖一时兵交之事，一人战迹所经，而属国兴亡之局、兵家胜败之机胥于是乎寓焉。

或谓公间关万里，奔走三秋，所愿未遂，当鸣不平，其事屡乖，宜多过激。何以史臣以成败定英雄、公则多平心之论，术士以兴亡归气数、公则抉人事之微。得毋故示旷达，务为恢张。不知公含和饮粹，蕴英蓄华。琅嬛琐记，皆名臣奏议之馀；幕府丛谈，无文士言兵之习。非特著岳岳之才，抑亦表渊渊之度。况昔者燕然勒石之词，塞上从军之作，多属油幕从事笔墨为缘，蛮部参军土风是记。公始则口含鸡舌，遍吐天香，继则事坌牛毛，难资人力，乃能挽弧射狼，搁笔绣虎，当下马作露布之日，为飞鸿存雪爪之思。斯又分其馀事，足了十人，耗我壮心，独有千古者矣。嗟乎！瞻文昌于天阙，惟上将最有光芒;纪列传于史官,独名臣备书言行。方今四洋毕达,五大在边,瀛海非终无事之时,天下正急需人之日。所愿公本绘画乾坤之笔,为荡清海宇之图。衙斋运甓,陶桓公志靖中原;帷幄陈筹,张留侯材堪独将。将上军中之日报,方略馆汗简宏修;扫海上之巢痕,纪功碑濡毫待作。

门下士台湾丘逢甲谨撰。

凡　例

一、日记记一己之阅历也,以己事为干,故详,以人事为枝,故略。凡关此次军务,除记越事较详,己事尤详,此外如闽台浙江亦据邸钞、军报、友书大略采录,以备此次用兵之本末。其有不关军务者,间亦摘存,聊志泥爪。

一、近年军兴以来,统兵大臣及督抚皆称曰帅,摘其号一字冠之,记中亦依俗称:彦帅、岑彦卿宫保制军也,雪帅、彭雪芹宫保尚书也,振帅、张振轩宫保制军也,沅帅、曾沅圃爵宫保制军也,香帅、张香涛制军也,莪帅、唐莪生中丞也,晓帅、徐晓山中丞也,琴帅、潘琴轩中丞也,豹帅、倪豹岑中丞也,鉴帅、李鉴堂方伯护抚也。

一、地名不宜单用一字,而近日公牍电报每摘用一字,曰云、云南也,曰东、广东也,广东又专称广、称粤,而用桂字以别广西,记中多依此称,以归画一。

一、中国电报近始有之,曰密者,彼此豫约暗码不用本码,令人不解也,末一字用韵目记日,曰东,即初一日也。电奏由总署进呈,故曰请代奏。

一、军中近称统多营者曰总统、曰统领、曰统带,其所部之营官,令分统数营者曰分统、曰督带,带一营者曰管带,带一哨者曰哨官,闲散候差曰差官,就今言今,概从俗称。

一、是编事后纂成,故记本日之事间引后事以证明之,或义有未尽,则用"请缨客曰"云云以发明焉,非好论也,境系躬历,事经目睹,抒至公之论,为后世之征。

卷 一

光绪八年壬午七月初九日

以绥藩固圉说缮呈吉林宝佩蘅相国及高阳李兰荪相国,赴宅由阍人投进,不请谒。两相者,本部堂官、军机大臣、总理各国事务大臣,吉林为景崧乙丑会试座师。并献以诗:

狼星悬焰亘西方,又见传烽到雒王。可有大刀平缅甸,用明刘綎事指刘永福。已无神弩出安阳。今越南乂安省。何人更下求秦泪,说客将治使越装。岂是唐衢轻痛哭,乡关消息近苍黄。

岁岁藤厅覆翠阴,花前独怅受恩深。无才且学屠龙技,有臂终存射虎心。简练阴符开夜箧,萧疏霜鬓抚华簪。贾生欲报吴公荐,汉室陈书涕满襟。

七月十二日

兰荪相国入署,谓余曰:"昨递说帖颇佳,时事艰难,猝言莫尽。"属次日赴宅详谈。

七月十三日

赴兰荪相国宅。接见,论及时事,太息咨嗟,垂询时人贤否极详,余据实以对。相国谓:"说帖于异域事筹画完密,计诚得间,虽成败利钝未可逆睹,而人事当为。且携入枢垣与恭邸及景秋坪尚书、王夔石侍郎同阅,再定办法。"坐谈甚久。余于相国无渊源,仅数月堂官,公晤数次,未曾一到私宅。

七月十九日

兰荪相国到署,谓:"说帖已与恭邸以次同阅,均曰善。但说帖不便进呈,其改为折式代奏。"往谒佩蘅师,谓:"此事高阳极力赞成,惟如何前往,当请旨。"

是日为龙松琴招饮,尽醉而归。剪烛抽毫,敬撰奏稿,删节说帖十之三四,得二千言:

奏为筹护藩邦,敬陈管见,恭折仰祈圣鉴事。

窃越南一隅,分南北圻,接壤滇、粤,中国西南之藩篱也。南圻六省,久为法据。同治十二年,突攻北圻、河内等省,越南招广西人刘永福率众败之,议和罢兵。而法人终眈眈于北圻者,实欲撤我中国之屏蔽,而窥滇与蜀、楚之道路也。

越南贡使到京,臣就询情势,谓澜沧一江,法人志在必得,为进规云南计。赖刘永福驻军保胜,而夷船不敢肆行。去岁,法人屡胁越南撤刘永福入富春。越君臣穷守富春,意在乞和。而劫制过甚,势难遽从,即乞救天朝之章,亦不敢骤进,恐漏泄愈遭毒虐,惟仗刘永福一军遥峙声援,苟延旦夕。法人欲割其山西、兴化、宣光等省,则以地近云南、广西故也。奸民四出,密探内境,募诸不逞,集有千人;又招贼党陆之平、覃四棣等,幸皆拒之。此越南蒙难以后之情形也。

中国往援既虑有碍,争以公法亦决不从;而越南患难之来中国与共,又未可听其存亡。伏见宸谟深远,于法氛未动之先,曾谕内外臣工,详加揆度,合力图维,是朝廷固未尝置越南于度外也。本年总理各国事务衙门奏请筹备,复有敕疆臣相机因应之旨。疆臣建议,无外筹防。揆时度势,力止于斯,而终归于无救。越南有损,中国殊可叹已!臣窃维救越南有至便之计,越南存则滇、粤亦固,请为皇太后、皇上敬陈之。

越南有将、有兵而不知用,君臣贪黩,政治不修,即无夷难,亦几无以自存。中国不与共安危则已，既与共安危，则赖有人往提挈之也。

刘永福少年不轨，据越南保胜，军号黑旗。越南抚以御法，屡战皆捷，斩其渠魁。该国授以副提督职，不就，仍据保胜，收税养兵，所部二千人，不臣不畔。越南急则用之，缓则置之，而刘永福亦不甚帖然受命。嗣得黄二率党来归，暨招降黄旗徐党叶成林等，兵数较众，是皆枭雄之徒，而沉毅数刘为最。云贵督臣刘长佑已疏其名入告，当确有见闻也。去岁旋粤谒官，则用四品顶戴，乃昔疆吏羁縻而权给之，未见明文，近于苟且。且越人尝窃窃疑之，故督臣刘长佑有请密谕该国王信用其人之奏。

臣维刘永福者，敌人惮慑，疆吏荐扬，其部下亦皆骁勇善战之材，既为我中国人，何可使沉沦异域？观其膺越职而服华装，知其不忘中国，并有仰慕名器之心。闻其屡欲归诚，无路得达。若明界以官职，或权给以衔翎，自必奋兴鼓舞；即不然，而九重先以片言奖励，俟事平再量绩施恩。若辈生长蛮荒，望阊阖如天上，受宠若惊，决其愿效驰驱，不敢负德。惟文牍行知，诸多未便，且必至其地，相机引导而后操纵得宜。可否仰恳圣明，遣员前往，面为宣示，即与密筹却敌机宜，并随时随事开导该国君臣，释其嫌疑，继以粮饷。刘永福志坚力足，非独该国之爪牙，亦即我边徼之干城也。

或谓刘永福一武夫耳，岂能倚任大事？而臣则以为过论。前者河内之捷，海岛闻知，至今夷见黑旗，相率惊避。正宜奖成名誉，藉生强敌畏惮之心；中国人士轻之，则彼族亦遂轻之矣。臣尝见今之言者訾毁重臣，弹劾宿将，愚昧之见，窃叹未宜。盖四邻环伺之秋，与承平有间。重臣宿将，所藉以御外侮者，亦赖威望有以镇慑之。必曰不可恃，诚恐长寇雠之玩志，而堕我长驾远驭之先声。夫刘永福诚何足道,然既驰声海峤,亟应奖励裁成。臣所以请遣使前往者,乃欲藉国威灵,培彼名望,未尝非控制强邻之一术也。

今法之于越南,已扼其咽喉而据其心腹矣。计刘永福竟不必救北圻,应即潜师逾广平关,走南圻之定祥、永隆,往劫夷埠。法人利薮全在南圻,势必舍北援南,北危自解,兵法所谓攻其所必救也。越南土匪极多,与其中国年年防剿,处处兜擒,不如赦而纵之,概令其往扑南圻,因敌为粮,得(材)〔财〕悉予,纵未必能操胜算,但使四处起与为敌,该虏自不免徬徨,闻风敛迹,此亦病急治标之法也。刘永福兵力尚单,俟事略平,宜议增兵集饷。越圻五大省最称繁庶,华民极众,富商颇多,百货往来,可谋收税,则非独不费中国,抑并不费越南。养成大枝劲旅,屹立海疆,不独长顾北圻,兼可规复南圻,进策南洋岛国,断泰西南来之门户。迩岁诸夷觊觎滇、蜀,盖欲通西藏、达印度,另辟入华道路,亦惴惴于南洋华民太盛,虑起作梗。甚哉彼族顾虑之深也!

以上各节,发一乘之使,胜于设万夫之防,岂非至便?惟使臣难得其人。越南四境虎狼,强之以行,其气先馁。且非用一刘永福遂能资其靖寇也,是赖胸有成算者往焉,用彼爪牙,为吾凭借,而后扩充以图事业之有成。昔汉陈汤为郎求使外国,傅介子以骏马监求使大宛,皆以卑官而怀大志,卒立奇勋。微臣慨念时艰,窃愿效陈、傅之请。刘永福所部皆属粤人,臣籍隶广西,谊属桑梓,则前往出于有因。寓越之粤人极多,情势易于联络,盖尝熟筹及之,非敢冒昧而请行者也。今者琉球固无望矣,朝鲜又生事矣,日本、俄罗斯皆睢盱而欲蠢动者也。民穷财尽,巨患日深,苟可以裨救万一,虽职系小臣,亦不得诿为分外之事。其济,国之灵也;不济,则虽绝脰夷庭,粉身蛮徼,均不必在顾计之中。臣不冀迁官,不支岁帑,抵越南后,毋庸援照洋使章程办理。惟乞假以朝命,俾观瞻肃而操纵有权。奋往之忱,矢诸夙夜,一得之虑,期报涓埃。

臣为绥藩固圉起见,恭折沥陈,伏祈皇太后、皇上圣鉴。谨奏。

七月二十五日

太夫人寿辰。晨携折入城送各堂官阅,未刻始回家叩祝。

七月二十九日

为吏部奏事期。二十八日夜三鼓代进折。是夕,大雷雨,异常震惊。递折笔帖式,及东华门,藉电光引入,抵奏事处,天顿晴。余循例当往候旨,四鼓登车,大雨倾泻,及宣武门城畔,忽见星光。是日,折留中。

八月初五日

内阁奉上谕:"吏部候补主事唐景崧,着发往云南,交岑毓英差遣委用。钦此。"

八月初六日

辰刻,季弟景對奉顺天乡闱分校之命。

余入城谒恭邸、醇邸、政府佩蘅师、兰荪相国、王夒石侍郎。佩蘅师曰:"南城外窃尝议汝不守范围,然陈汤、傅介子之俦,岂拘守绳墨之士可同日语哉? 此事极为出奇,出奇必求制胜,吾深望汝。"

八月初十日

以后,则同年、同乡、戚友饯行,终日拜客,车马劳顿,酒食接联,刻无暇晷。而刘永福之名已遍传都下。

八月十二日

夜间,彗星见芒,长丈馀,横二尺有奇。

八月十八日

谒总理各国事务衙门大臣、署礼部侍郎顺天府府尹周小棠,并谒刑部尚书张太夫子子青、原任吏部尚书万藕舲师,垂询甚详。

八月二十一日

由都赴天津,二十三日抵卫。

二十五日

谒北洋大臣直隶总督李傅相,谓其志甚壮,并为述近日边情。

八月二十九日

津海关道周玉山观察赠行资二十两,手函话别。

八月三十日

遣家人至白塘唐仁廉元甫军门营中。元甫东安同乡,现任芦台镇,驻营白塘,赠行资三十两。

九月初三日

由津旋都。

初五日

抵京寓。

九月初七日

谒阎大司农丹初。赴津后,阎公属其乡人霍编修来道意。余与阎公无渊源,而峻节清风,一时无两,早拟往谒,无介而止。是日呈阅奏稿,承函致两广制府曾宫保及广东臬司龚蔼仁前辈,照料前进。

九月初九日

谒军机大臣户部尚书秋坪世丈。

初十日

寄上云南岑宫保函,为述禀商政府大臣及合肥傅相,航海南行至粤东,假道越南,详看情形再行赴滇等情。

九月十一日

谒刑部尚书潘伯寅师,谓未观奏疏,已闻大概,事业亦关福命,此举并关国运,且尽人事之所当为。索观奏稿。

九月十三日

胜春堂余紫云饯行,为赠一联,四屏。其联用成语曰:"称心一日足千古,高会百年能几何。"同座者为龙松琴、赵心笙、白子和、俞潞生、陈筱农、王粹甫。是日,季弟出闱,得士十六人,大半南方绩学之士,亦来与宴。

九月十五日

老母治酒饯行。

是日,辞佩蘅师,勖以定识、定力,且知行囊萧索,许助百金。送至门,曰:"壮哉,班定远也!"

九月十六、七、八等日

各弟、妹饯行。

九月二十日

出都,晚至通州登舟,此南征第一日也。同行者为参将连璧峰,萧琴石、陈子英两茂才,皆广东人,仆人老张、聂升。

各师友所赠行资,备志于后,毋忘盛情:佩蘅师一百两,唐景星一百两,郑让卿、静卿兄弟一百两,龙松琴三十两,岑泰阶三十两,唐元甫三十两,妹婿赵心笙三十两,门人孙宗麟二十两,郑国瑞十两,皆在都中所赆。

九月二十三日

晚,到天津,与璧峰到针市街仁裕土栈宿,主人为郑仁山。

九月二十四日

谒李傅相,允为函致两广制府照料前进。晤同乡陈尧墀同知,由云南解铜来京,询云南及保胜情形。

九月二十五日

在仁裕栈书联扇。潮义栈郑瑞堂请看戏。晚饮河清馆,归佛照楼,李傅相赠行资四十两。

九月二十七日

许叔文年丈便服过访,论关外事,极有识。午刻登新南升轮船。

十月初一日

晨十钟到上海,寓泰安栈。寻李葆臣,闻都中旧友蒋宪甫在此,偕葆臣往访,留晚饭。三人同入浴堂,游华众会茶园。忆十五年前以庶常散馆北来,暂泊沪上,未获遍游。今天假之缘,重莅斯土,虽妖焰劫氛目不忍睹,实则花稠锦迭,水软尘香,为南赡部州另开境界。市廛楼阁,灯火花枝,种种异致,盖以西人之绚烂,参以是乡烟水之温柔,诚天下繁华第一区也。

十月初二日

李葆臣来寓,与琴石同往天桂茶园看戏,在宪甫宅晚饭,游华众会茶园。

十月初三日

寄广东南海县令张石麟信,附寄曾沅帅及唐芷庵信。移寓宪甫宅。

十月初六日

拜苏松太道邵筱村世丈及苏伯赓观察。晚观戏天仙茶园,伶人周凤林、蔡桂喜极佳,座有王桂卿。

十月初八日

晤谭铭九、邵子湘,见王雅卿。申刻,赴跑马厂观洋人操兵。游静安寺,前有茶楼,裙屐杂沓,士女车马络绎道上。

十月初十日

郑让卿送二十元。到泰安栈访邵子湘、谭铭九、吴春波,子湘留晚饭。

十月十四日

吴春波约听唱书。四女高坐,按弦而歌,忽歌忽说,描摹情致,旁若无人。晚饭毕,观戏天仙园。

十月十五日

为雅卿书名片。桂卿名琳,乃名雅卿曰琼,并赠以诗:

秋风万里送南征,一疏声名满玉京。酒市歌楼寻侠客,人间无处觅荆卿。此行物色奇士不得,贳酒看花非其志也。

襟边浊气鬓边香,伧父妖姬醉一场。到此已无干净土,楼头独看慧星光。

女儿风调数琅琊,姊妹争妍比赵家。七出镜奁双唾袖,果然抹煞沪城花。

闻有扶馀在海滨,横磨匣剑秘龙身。便宜一个张红拂,附作《虬髯传》里人。

十月十六日

老张自浙回沪,龚幼安师送十六两。在沪留连多日,因无旅费,不能启行,又急欲前进,不胜焦灼。早饭后,偕琴石至恭泰栈王吉甫家,留食鱼生。同至烟馆观电气灯,如日不足,比月有馀。烟馆甚洁,有一二万金资本者,伧父横陈,满堂满室。

十月十七日

邵筱村世丈送席赆四十元。

十月二十日

璧峰自宁波旋沪,约观夜戏。蔡桂喜妖冶独出,周凤林演《蝴蝶梦》极有神情。

十月二十一日

苏伯赓送席,郑雨山送十元,郭安亭请晚饭。

十月二十三日

潮州秀才萧稻农约坐马车至静安寺观古井，泉形如沸，岁时皆然，传梁高僧卓锡于此，虾蟆出听讲经。石甃题曰"天下第六泉"。登楼用茶饼，裙钗绕座，楚楚可人。风寒不耐坐，乃归。

十月二十五日

潮州洋药局送一百元，郑玉山送十元。

十月二十七日

移寓二洋泾桥长乐里第五巷春盛号，主人马姓。袁小亭、周润田来谈。

十一月初二日

闻太古重庆轮船十钟开行，急运行李。袁小亭至河干送行，船已举火。

十一月初四日

晚十二钟至香港。

十一月初五日

上岸，寻上环巨源油店梁谦如，见陈香圃，十七年前兰谱兄也。谦如留早饭，香圃偕往百步梯人家小坐。谦如请杏花楼晚饭，晤唐纪云。与香圃、纪云至百步梯，见潘亚清。

十一月初六日

唐纪云约至百步梯午饮，见潘亚清。四钟下船，夜三钟到省。

十一月初七日

入省，运行李至大石街，唐丽生豫租也，一切铺陈皆丽生及唐芷庵照料。芷庵名镜沅，受业先大夫门下，以副榜举孝廉方正，用直隶州州判，分发广东，儿辈受业、同邑至交也。知州李燕伯同年是日娶子妇，往贺，晤乡人旧好数人。

十一月初八日

晨往燕伯家贺喜。饭后,过河南福场里访周竹卿。竹卿适自越南招商局归,恐匆匆难谈,因宿其家,细询该地情形,并索阅地图,与带来者绝异,其一纸系法人所绘,虽详莫识,一则粗具大概。

十一月初九日

自竹卿家归,到桂花巷陈香圃家中,晤其子麟生。总兵黄国安爵臣来见。

十一月初十日

谒曾沅帅,谈一时许。阅奏稿,称某处某节皆破的之论,三十年来无此文矣。为余规画极周,阔达和平,若莫知其建大勋、膺大位者。沅帅因疮疾不能迎送,见客在内室。拜臬司龚霭仁前辈、粮道张丹叔观察,均见。裕泽生中丞因武闱关防,未见。晤康子祺同年,丹叔幕客也。十八年前过苍梧,与子祺嬉于酒艇中。子祺卒不得志,而才日进。燕伯家新妇三日入厨,约晚饭。燕伯二十年至好,今其子入泮成室,兼知官声甚佳,为之窃慰。

十一月十一日

沅帅请往见,交阅马大使信十五件,黄守备信一件,皆坐探越南禀报也。谈良久,谓:"昨细阅所奏,意见极合,君宜先往富春一行。富春为越都,察其政令能否有为,其于刘永福能否信用,再酌或径趋保胜,抑先旋广州。"

十一月十二日

副将唐士贵来拜,督标中军也。奉沅帅命,屏左右谈。招商局郑陶斋来拜。过河南见周竹卿。

十一月十三日

谒沅帅,知已饬藩、臬两司提海防经费为路资,商议所带之员,并属函禀政府、总署及合肥相国知之。拟稿至四鼓。

十一月十四日

往督署贺冬,沅帅接见,请派周竹卿偕行,并派黄爵臣与唐芷庵由北海赴广西龙州出关入保胜,余折回宁海汛候信,定何处会合。龚霭仁前辈来信云,唐州判即由臬署以札委钦州为名。

十一月十五日

谒沅帅。唐士贵送致香港及宁海汛招商局各一函,广西边营统领黄军门一函及驻宁海汛黄守备一函。黄守备名秀玲,号朗臣,与马大使复赍号铁崖同事坐探者也。

十一月十六日

芷庵接奉臬司札往钦州察土匪。藩、臬来拜,由善后局送路费三百两。

十一月十七日

谒裕中丞,谈越南事颇详。张丹叔观察来会,谈时事良久。龚霭仁前辈送席。熊九成同年请晚饭。李次瑶同年来会。

十一月十八日

缮家信,附呈佩蘅师、伯寅师、兰荪相国、秋坪尚书、丹初尚书、夔石侍郎、小棠京兆、合肥相国各一函,又禀总署王大臣一函,交沅帅付文报局转寄。张石麟请晚饭。回寓,沅帅送阅越王求救文。

十一月十九日

竹卿谒沅帅,领所谕随行公文,芷庵领路费一百五十金。

十一月二十日

往辞督、抚、司、道,沅帅谆属勿冒险,保身为要。霭仁前辈述沅帅云,如在外盘费不足,可向招商局借用,由善后局寄还。检点行李,制布衫履,充作商人。时法人在越南海口搜诘严酷,防中越交通信息。极知此行艰险，乡人多为我危，又窃窃以资俸旷废为虑，岂知伏奏时已置此身于度外，何一官之足较哉？佩蘅师勖以定识、定力，沅帅谓凡事精神贯注则必成，今成否不可知，而精神未敢稍懈也。龙雨三约晚饭。

十一月二十一日

雷春喜来见。同治丁卯游广州，居大石街荫乐园，春喜时相过从。戊辰入都，撰《感春楼日记》，散佚无存，龙槐庐诗集中有《题感春楼记》七古一首。回忆春花秋月之盛，相对欷歔，清谈半夕。

十一月二十二日

偕竹卿坐海东雄轮船赴香港，寓招商局。

十一月二十四日

爵臣、芷庵、麟生自省来商定前进。招商局请晚饭。

十一月二十五日

爵臣、芷庵、麟生上下七人附轮船至北海，芷庵带老张行。

十一月二十六日

陈作屏送二十元。阅邸钞，知龙松琴因云南报销案解任候质，心甚怃然。松琴为道光辛丑殿撰、江西布政使翰臣先生之子，一字槐庐，壬戌举人，高雅好学，工篆籀、诗词。在京师有觅句堂，余与韦伯谦、王佑遐、侯东洲、谢子石，时造庐为文字饮。伯谦同登乙丑会榜，官翰林，视学贵州，旋任河间府知府，少年美才，惜早卒。佑遐以举人官内阁侍读，工词，好金石文字，储书画甚富。东洲以举人官江苏知县，脱略不俗。子石由举人官中书，充军机章京，工绘事水墨，具五采。是皆桂林之秀，而戚好之尤。此外则浙江袁磏秋、安徽俞潞生、山西王粹甫、顺天白子和，亦时与会。磏秋强记，工诗文，子和伉爽无欺，皆佳士也。回望京华，不料余今日独为海客。

十一月二十七日

与竹卿、陈星藩游太平山,恶劣不可坐,不知当日游此何以不觉。

十一月三十日

与竹卿游博物院,怪物罗列,亦一大观。

十二月初一日

早八钟,偕竹卿登普济船。船向西南行,过万山、高兰山。高兰向为贼窟,今有轮船巡查,稍靖。

十二月初二日

早四钟,过七洲洋。九钟过木牌头,水浅多沙。十一钟见远山一塔,文昌县也。一钟,进琼州海口,有炮台,停船竟夕。此地至富春计洋里三百零十咪,一咪合中国三里三有奇。

十二月初三日

早六钟开行,八钟过徐闻县界,船向正西行,风平浪静,如坐江船。十一钟过陵水县界,二钟入儋州界,船向西南行,偏西即钦州与越南广安省交界,西北即越南之海阳省宁海汛。五钟过尽海南山,入越南界,船向南行略西,八钟过河静、乂安等省边界。

十二月初四日

早,大雾,微雨。船曲折误行,四钟至顺化海口,顺化即富春,又改称顺安,波涛奇险,白昼晦冥。坐舢板入口,风雨辄覆。由此进口,可免走广南之沱瀼,而逾岭至富春也。是日幸值开朗,而舢板在浪中有一落千丈之势。入口,有炮台、有兵。今阮氏得国,即借法兰西兵,由此夜渡而袭其城。地距富春四十里,巨炮可及,不可恃也。暂憩招商外局。有海防官识竹卿者前来问讯,并有掌卫官及侍卫二名在此巡查,询余姓名,举姓号以对。该国禁令,有中国衣冠人至此,必查名入告。海防官皆大员,赤足,鞋无后,兜帛蒙首,窄袖衣及膝,语次摩挲两足。在局用饭。坐小船入内河,妇女摇舟,歌声琅琅,忽停桨登篷,食槟榔闲坐。盖其生性好逸,男子尤甚,持家勤苦皆女子也。河身不甚宽,沿岸有炮台,沙中排桩,为拒舟计。十钟抵东城外招商内局,唐应星及马铁崖皆在此。询其所探何事,则云法人有保护之说,其官坚讳不言,语多讥讽,现仍有国书派员赴粤东呈递,尚未交来。

十二月初五日

竹卿往访礼部侍郎兼机密院陈叔讱,达余来意。叔讱即撮大略入告,并语竹卿曰:“本日早朝,即据报有唐某者入口,不识何人。经内阁参知阮述谓系中国京员吏部某,曾在北京相识,但何以来此?”未刻,协办大学士户部尚书兼机密院阮文祥来拜,权相也。笔谈良久。保护一款,始亦不言,经余直揭道破,伊乃承认。盖此来固查看情形,而为越作说客,则在不逐刘永福、不从保护为要,故极力破其昏愚,怵以利害。然观其大概,官不成官,民不成民,兵不成兵,则其君可知也。实不足以立国,一目洞然,不必穷诘。承天府府尹陶登进奉王命馈炙豚全具。

十二月初六日

陈叔讱到局,奉王命前来探慰,并传王语,谓缘法人密迩,恐有漏泄,不敢延见,所议属员若辈入告。笔谈良久。叔讱云,此次具国书三本:一呈曾督,一呈礼部,一呈李傅相,均请曾督代为咨达,派阮述随马大使赴广东赍投。又恐曾督仍不肯代咨,属余加函密恳。余谓一信不惜,但必国王所属,乃昭郑重。据云,此即王命相恳,乃允之。

晚饭后,与应星、铁崖游市中。男尖笠,女圆笠,皆赤脚。官署多隘,草竹编牌,昼撑若窗,夜蔽为门,鞠躬而后入。少几案,一幕之隔,外客座,内闺房。民居不准瓦屋,卧无被,覆以席。市廛萧索,大者仅屋二三间,犹是中华人也。富春城池完固,惟皆茅苇之家而已。其地四时种艺,腊月生莲,珍物错出。出口有禁,国令最严,小民畏法。三十家一里长,杀一鸡一豕必先献里长。偶有储积,则由下而上,层层剥削,败家而后止。民间不敢致富。民极惰,小有财则坐食,食尽再为人役。闻十州有金矿,为乱党所据;广南有煤矿,法夷已开;尚有银、铁等矿。稻田、蔗地多未开垦,木质极坚,轮船用以代煤。

十二月初七日

作上沅帅书,交阮述带呈,书曰:

敬密启者:窃景崧于十二月初四日行抵富春,初六日经越南王派其礼部侍郎兼机密院陈叔讱、内阁参知阮述前来探慰。据云,派出阮述赍国书三本,随马大使赴广东投递,一呈台辕,一祈转咨礼部题奏,一祈转达合肥傅相。其请咨礼部者,经崧迭次告知,向由广西巡抚办理,由粤东则于例未合。而其君臣危难之秋,呼吁情切,必欲我公俯予变通,较为迅速,情词恳挚。崧明知于例有难行之处,而当其请援迫切,不能止其使者之行。且亲睹其蒙难情形,又未免窃深悲恻。现据陈叔讱声称,奉其王命,属崧加函密达,乞于格外赐以矜全。再四踌躇,未便辞拒。崧自维绵薄,不足当刘公一纸之书;公独具权衡,或能慰包胥七日之泣。肃泐,即付其使赍呈,伏乞垂鉴。

十二月初八日

往拜陈叔讱、阮述、陶登进及船政衙门。余坐轿。此地惟国王坐轿,官用辆,俗曰杠,其音近更,布兜竹盖,中一大竹,二人肩之,两旁有围,人卧其中,曰暗辆,不用围曰明辆,可趺坐。

入署,客榻上西,惟陈一席、一矮脚案,左右列小枕,脱履,据席笔谈。请叔讱行文西北各省,照料护送,定期初十日与阮述、铁崖、竹卿出广南候船。

至阮述衙,则陈设稍华,去岁曾充贡使入都者也。回招商局,府尹奉王命送豆蔻,晚送歌者娱客,曰曲妹,如古官妓。男女席地坐,所歌皆唐人诗古文词,尤多古乐府,一字不解。府尹击鼓,敬上宾礼也。

十二月初八日

驻越法使遣人至局云:"闻有中国苏进士到此,何事?"竹卿答系唐应星族人,渡海闲游。

十二月初九日

府尹奉王命馈莲子冰糖,陈叔讱奉王命送沉香、肉桂,笔谈良久。余送阮文祥、阮述、陈叔讱、陶登进文物四色。阮文祥送茄楠、豆蔻,叔讱送肉桂,登进送自著诗集,阮述送肉桂、豆蔻、碑拓、妙莲苇野诗集。妙莲为国王女弟,曰梅庵公主,余在京题其诗集曰:"妙莲丽句传名远,更说诗媛有范胡。天末未能窥指爪,此心遥愿拜麻姑。"不料今至其都,可窥环佩矣,而仍未见。苇野为宗室,曰仓山公,古文、骈体、诗词俱可观。

十二月初十日

府尹陶登进来送行,备船三,并饬沿站备夫。午三钟,与唐应星、马铁崖、周竹卿坐船游行,遥睹王宫不甚高,规模略备,有龙舟在河干,不及珠江一酒艇也。六钟,与铁崖、竹卿起程,舟行竟夕,由香江出。

十二月十一日

早过牢江,水竹明瑟,禾颖青葱,腊月乃有此景。白云在山,微雨如线。至高堆,由香江至此八十里,泊船。此地又名承化栈,备辎及夫役在此,每船赏铅钱三贯。冒雨由承化栈陆行,十五里到渃恶,又曰广泽,小憩。八里到渃漫,又曰承流站,宿此待阮述。赏役夫二十三名六贯九勺。一贯为六百铅钱,十钱为一勺。站目赏一贯,站目如驿丞。屋极陋,站官竟夕亲巡屋外。承流站属富禄县,人家数十,皆茅舍,有破败瓦房,云系旧日官员行馆也。左右皆山,草木极茂,烟云郁结,瘴厉斯多,常有虎出,阴雨及晚间辄遇。与阮述夜谈良久,前赠碑拓为宁平省东北郊外浴翠山灵济塔记,该国陈朝张汉超书。沿翠山下为云林江,汇正大海口。

十二月十二日

黎明启行,过富家峪。山石高低约半里许,有八九人家,小憩。由承流至此约十二三里。山下为鲨潭。约十二三里至承福栈,俗呼沙屯。过渡,遥见朱买海口,有朱买汛。登海云山,极峻,伛偻步行,俯瞰大洋,银涛脊立。十七里至山顶,有关,朝北题曰"天下第一雄关",朝南题曰"海云关"。过此为广南府。小憩,乃步下山,约七八里,至清溪。民居傍海,浪声如炮,是谓广南湾。《瀛寰志略》谓洋船以见广南山为戒,即此地也。

十二月十三日

坐牛粪船出广南湾,臭不可闻。晕浪呕吐,则过转沙浪也。未出口,风陡变,浪势尤恶。铁崖急呼转棹,折回清溪,陆行二十五里,过渡至南坞,行七八里,复过渡,十馀里,沿河岸行,至沱瀼,有关,广南奠盘府和荣县所属也。有水曰岘港,有山曰岘山,《越南志》曰茶山。寓代办招商局公昌栈。阮述来谈,谓本国宜迁都清化省之绍化、寿春、广化等府,则距海有三四日程,屡奏不报。

十二月十四日

阮述送宁平范旸所著象郡铜柱各考,颇详核,又送茶山石刻,属写扇二柄。早饭后，偕铁崖至海防衙门，拜阮述。其海防官为太仆寺卿阮廷穗。海防主事张伯珩约游五行山之三台寺，同行者为铁崖、阮述、阮籍、黎桢，仆从数人，分坐两舟。约行十里，至山下，遥见猿猴往来石穴林杪间。登岸约行二里许，至水山，盖其山有五，土人按五行呼之也。一百六十三级，至中台，入山房小憩，僧人献茶。至三台寺。由寺北行，至上台，入元空洞，有石榻二，可席坐。再入为藏真洞，门首塑神像四，内列佛龛。洞极阴幽，石乳滴沥，长藤蜿蜒而下，峭壁巉石曰"麟凤龟龙"，其龟形则首尾酷似也。苔碧石寒，不可久留。出洞至一石窟，环抱若城，向东题曰"洞天福地"，向西题曰"云根月窟"。北一洞曰"云通洞"，窈暗不可入，南一洞曰"天龙岩"，皆在石城中。曲折行石磴，至上台，高处一碑，题曰"望海台"，阮福映明命十七年立。天风海涛，浩渺无际，极为壮观。下至应真寺，饮茶小憩。复曲折绕至中台，登望江台，盖山东面海西面江也。回三台寺小坐，赏僧人银四元。夕阳坠山，迤逦而下。山脚一洞，谓通江底，至尖波罗山。尖波罗在江对面，土人呼曰燕窠山，燕窠极肥。沙行至舟，冰轮西出，水月交辉，乘风而返。此山天然雄秀，惜罕古迹。山属延福县。

十二月十六日

广东招商局递到致应星信函，铁崖拆阅，乃沅帅致应星函一件、札一角，内称法使已到天津，经总署奏请，敕北洋大臣会商越南通商、分界事宜。天津电音，谕越南派一二明干大员于正杪来津备问。等因。随邀阮述告知。余见中外既有此举，保胜似可缓行，拟即先回广东见沅帅，再议进止。且计此时芏庵等尚无信至，宁海汛适有海南轮船径旋香港，即附以行。广南藩司阮劝来见，馈生豚一、米二盒、酒二瓶，阮述馈炙豚全具、饼饵三色，此地极盛礼仪也。

十二月十七日

晚七钟下拨,船行十三四里,到轮船泊所。八钟动轮,月明如昼。广南港口浪极险恶,此时独平,诚冬令之不易得也。船向东行,夜半经顺化口。

十二月十八日

早,微雨。船向北行,捷逊昨夜,每一点钟犹行十咪。交午风大,船行较迟,每一点钟行八咪。一钟,船西对河静省之津汛港口,东北遥见海南山,此离宁海汛一百五十五咪,而距琼州海口尚有二百咪之遥。四钟,风稍减,距海南山约二十馀咪,船甚稳。至夜,月明星朗。八钟,转针向东北行,每一点钟行九咪,捷于午间,已出越南界。十钟,船旁微浪,遥见海南山,波平如镜,洵海上良夜也。

十二月十九日

早,晴,有雾。每一点钟行八咪半,船向东北行,偏东七十度,船极稳。与阮述等笔谈。阮述云,三国吴之士燮在北宁有墓、有祠,以文学开风气,土人谓为"土王",海阳安子山有唐石刻。八钟,渔船渐多,南对平沙,即琼州黄沙港,北则往廉州之北海道。十钟,雾稍大。十二钟,船正东行。二钟,过澄迈县。四钟三刻,至琼州海口泊船。沱灢至此共一千二百五十里,合洋里三百七十一咪。

十二月二十日

停船竟日。

二十一日

船未开,与阮述笔谈,云其国苇野公欲一见,恨无公事不敢来。其子名洪参,闻亦风雅,曾请余书一扇,一名章。阮述至沱接其诗函道及之,惜亦未见。并询阮述其国现在贤才。

十二月二十二日

船未开。夜三钟始行。

二十三日

午十一钟至香港。五钟附夜船至省。

二十四日

六钟上岸,至竹卿家,回大石街寓中。往谒沅帅及裕中丞,知天津会议尚无成说,沅帅属仍往越南。

十二月二十五日

以越南情形稿呈沅帅。

十二月二十七日

谒沅帅,属改为奏,命寄呈总署代奏。

二十八日

拟奏稿。

二十九日

呈沅帅代达总署:

奏为详度边情,敬陈管见,恭折仰祈圣鉴事。

窃臣于光绪八年八月初五日恭奉上谕:"吏部候补主事唐景崧,着发往云南,交岑毓英差遣委用。钦此。"臣遵即出都。抵天津,禀商于北洋大臣李鸿章。抵广东,禀商于督臣曾国荃、抚臣裕宽,拟假道越南入滇,探查情形,冀得真切,均谓曰宜。经派出总兵黄国安、直隶州州判唐镜沅、南海县举人周炳麟,改服充商,同行渡海,即一面禀报总理各国事务衙门。

臣行抵越南顺化都城,经越南王派出官员笔谈数次,臣即将法越构难情形及现在战守议和情形,逐加诘问。又证诸华人熟悉越情者,查得该君臣昏愚委靡,战守绝无经营,即议和亦毫无条理。其国政令酷虐,民不聊生,自锢利源,穷蹙已甚,每岁所入,大概不及百万。法人又从而愚之,饷以甘言,则欣欣窃喜,而于中国转多疑忌之心,无可扶持，一言已决。阮福时家庭构衅，苟活自娱，内乱将兴，胜于外侮，此越南上下之情形也。

该国为山海奥区，海口以南定之巴辣口及海阳之宁海汛为最要。宁海早已通商，南定亦垂涎特切。两口皆不甚宽，上达河内，至河内则水势较狭。由河内上至红江，则愈行愈狭，佛殿滩以上逐段皆石，夹岸皆山，入保胜而达云南，路极艰险。其陆路毗连广西、云南一带，山峻且纡，瘴厉甚恶，非服水土者不能久居也。河内为北圻心腹，而最关利害者，则北圻之屯鹤、三歧口。盖此处北来一水为泸江，又曰绿水河；西北来一水为洮江，又曰红水河；西来一水为沱江，又曰黑水河：三水汇于屯鹤，是谓三歧。下趋于洱河，而达河内。三歧口商贾往来，利之所萃。此处为人扼据，则该国之上下游隔绝，不击将亡；刘永福饷无来源，势亦坐毙。环北各省，均如人为墙蔽遏，一步难行。不独为越南呼吸所关，且极为中国藩篱之大害。去年法人拟于此地筑关，越官暗禁民役，因之中止，而其心固未尝已也。棋争先着，急宜暗使刘永福就近扼兵，及彼未来，犹易下手，恐稍纵则即逝矣。此越南险阻之情形也。

该国桑麻黍稷，随处皆宜，四时可种。官民委惰，芜秽不治。象犀楠桂之珍，尤称利薮，乃俱禁不出口，迫为贩私。税权委之华商，又与该大员阮文祥夤缘为奸，半归中饱。山矿错出，法久注意。越官约华商豫先开办，而惧越人反复无常，不敢承揽。善为筹之，犹可为富强之国。此越南膏腴之情形也。

刘永福所恃者险，惟力主分布散击之术，夷人时隐慑之。曾选请于黄佐炎，以为非战不能议和；并谓兵连祸结，则乞降罪以谢法人。奈书累上而说不行。又致书于坐探委员，谓有搏虎驱狼之志，惜制于人。实则自备糗粮，越人无所掣肘，第虞一败则法、越两不相容,中国又无退路,故亦隐忍图存。现在增兵造船,暗购军火,其下扑河内,仅六七日程也。越南极仗此军支持全局,又迫于法人,逡巡畏葸。臣尚未晤及永福,而就近访闻较确。此刘永福之情形也。

法人之攻河内也,造意于西贡带兵之五画,而兵头七画意不谓然。堕河城后,有换兵而无增兵。又鉴于同治十二年刘永福之战,欲进则怯,欲退则羞,而我防军于上年三面续出,彼极恇怯;至八、九月窥破情形,复无忌惮。实则西贡仅二千馀兵,不能拨来;由本国而越重洋,亦属不易。其国政出多门,佥议迟疑,故迁延至十阅月之久,而实观强弱为进退,亦未尝不防公论,巧诈掩饰。此法兰西之情形也。

臣行抵顺化,拟即绕道北宁而赴保胜,适闻天津会议通商、分界事宜。窃叹越南孱懦之难扶,而彼族横行之已甚,此际纵不谋缓藩,而应谋固圉,请为皇太后、皇上敬陈之。

夫越界本无所谓分也,分之则当以清化为断。清化以上,北圻归我保护,清化以下,南圻归彼保护,则边事犹属可为。惟此议非独虑法人不允,即越人亦未必从。盖法人志在红江,红江在北圻境内,违其志则必龃龉,此不允之在法者也。而越都顺化,设在南圻,我既立保护之名,先委其都于度外,是显示中国专为边隅起见,未免孤属国之心,此不从之在越者也。

臣亲履其境,目睹其形,伏思中外未肯失和,非用刘永福一军别无良术。至如何用之,及为永福如何布置之处,请缕晰而陈其计。

一、刘永福固宜暗用,而不宜显用也。然虽不见明文,亦必密有确据,方能坦然效忠。相应请旨敕谕滇、粤督抚臣,如刘永福果能扼守红江,有功边圉,即行文广西上思州立案,准其日后回籍,传使闻知,坚其奋发。至接济军火,云南一省力或不足,势须两粤合力图之。疆臣必奉旨而后敢行。刘永福即迅移兵屯扎红江左右,胜于在天津以口舌争也。

一、兵当以义动也。刘永福兵力尚单,固非法敌。然《春秋传》曰:"师直为壮,曲为老。"尊周室而攘夷狄,齐桓、晋文所藉以成霸业者也。宋室南渡一诏,论者谓其有助中兴。仗义执言,可以补甲兵之不足。宜有人入永福军而提挈之,一檄传呼,申布大义,致书各国,请示公评。自外夷构难以来,神人共愤,一经震喝,必有奋袂而起、仗剑而前者,彼族断无闻之而不惊也。观去秋情形,已萌退志,势不肯以全力争此瘠区。中国再为调停,庶易转圜而退。

一、华商宜要结也。外夷致富在商,无商则如鱼失水。河内与宁海汛通商皆我华人,并无越人贸易,西贡皆然。法、越待华商皆极酷虐,所见异于所闻。我宜以数十万银在屯鹤立一公司,示以宽仁,则华商一呼即至,如水赴壑,将无人与彼族通商,不独河内、宁海顿成黄茅白苇之乡,即西贡亦必骤形萧索。釜底抽薪,气焰自息。

一、开垦以养兵也。该国极多旷土,如广安一省,地千里而人仅三千,他处虽不尽然,而皆可以招垦。既收养无业之散勇,即寓藏有用之精兵,可卷可舒,可静可动。

一、举事宜筹财也。越南苦于无急切觅财之所,至其境始悉其穷。保胜所入,势难加增。屯鹤向有税关,每年亦不逾十万,即用越之财,守越之地,终苦无大裨益。添兵招商非财莫办,屯田开垦获利终迟,三五年内,势须仰赖朝廷。光绪七年十一月初五日有谕疆臣合力图维之旨,应请再申谕令,酌度数省每年接济若干,俾得展布,俟关外利源渐开,再行停止。当此藩篱吃紧之际,与其决裂不可收拾,费财更多,不如及时犹事半功倍。

以上各节,所以必用刘永福者,以其为越官而行越事,无虑外人之阻挠耳。果能先据红江,次扼北宁,则宣光、山西、兴化、太原、高平近边等省,已归囊括之中。据北而后图南,固圉之策,无逾于此。

兹当天津会议之秋,窃揣必多棘手,艰危阅历,谨贡其愚。明知一介小臣,何可屡渎天听?惟中外关系甚大,知而不言,言而不尽,则罪戾尤深。何必驰驱于洪涛峻坂之中、瘴雨蛮云之地哉?

所有详度边情,敬陈管见缘由,恭折沥陈,伏乞皇太后、皇上圣鉴。谨奏。

请缨客曰:余之疏请入越也,而敕下往滇,盖中旨谓滇越毗连,刘在保胜,尤与滇近,其命入滇,未尝非暗寓用刘之意也。而余意非亲入越必不能相机筹措,入滇终属隔膜,于是辗转而有假越入滇之计,亦可谓一意孤行者矣。后幸获留边,而用刘亦著有明效,岂不可畅行其所志哉?无如事机愈变愈坏,而余厕戎行,卒提空名也,良可慨夫!

卷 二

藩、臬来询需随员几何，路费几何，沅帅命也。余请路费五百两，并请派同知龙维霖雨三、通判黄赞勋煦斋同行。雨三旋辞，邀蔡冰鉴同往。

正月初六日

游花埭，临江吊黄晓眚。晓眚，河南商城人，名殿荃，更名罜，原字香谷，又字画民。咸丰辛酉拔贡，官礼部主事。博学能文，语无凡响。书法胎源篆隶，奇峭不可思议。其为人尝垂首嗫默，于稠众中崖岸独立。胸有单复，而不好骂人，失意杯酒，遂莫测其舞蹈之所极。遇佳士，则裼裘篝灯，能作数夕慷慨谈也。晓眚虽不谐流俗（乎），而志趣游乎九天之上，长揖公卿，敝屣科目。袁小午侍郎爱其才，延入西征粮台，半载无私谒，橐笔复入都。晓眚实博通乎古今治乱之源，有叩辄应。肆其馀力，凡兵法、医学、风鉴诸家，以及掷涂、赌跳之术，靡不精晓，奇气直辟易万人。于是与余每纵谈越南事，二人贫恋都下，不得行，相晤必问所志若何，互勖毋隳。余于是别字南注生。光绪丁丑九月，晓眚乃与季弟禹卿幙被出都门，独余知其志在南行也。至沪，穷无复之，托迹书肆。次年乃游广州，醉后堕水死。平生著作不留稿，仅记十四字云："尽有诗书堪饱暖，止馀天地是樊笼。"呜呼，其狂而狷乎！晓眚血性男子，赴人急难，性命以之，卒不免中伤，故字晓眚。其袍履如婪人子，发累旬不栉，于思连鬓，故小字鬟姑。

正月十二日

偕煦斋、冰鉴赴香港,寓泰来栈候船。连璧峰、萧琴石运余行李,取道梧、邕赴龙州。

二十日

附普济船。

二十二日

至廉州之北海。妇女解官话,渔艇满港。有招商局。

二十四日

至越南宁海汛,俗呼海防。海口长而狭,法人乔尔赤在此带水,一艘索费三十两。登岸,寓招商局对岸,地名幫金。幫音同左,越人谓墟也。有洋楼。泊兵轮四艘,新来兵五百人,已入河内。海防入河内水道有二,一道冬春水浅,不能行船。晤越南商政衙门官。旋有法人到局,探问来者何人。

正月二十五日

雇民船二艘赴海阳,俗呼水东。越都向建河内,曰东京,水东、山西、北宁、南定四省环卫之。商政官遣兵护送,路多劫贼,夜有戒心。

二十六日

辰刻抵海阳省,寓客栈。海阳巡抚阮调来见,延入署,布政、提督以次各官在焉。衙洁张饮,看馔二十馀品,味凉。馈铅钱百贯,礼物八色。却钱,收茶饵数色。

正月二十七日

由海阳起程,省官派兵护送,七十里至顺城府。府官延入署,出见子孙八九人。

正月二十八日

由顺城府起程。越官召夫,持竿卓地,群趋竿下。民犯罪,削竹缚一肘,不敢逋。大员可枷笞知府,卑官脱履始敢上堂。本日知府传夫极勤。辰刻,坐辋行。禾黍盈畴,青翠无际。中途,接北宁总督张登慟书,派兵来迎。申刻,抵北宁,寓城外行馆。总督以次文武各官来见,馈羊豕酒米,犒从者。入城答拜,张登慟留饮,参赞裴文襑在座。文襑常充贡使,在都与崶弟相识。询知爵臣、芷庵甫于二十日过此,赴山西往保胜矣。闻刘永福有左、右两营扎山西。总兵陈得贵扎北宁三十里之安勇县,着哨官带亲兵马匹来接。张登慟号子明,裴文襑号珠江,陈得贵号槐阶,广东人。

请缨客曰:广西自洪逆创乱,徧地皆盗,窜及越南,官军出关,旋平旋起,则散勇之为祸烈也。初,越南请师,愿供薪粮夫役。而官军议给米价,索薪役。将备武夫,鲜知怀柔大义,待越官辄无礼,军欺民懦,又虐使之,以故国家为藩服用兵二十年,糜帑千馀万,而越人终不甚心感。然其悉索敝赋,实亦可矜。甲申,北宁陷,而夫不可得。秋冬再用兵,而越夫索价,变本加厉,一至于此。

正月二十九日

由北宁起程,十里抵涌球,即天德江,管带叶逢春驻此。河狭,两岸皆土阜。渡河,二十里抵安勇,槐阶列队迎,款留蓬村。

请缨客曰:法破河内,我防军进扎北宁,仅数百人。法人诘总署何故进兵,总署以搜土匪对。法谓北宁无匪,宜退兵。而宝海嗣有分界通商之议,约中国先退兵,于是我军退扎涌球。此为最近北宁之军。

二月初一日

由蓬村起程,三十里至谅江府,一呼旧府。渡河,此河与涌球皆汇红江达海,涨生,小轮船可入。六十里至郎甲,寓李该总宅中。五更,闻书声咿唔。越人勤读,起最早。唤书生见之。该总如中国里正。

二月初二日

行七十里至屯牙,小憩。万山环列,溪涧横道。三十里至屯梅,即谅山之长庆府,寓府署。府南十五里为鬼门关,有伏波祠。越地无里数,约略言之。

二月初三日

行六十里,至五台,相传古树颠有伏波铜箭。过此为四台、三台、二台,而至谅山。渡河为驱驴埔,记名提督统领左江左路防军黄桂兰驻此,遣亲兵小队迎入左府祠。黄军门,安徽合肥人,号卉亭。修干长髯,知书儒雅。谅山巡抚梁辉懿率布、按来见。席罢,与卉亭谈夷务及刘永福,谓已授计爵臣、芷庵,并函知永福矣。探余来意,告以将约刘进兵河内,卉亭以为然。又疑其统督黄佐炎积不相能,越且不敢抗法,恐阻之。余曰:惟相时而制黄佐炎。四鼓,卉亭就榻前曲商而切属之,亦有心人欤? 梁辉懿号竹圃,原籍广东。越人每不以军国真情告我,竹圃独肯言。

二月初五日

偕卉亭、冰鉴渡河入谅山城,答拜各官。梁辉懿留饮,馔丰,得中华味焉。席罢,唤魋婆唱曲。越俗好鬼,延以治病,席地列米盘,焚香起舞,摇铜环玲玲然,有挥弦者如月琴,又见牛尾一弦琴。

二月初六日

驱驴墟期,物列棚下,男妇如织,装束简洁,地近南关,有华风也。相传谅山城紫砖为马伏波筑,今所历越南省城皆紫砖,俗说不足信如此。

二月初七日

由谅山起程赴山西,黄统领派把总何有龙带勇五十名护行,把总李得发随侍。

初九日

至蓬村,寓槐阶营中。

二月十一日

偕煦斋、冰鉴由蓬村起程,槐阶派其族弟陈玉堂带勇五十名护行。至北宁,裴文禩约饮。张登愃谓法人将取南定,乞予留北宁。答以此来重在晤刘,孤身羁此何益?张登愃又浼予调其左营吴凤典、右营杨著恩下击河内。辞以未晤刘,不能孟浪,晤后再议。

二月十二日

由北宁起程,七十里至金英县,县官外出,寓署中。金英距河内省城三十里。越南府县无城,府土围,县竹围。凡村皆种蕉、竹、槟榔,葱翠成林,惟秽而不治,可厌耳。

二月十三日

行二十里,至永祥分府,即安朗县,山西属也,汉征侧、征贰用兵处。再行六十里,至安乐县。由金英去山西不必过安乐。是日误行。

二月十四日

行二十里,抵山西省,布政使宗室阮尉列队郊迎,入行馆。总督阮廷润及按察、提督、领兵等官来见。黑旗左营吴凤典、右营杨著恩及滇、粤坐探委员、华商首事俱来见。阮廷润号海元;吴凤典广西人,号雅楼;杨著恩一名著仁,号肫卿,广东钦州武监生,少年俊伟,知礼能言:刘永福得力将备。

二月十五日

黄佐炎来见。号罗洲,越南驸马,东阁大学士统督北圻军务,北圻督抚均受节制,年六十有奇。着金团窄袖朱衣,彼国大臣戎服也,侍从甚盛。国王赐以宿卫兵,号能战,曰京兵。越官仪陋,督抚四盖、布、按两盖,知府以次一盖,黑油长柄,鸣鼓行道,役挟漆匣盛槟榔、烟具奔随之。督抚兵执刀。督抚入会客,兵侍立门外,烈日大雨不敢动。黄佐炎仪仗较赫,颇自尊大。冯萃亭军门曾坐将台,令以三跪九叩见,渠衔之刺骨。佐炎谓刘永福不受调度,请予筹驭之。盖是时越难已深,国王阮福时愤极决战,责令黄佐炎督刘进剿。向疑佐炎尼刘战,窃幸今已不然。

是日,适接芷庵自保胜来书,述刘感极,递呈军册,具禀甚恭,谓余行抵何处,则来就见,毋劳远涉保胜。因语佐炎,姑缓之。

刘永福前营督带越南防御使黄守忠来见。守忠,广西思州人也,号荩臣,俗呼“北江黄”。二十六岁,聚八百人出关。永福入越后,时有起蹶,得守忠势渐壮,相随二十年。永福克自立,三分其军,守忠曰前营,吴左、杨右。守忠所部千二三百人,倍于左、右两营,虽倚刘为帅,而前营月饷仰给越官,岁时犒赏及军械,守忠自筹,不请于刘也。今守忠新平十州回。十州者,越之羁縻州,属兴化,三猛在焉。猛者,如中国所称苗猛峒是也。其地纵横二千馀里,与云南南掌接界,不读中国书,别有字母,近稍稍习汉文,五金、稻(梁)〔粱〕生焉。黄旗馀党叶成林几全据其地。永福兵降成林及朱冰清,诛韦二、文三等,散党未靖,乃命守忠往剿,追入南掌界。南掌大惊,睹其军,华装也,曰:“天兵自古不至此。”南掌有大王、二王、三王,诧守忠为神将,询生年月日,愿生祠之。守忠不肯,凯还。守忠艰官语,见华官趑趄不敢言。

请缨客曰:由十州走九龙江,过南掌、哀牢边境,可达西贡,计一月程。余曾与黄佐炎画策,令黄守忠带兵入十州,取道九龙江,袭捣西贡,以解北圻危。佐炎是之,且愿自率守忠行,以所历境皆越边圻,佐炎权重,能檄供粮楫;而永福不愿守忠行,余亦虑守忠兵力不足,火器且乏,遂止。而实奇计,独唐羲生中丞函商及之。此黑旗既战河内以后事也。守忠言,南掌人顶发一握,混沌无机械,细螺为钱,金银积造佛塔,不用也。十州实十六州,保胜为水尾州,居其一,馀界云境,互有出入。雍正、乾隆年间,越王迭奏争。刘永福虑保胜不可居,而中国又不能归也,法氛既动,于是阴有图十州之志。十州土酋亦颇畏威受约,咸属其子,父呼刘焉。十州久为粤人啸聚,山峻水纡,席此可成一小部落。然必吞南掌,达海滨,远通舟楫,局势始阔。界越一面,陆路易塞。后反复语刘,刘谢未能也。

二月十六日

接黄统领函,称奉倪豹帅照会,钞寄总理各国事务衙门六百里函称"唐景崧应迅往云南,不得在越留恋"等语。盖去腊法使有通商、分界之议,总署恐余挑逗刘永福碍和议故也。维时法已增兵攻南定,料必背约,而都下未知。本日黄佐炎浼予促吴凤典、杨著恩下击河内,解南定围。余以未晤刘为辞。而总署催行,姑置之。爵臣、芝庵至自保胜。

二月十七日

黄佐炎径遣黄守忠往扎丹凤县。丹凤在山西东路五十里,再下三十里即河内省。

二月十八、十九等日

法兵攻南定,破之。南定在北圻最称富庶,为五大省之一。五大省者,河内、南定、北宁、海阳、山西是也。南定两海口:一巴辣口,一辽海口,皆宽于宁海汛。富良江由此两口出海,其通宁海汛乃支河也。巴辣、辽海两口,法未经营,不能停碇轮船,皆自宁海汛入富良江。南定城面河为富良支河,轮船可达,独冬春水浅易塞。南定总督武师晏负能名,招华勇五百人并越兵万人守之。法人十八日攻未下。十九日,破东门入,提督阵亡,武师晏遁务本县。至是越南失两巨省矣。师晏号仲平,后晤于黄佐炎营,衰老已甚,而最廉。

富良江、洮江、洱江、红江,皆一江而异名。

二月二十日

越战法人于新河,越兵败绩。总督张登憻带兵号九千人,又募华勇五百人,头目为华人赵福星、黄福茂、黄云光,设防慈山府及新河。新河者,因富良江涨大,别开此河以杀水势者也。由北宁五十里渡新河为嘉林府,再渡富良江即河内省。法人攻所募华勇营,拒颇力,军火不继,弃垒遁。越南兵制,临阵弹药必记数,杀贼少,责将士偿,故见敌不敢妄施,亦不肯丰给。其迂愚如此。

黄爵臣回广东,交呈沅帅函,芷庵暂留山西。

南定失,越事愈紧。黄佐炎前后六调刘永福不至,至是浼余促之,告以刘称探余抵某处即束装趋见,今驻山西,其来必矣。爰属吴凤典等羽书飞催。

请缨客曰:余在谅山营,阅倪豹帅致黄统领书,悉所谓分界、通商者,分界以红江为界,中法分任保护,通商则在保胜。合肥相国虑黑旗为梗,议编置其军移屯他所,即以保胜税关所入养之。今求如分护越圻而不可得,合肥原策不诚善欤?然当是时,法人料黑旗必不肯移,保胜必不可得,云南仍不可通,款议虽成,惧天下笑,故展转背约,而仍逞兵于南定、北宁,处心积虑,必捣保胜遂刘而后已。此黑旗兵扼一隅,法不得入云南之隐憾也。或曰,移刘则越祸立解,中国亦保全实多,何计不果出此?然而宝海扬矣,中国不能牵其裾而从事盘敦,其奈之何?且移刘而越难果能解耶?分护之说,姑以餂我而已。

二月二十一日

偕芷庵、煦斋、冰鉴游城外各寺,乞签关帝庙。签曰:"尊前无事且高歌,时未来时奈若何。白马渡江虽日暮,虎头城里看巍峨。"前二语甚明,后二语不解。

接张登懽羽书,谓南定陷,北宁急,请余往北宁商办军事,并请黄统领进防北宁。旋接黄统领书,知已于十七日进驻谅江府,各营略有变置。先是有旨戒防军勿深入越境,故我军仅能至谅江,不敢驻北宁省也。旋奉敕下,防军固不可深入越境,亦不可退扎失势。疆臣奏称,救越则虞召衅,不救无以恤藩,事在两难。

二月二十二日后

在山西坐待刘永福,闲与芷庵、煦斋作诗钟,习越人投壶戏,日为人书联扇,夜谈辄至三鼓。侧身无着,警报日来,每有法轮至山西喝江口窥伺。按察阮文甲带兵出防,儿戏不可恃也。越南天热地湿,二月祖汗,衾帐生苔,蜥蜴有声,蚊蚋攒集,无可奈何,抱膝长坐。

三月初八日

中国游击衔捐二品封典越南三宣副提督刘永福率亲兵队乘舟至山西,旗纯黑,有"三宣提督军务"旗、篆书"刘"字旗、七星旗、八卦旗、洋枪刀斧手,角声乌乌,马蹄蹴踏,不闻军哗。市人欢呼:"刘提督来!"旗牌官投帖报到,先遣随员韩再文探询进见仪节,即日来谒,执礼卑谨。初见,略示奖慰,未与深谈。永福号渊亭,广西上思州人,咸丰年间,粤西乱,渊亭率三百人出镇南关。时粤人何均昌据保胜,渊亭力战平之,遂有保胜,号黑旗。同治十二年,法人破河内,夷酋安邺勾结逆首黄崇英谋吞全越。黄崇英,黄旗也,拥众数万,势张甚。越官梁辉懿时为山西按察使,国王敕赴保胜谕渊亭归诚。当是时,黄旗贼已盘踞山西、太原一带,保胜不得达河内。渊亭乃率队裹粮,蓦越宣光大岭,绕驰河内,一战而斩安邺。甫敛队,而富春议和,三使臣适至,为法所擒,闭置舟中。督师黄佐炎亟檄罢兵。旋就和,而授渊亭三宣副提督职,给敕印冠服,三宣即宣光也。其部众曰团练,故称刘团。安邺死,而黄崇英之谋寝,焰亦衰,旋为提督冯萃亭剿灭。渊亭蒙滇抚给游击衔后,屡自备饷械除土匪。黄佐炎不上闻,廷臣亦窃多疑忌,以故渊亭尝积怨于黄佐炎,今日所以六调不至也。

越南兵饷极微,每兵月给铅钱二贯,值银二钱,米一方,重四十五斤。渊亭榷税于保胜,借资军饷。其部卒皆内地杀人亡命,否亦跳荡不羁之徒。渊亭驭下严,进见辄谩骂。将备短衣垂手长立阶下,命之人始敢入,侧坐不敢正言。渊亭不识字,典签者踞榻前禀事,词不中意命之改,纤毫不敢违。事关钱币,必反复推驳,手权锱铢,若不得已而后用。然所部必为之娶妻生子,将备分权税关走卒听其贸易,俾有所恋而不肯离,逸者必诛:用能颠倒枭悍,牢笼无赖。

渊亭长身削立,高颧尖颏,状类猱猿。唐荻帅诧其相,一见赏万金。边人皆呼刘二,新闻纸讹称刘义。本年癸未四十七岁。妻黄氏。先收养子名成良。黄氏生二子。吴凤典妻,黄氏女弟也。渊亭尤礼下之,今已殁。

三月初九日

答拜渊亭,入密室,细陈衷曲。渊亭悒悒,为言黄佐炎。余曰:"足下膺越职,佐炎外,越人待足下何如?"渊亭曰:"越王待我厚,京外诸臣独梁辉懿善遇我,其馀碌碌,皆忌我者也。"余曰:"保胜紧界云南,云南如何视足下?"渊亭曰:"独唐荻生方伯厚我耳。"余曰:"足下少年冒不韪之名，今处保胜弹丸之地，设一旦得罪于滇、越，进退无路，计将安出？况今且见逼于法兰西。"渊亭跽曰："谨受教。"余曰："万里来兹，专为足下策不朽之勋，创不世之业，古有不阶尺土，提一成一旅而成霸王者。夫今日越南乃法人刀砧之鱼脍也，狼藉不旋踵。足下诚能据保胜十州为老巢，守山西为门户，北宁、太原、谅山、高平、宣光、兴化，震以足下威名，不费兵力，传檄可定。足下诚能收关外之亡命，简越卒之精锐以为兵，就膏腴之地以为粮，榷七省之物税以为财，礼罗贤俊以为辅助，然后请命中国，假以名号，据北图南，事成则王，不成亦不失为捍卫华边之豪杰，功在中国，声施万世，此上策也。"渊亭瞠目久之。余曰："虽然，有天命焉，请言其次。今者法兰西欺我中国，剪我藩服，神人共愤。中国不肯因一隅而牵动天下。足下越官也，诚能提全师击河内，战胜则声名崛起，粮饷军装必有助者；不胜，而忠义人犹荣之，四海九州知有刘永福，谁肯不容？立名保身，无逾于此，此中策。夫以今日揆敌势而建义旗，天人之机，似不至败。"渊亭曰："唐方伯尝曰：'汝其固守保胜，无妄动，敌至再战，不胜则卷旗入滇，吾能庇之。'"余曰："噫！功名者，有功而后有名。足下坐视国难，则无功无名，孰重黑旗刘永福者！事败而投中国，恐不受。且唐方伯又安能久宦滇中而庇子也。株守保胜，此下策也。"渊亭曰："微力不足当上策。且越或因此降法而击我，将奈何？"余曰："法人已不容汝，为之被击，不为亦击，越急，亦必除汝以谢法。豪杰毋为人所算。"渊亭狐疑，余曰："何如中策？"渊亭曰："中策勉为之。虽然，兵单军火绌，可守而不可战。"余曰："战必有助者。夫不可战，又焉能守？先发制人，足下毋怯！"渊亭曰："二者请筹诸杨著恩，再密复命。"归寓，总督阮廷润来见，请余属渊亭往上协社见黄佐炎。社在东门外三十里，黄、刘积不睦，越官恐渊亭不往见，故

浼予属之。渊亭不欲往。余曰："是奚宜者！昔者越南疑子甚于畏
法人。今子亲予，而咫尺不谒主帅，适滋人惑。其往之便。"约定明
日同行。

黄守忠旋自丹凤。

三月初十日

偕渊亭赴上协见黄佐炎。渊亭谒佐炎，青帛裹首，窄袖短衣，越
装也。佐炎并留饮，梁辉懿时在佐炎营中参赞军务，同席。席后，佐
炎留余笔谈二十馀纸，急催渊亭进兵。余谓渊亭兵单军火缺，其不
欲进亦自有故。佐炎拟奏为增千人。闻余应赴云南，乃与梁辉懿会
奏其国王，咨呈广东，代奏留边。是时，越将专恃渊亭，欲余在边左
右之也。

次日

偕渊亭旋自上协。

三月十二日

梁辉懿来见，称奉佐炎令，调刘团往上协，渊亭不奉调。余调停
之，属渊亭以一营往上协，馀军暂驻山西，并商守山西必出守河岸，
立炮台。阮廷润谓夏涨未生，山西无虑，河不必守。余谓既不守山
西，即当进规河内，无全军扎上协闲地之理。渊亭与余意同。越官
必欲其全屯上协，渊亭怫然，计终未决。

三月十三日

夜，访渊亭，坐密室短榻，询前所陈第一策有意否。渊亭曰："倘
中国问罪若何？"余曰："中国知越祀将绝，今日必不理蛮触之事。且
足下以保残越固华边为号召，义正名顺，中国无与为难也。"渊亭曰：
"然则吾军且进屯丹凤，勿逆佐炎意，俾生疑。且请密商卉亭统领，
如能助师数百人，假天兵之威，庶易举事。"余曰："善！"乃定十五日

拔队赴丹凤。余乃属芷庵先旋黄统领营,密商前事。渊亭曾造谒卉亭,执贽门下,事必关白。卉亭为代购军火、军装,谊极款洽,亦渊亭平生一知己也。

十四日

虑渊亭有悔意,往坚其行。

三月十五日

渊亭来辞,率亲兵先往上协,左、右两营暂留山西。

三月十六日

渊亭书来,谓黄佐炎促其进兵怀德,请示进止。并谓进兵则左、右营当行,恐余无兵随护。复书,不必顾我,进兵怀德计亦是。又命杨著恩谒商前策。余曰:"大事固不易为,而击虏为黑旗第一要义。"著恩下阶叩首,称进扎怀德必有恶战,成败均要乞恩。余定期十八日回黄统领营中,冰鉴先行。

三月十七日

黄守忠、吴凤典、杨著恩各馈象牙、犀角、熊胆、肉桂送行,情致殷然。黑旗将士欲归中国,惟恐不容;至是忽见京员前来抚慰,俱各奋发,矢志杀贼,冀得锦旋。

三月十八日

偕煦斋起程,黑旗将士、总督阮廷润送至渡口,登船话别,请余早旋山西。

三月十九日

至北宁,张登憻留饮。席间劝以兴利除弊数大端,如简军实,购军火,开太原、高平、广安矿务,去虐民之政,实心向中国以杜西人狡谋。登憻唯唯应之。

三月二十一日

至谅江府黄统领营,芷庵在焉。问所商事,卉亭谓已函告渊亭,如唐主政所言皆为刘氏子孙计,宜听之。助兵之说,固知卉亭不敢妄举也。

璧峰、琴石至龙州。

三月二十二日

接岑彦帅函,劝早赴云南,并谓挑刘召衅,祸谁当之? 语甚挚。余复称有祸惟自当之。

渊亭函报本月十九日祭旗,进兵怀德,盼余早返山西。怀德府属河内省,距省十里。

此后数日在谅江小住,骄阳炽天,心绪恶劣。晚餐日落,与卉亭步憩荔支林下,每忆珠江荔支湾少年风景,如在天上。

三月二十六日

芝庵旋东,函呈沅帅,求济刘团军火也。煦斋、冰鉴均回广州,计总署催行日已久矣。卉亭谓刘团正一鼓进兵,恐隳壮志,劝余暂缓入关。

三月二十七日

闻广西布政使徐延旭奉命出关筹办边防,专折奏事。徐方伯山东人,庚申进士,号晓山,由广西知县起家,负能吏名。曾至谅山剿匪,著有《越南纪略》。是时,中国犹沿宝海通商、分界之议,讫无成说,不知越南时局已有战而无和矣。余怀去志而不忍遽弃渊亭,强留而此身殊觉无谓。卉亭拟入关迎徐方伯,挽余暂驻其督带韦和礼营中。

越官剿抚使梁俊秀来见,号兰卿,原籍龙州,随父出关,在高平雄视乡里,人呼"梁三大"。越人呼大,枭杰之谓也。近始蓄发就越职。

三月二十九日

由谅江至蓬村韦营。韦和礼号修五,合肥人,官保记名提督督带三营。文案为欧阳萱,柳州府人。

四月初三日

黄统领入关。初五日,接黄统领公文,准广西巡抚倪恭录本年二月十二日上谕:"总理各国事务衙门代奏吏部主事唐景崧敬陈管见一折,唐景崧着懔遵前旨,迅即前往云南,听候差遣,毋稍逗留。钦此。"知照前来。并据倪抚行文黄统领,查取起程日期具报。闻命之下,敢不钦遵?然此时性命功名,已概付之度外,惟盼黑旗与法人一决雌雄。姑报初六日起程。

四月初六、初七、初八、初九等日

仍在韦营,候黑旗消息。芝庵在龙州来书,劝余入关,语颇激切。适触愁怀,遂决于初十日起程。途中接广东督抚公文,恭录二月十二日谕旨,照会前来。又接黄统领书,仍劝暂留。时已就道,不复折回韦营,拟至谅山小住。沅帅致黄统领书,问余甚挚。是夕宿郎甲,据榻草上沅帅书,并致渊亭。

四月十三日

至谅山,巡抚吕春葳以次各官来见。十二日,布政、按察约游二青、三青洞,镌诗满壁,林壑宽幽。按察约饮,谈甚欢。询南交古迹,谓广安有安子山,传为安期生修道所,唐时有高僧卓锡于此,有诗刻石,今无存。问伏波铜柱,则越人早不知所在,曰谅山,曰乂安,曰广东钦州,曰广西分茅岭,皆无的据。柱称有五,不仅新息所立也。

四月十五日

徐方伯抵龙州,书来慰问。连日破庵闷坐,岑寂无聊。渊亭连函催返山西,而余已有入关之志,诡辞以对,战信无闻。

四月十九日

申刻,接渊亭专足递书,知于本月十三日与法人接战于纸桥,大破之,阵斩创谋吞越之五画李威利,斩四画至一画兵头三十馀人,斩法兵二百馀人,伤者无算,夺获洋枪、马匹、刀剑、鼓角、时辰表、千里镜不可胜计。右营管带杨著恩阵亡,左营管带吴凤典受伤,团丁死三十馀人,欢动边关。一时谅营大小将弁、华商、越庶以及巡抚、布、按文武各官,齐来致贺。飞函黄统领报捷,而痛杨肫卿将星遽损,喜极而悲。回忆别时叩首之言,怆然泪下。驰贺渊亭,存问死亡将士家属。

请缨客曰:是役也,后至纸桥详询战状,备录于篇。纸桥者,小桥涸水,桥东二里为河内城,桥西三里为刘营,中一大道,左右村田。四月初九夕,黄守忠袭入城外教堂焚之,小有斩获。法兵坚守市栅,不得近。十一日,法兵出城,旋敛去。谍报必有大战,右营管带杨著恩请当前敌。渊亭戒曰:"战洋人不可急,急则损!"著恩曰:"见洋人而能忍者,非人也! 虽死愿任先锋!"十二夜五鼓,黄佐炎接城内越官密报,法兵准十三日平明倾城出战。著恩闻报,全营不造饭,骤率驰去。渊亭禁勿及,亟命吴凤典伏道左为奇兵,黄守忠扼大道迎敌为正兵,自率亲兵在后督阵。著恩驰至纸桥,兵分三队:头队据桥旁关帝庙,二队列庙后,自带亲兵为三队在大道。右队甫齐,而法兵已布满桥东,镜瞰庙中,枪炮齐举,瓦飞栋折,人语不闻。一四画巨酋怒马登桥,为右营火筒炮击落桥下,人马齑粉。法队退转,席地吸酒,乘醉复起。十人一队,连环施枪,鱼贯过桥,前倒后进,尸不回顾。右营头队溃于庙,二队接战力复不支。法兵一抄庙后,一走大道夹击著恩。一弹洞著恩双股,左右尸迭,亲兵掖退不肯,强起,弹折右腕,坐地轮开十六响手枪,倒十数人。至十三响,飞弹洞胸,阵亡,右营全溃,法兵直驱大道。黄守忠头队接战败;二队驰援,亦将不敌。方右营之初被挫也,报及渊亭。渊亭驰至前营三队地,而著恩已亡。

渊亭再进，而前营头队又败，黄守忠死战不却。吴凤典道左伏起，横冲法兵，前营乃直冲法兵，于是刘兵、法兵，纷搅成团，队伍大乱。黑旗短刃交下，法人枪不及施，右营溃兵折回愤战，法尸山积，一酋中枪坐地，刘兵驰取首级。酋急脱帽摇手，而顷刻已被脔割，寸肤不留，视其祛，五画也。法众狂窜，甚有呆坐受戮不能行者。刘已亡健将，吴凤典亦伤，遂不过桥穷追，未刻，整队凯还。次日，法遣越官说黄佐炎，愿以二万金赎五画首级，而后知为李威利，渊亭不与。黄佐炎红旗报捷，越王奖功，授渊亭三宣提督、一等义良男爵，黄守忠以次进秩有差，赏斩五画首级兵银千两。广西巡抚据报驰奏。著恩无子，有老祖母，家钦州。妻陆氏，守节养子，十三龄殇。

四月十六日

为渊亭作檄文，布告天下。讨法兰西文曰：

越南三宣副提督刘永福为檄告法罪事。

溯越南自秦汉以降，俱隶中华，至宋始沦为外域，前明犹改行省，逮大清朝，虽越主迭经易姓，而皆就列藩封，纳贡有期，载在册府，四海五尺之童，谁不知为大清属国者？法兰西独不闻乎？既与中国和好，即不应欺其所属。用兵于越南，无异用兵于中国也。兵端开自法人，如中国大皇帝赫然震怒，声罪致讨，法兰西何说之辞？即不然而遣师救护藩服，亦不得援两国相争他国不得接济之公法相比。前者攘据西贡，遂使越南贫弱至今，同治十二年，突攻北圻，议和通商，迄今十年，未尝稍得罪于法人也。去岁无故堕其河城，法使宝海忽在天津有通商分界之议。夫欲通商，云南则通之而已矣，欲往保胜，则往之而已矣。至越南土地，岂法人所得而分之？且久居大皇帝覆载之中，频年出师剿除土匪，未见法兰西有一矢之助，何所赖其保护。据人之城，戕人之官，掠人之仓库，犹向人自称保护，岂不汗颜。及至天津已约会议,请中国退师,而宝海忽尔西旋,增兵倏已南至,弃礼蔑信,一至于此。不独虐越南,实欺中国也。请质之海外诸大邦,谁曲谁直,谁启兵端,恐亦无辞为法兰西解也。本年二月十九日,击破我南定,三月阻粮于富春,攻北宁之新河,窥山西之丹凤,志在鲸吞,横暴已极。永福,中国广西人也,当为中国捍蔽边疆;越南三宣副提督也,当为越南削平敌寇。于是恭奉国命,督率全军,逼攻河内,慷慨誓师。四月初九夕,焚毁城内教堂。十三日,身率劲兵与法人血战三时之久,炮声雷动,人肉星飞,我军奋勇直前,无不一以当十。当经阵斩该兵头五画一名、四画一名、三画至一画二十馀名,法兵死伤无算,夺获军械、马匹甚多,彼兵溃遁,追至城西,闭关不出。呜呼!法人所为神人共愤,今者受兹大创,天道昭然。如其悔过退师,仍申旧好,则永福为民惜命,抑又何求;倘犹怙过不悛,负固罔服,则永福誓不两立,定当力剪仇雠。设更向我中国妄肆纠缠,则将延礼英才、纠集忠义,一檄之下,万众遂来,更举义旗,往夺西贡。夫天下之积忿久矣,杀机隐伏如火待然,有倡者必有和之。众愤激发,非条教所能禁,岂独不利于法兰西乎?恐海邦之在中国者,亦因越法交锋而受累,幸勿束手旁观,致蹈城火殃鱼之祸,何不发一言而辨曲直以解纷也。至于我越教民,食毛践土,受国深恩,乃甘为雠人役使,昔与法和,姑容尔辈,今与法战,则从教者即逆党也,痛杀无赦。如能改过自新,输我以敌情,结我以内应,则赏赉仍有加焉。再如西贡旧民,岂不怀思故国,乃愿为彼前导,丧尽天良,阵前倒戈,即贷一死,若夫堂堂衣冠之族,矫矫草莽之雄,亦甘托足其中,阴谋诡计窃已耳。闻姓名而口不忍言,所望今日为汉奸,明日为义士,永福犹将礼之而敬之也。永福僻处一隅,志虑短少,伏乞大贤硕彦,奇材异能,济其力之未充,匡其术之不逮,谨愿匍匐而受教焉。越南幸甚!

天下幸甚！特此布告四海知之。

请缨客曰：此我中国人人所欲言而无从言之者，余特借他人酒杯，浇自己块垒耳。此檄一出，而刘永福遂名震中外，控弦带刀之士，跋涉来投，远近响应。越人向不义黑旗，至是奉箪壶惟谨。余前奏"仗义执言，可补甲兵之不足"，知非尽书生迂语。自此捷后，其一军安详勇锐，倘乘是时厚其兵力，给以优奖，则余两次陈奏，庶可渐次举行。惜乎迁延至八月而军心一变。兵者气也，相时而养之，及时而用之，万不可使其散，一散则陷，陷则不可再振矣。沪上迭刊刘檄文皆假托，独此篇及后所载战书乃余在军中作也。

四月二十一日

接黄统领书，属余勿入关。

四月二十二日

徐方伯出关驻谅山，余往见，陈入关意，方伯留之。黄统领暨右路统领赵庆池观察沃继至。方伯偕卉亭、庆池次日过寓商留余在边，先赴刘营照料，即附片奏请，又函请倪中丞并为奏留。倪中丞奏有"该主事才识警敏，论事洞中机宜"之语，徐方伯附片录后：

再，吏部主事唐景崧，前因奉旨发往云南，假道越南。旋奉上谕，饬令该员迅即前往，毋稍逗留。当经抚臣转行遵照。

臣四月初途次正遇该员前往云南，与谈外域情形，颇为熟悉，而于赞成刘永福立功报国一端，尤为难得。臣查刘永福原籍广西，流而为匪。自经越南招抚，积功擢至三宣副提督。其统领黄佐炎，不善驾驭，转事苛求，刘永福积不相能，常存退志，故不敢擅离保胜，恐为人害。迨唐景崧亲见其人，知其可用，为之开诚劝勉，直以大义责之：谓越南臣服我朝，近居粤徼，能为该国出力，即与内地出力无异。如其思归故乡，未尝不可偿诸异日。刘永福因而感悟，誓不与敌俱生,于是发愤自雄,累战皆捷,非唐景崧之力不至此。现在法越战和之局未定,若得该员留营商酌一切,实于防务有裨。云南藩司唐炯闻已出扎山西,如有应办事宜,亦可就近兼顾。可否准令该员暂缓前赴滇省,留于防营,俾资臂助,出自圣慈。谨附片陈明。

四月二十五日

偕黄统领起程赴北宁。

二十九日

抵北宁。

五月初二日

徐方伯至北宁,览地形,筹布置,于是北宁始有防军。

请缨客曰:北宁居四达之冲,守诚不易。然此次北宁设防自徐方伯始,远者仅及四十里之慈山府,而论者犹谓与刘团越兵太近,恐法借口,屡有戒书。由是北宁险要我军不敢进扎,坐让他人先据之。然则北宁防守固疏,毋亦时论纷纭,遂至步步落人后耶?

五月初四日

起程赴刘营,仍带把总何有龙勇丁一哨,又由陈槐阶营中选七十人,以陈玉堂率之,随余启行。时渊亭禀求徐方伯助兵四百人,洋枪二百杆,故黄统领交余百馀人。别由赵统领饬游击田福志募二百人,暗入刘营,此我军助刘团之始,而田福志二百人终未往也。棘门、霸上,事同儿戏。前后济刘洋枪不过五百杆,皆天津解粤之笨枪,药弹多不着火。

五月初五日

至山西,各官来见。云南新到两营,督带张永清、管带林大魁,皆同乡也。唐薇生方伯出驻蒙自县新安所,徐方伯回驻龙州。

五月初六日

至杨胐卿家致祭,存问孤寡,抚棺下泪。视吴凤典伤在耳侧,不甚重。

五月初七日

至刘营驻卧龙村,奖渊亭战绩,慰将士伤亡。新带右营为南宁秀才韩再勋,号伯铭。唐方伯来书询北圻军情。

五月初八日

连璧峰、萧琴石由龙州来营。

五月十二日

渊亭率全队偕余至纸桥奠阵亡士卒,法冢亦累累在侧,破帽残襟,狼藉路隅。入关帝庙观右营接仗处,弹嵌椳柱,密若蜂房。立毗卿殉难处,太息久之,渊亭亦泣,憩河干庙中。此地传为翁仲故里,庙即翁仲祠,阅越人著作称李翁仲,不姓阮。

五月(1)

在卧龙村与黄佐炎时过谈。渠有国王所赐剑,镂嵌精美,亦名尚方剑,统督北圻军务之赐也。赠余一剑,质亦精良。佐炎姬妾数十人,子三十人,佃丁八百,富甲越官。

五月(2)

徐方伯来书,议月致薪水银二百两,另给亲兵三十名。时余留营之请尚不卜俞允否也。

五月(3)

法轮三艘由红江驶上山西,刘营距江干十里,而无扼击炮台。法船至喝江,渊亭扒船管带贡生李唐率六板船截战三时,法炮三百响,板船无恙,一高一低,炮不能中故也。当是时,河内城彷夜辄自哗,惊呼黑旗来,敌胆已落,一鼓可克。每与渊亭商进取之策,皆云壁固沟深,城外之洋楼、江面之兵轮相倚为守,万难仰攻。待敌出城,再战再捷,城始易克。实则军中苦无攻具,仅恃手枪,且不精利,而粗笨者亦不可多得,以穷兵而制强敌,宜乎其难得力也。

五月(4)

渊亭以叶成林、朱冰清、练忠和、刘光明等所部二百馀人为予随护,即以连璧峰为营官,曰武炜营。广东人庞振云、胡昆山率三百人投渊亭,编为军,曰武烈营。徐方伯议月给渊亭五百两犒军。是时,广西所请协饷不过十万,方伯又苦心节饷,不肯增营。朝廷远虑兵单,命酌添募。徐方伯来书曰:

连读手示三函,从都中以及越南,自今日以及万世,洞若观火。留侯帷幄,伏波米山,不足以相喻也。

窃谓他族不逞兵于陆,自负水上伎俩,再来必多水战。渊亭船少而炮小,似亦须早为之备。近闻陈爵堂云,渊亭托其代募水勇,惜饷太轻,难有应募者,尚可少加之否?

近日因中丞奏请拨饷协济,业已奉旨拨广东、淮上二处。东省已许先解万金,淮上亦允先筹八万。得此二项,当可了此群鬼矣。快枪子药亦有信催善后局续解。沅帅所许二千杆,不知由何处解来,似亦以速为妙。

执事远居异域,心力交瘁,而旭安坐龙州,实有不安。自维马齿虽增,尚能执刁斗、扞牧圉,拟再拜发奏折一次,即可亲聆大教。

昨于奏章之外禀政府一函,求不让保胜,不招各国入红江,不可骤许议和,言语少激,亦不知愿听与否。窃谓政府之所以异议者,不能实知情形,徒震而惊之耳。旭复将他族伎俩,刘团忠义,越南他日之怨,天下大局之危,剀切言之,计两千馀字。适岑彦帅信来,旭又将裁生方伯营盘太少,俟他族到境而后击之非计之得,反复言之,亦两千馀字,皆不知俯纳否? 惟有自尽其心力而已,咎戾耻笑,均不暇计也。

同日,接岑彦帅来书曰:

前由林游击处寄到复书,顷又由唐方伯递到四月、五月惠函两件,并获观手致唐方伯原信,捧读再三,足见苦心孤诣。阁下驰驱险阻,往返异域,仗义执言,能使刘团和衷,致有纸桥之捷。彼族受此惩创,亦知强不可恃,将来遇事收敛,就我范围,于中外大局所关非细。伟烈丰功,足以震耀华夷,诚足为桑梓光矣。刻下彼族新败,蓄谋报复,不言可知。刘永福兵单势薄,越人又不可恃,弟所深知。若非仍藉执事设法联络,鼓舞其间,诚恐各存意见,有误事机。昨接倪大公祖钞咨折片并徐方伯来函,知已借重大才,奏留粤营,如此布置,方能关照全局,鄙怀深为慰藉之至。

前派两营出关援应,不过能耐烟瘴,至于一切机宜,关系重大,缓急因应,岂该将所能深知?兹奉来信,深悉形势。山西既不易守,本拟退扎大滩,又恐与粤军离远,更难联络;而甫进即退,亦非援应刘营之意。现与唐方伯酌商,再择人地相宜谙练事机之员,督带数营,另扎大滩,又为张、林两营后劲。倘山西实不可守,再并力拒守大滩,以免疏失。刘营得力将领,本不多人,前战颇有伤亡,弟所深虑。刻下要务,总以延募为先,至于炮械所需,唐方伯必能接济也。所有各营,均已函饬,一切就近请阁下指示机宜,幸勿谦让。

六月(1)

闻都中有合泰西各国通商红江之议,乃上当轴诸大臣书曰:

窃景崧留防营后,于五月初六日重至刘营,吊亡抚生,鼓励士气,所部极为欢慰,慨赋同仇。惟黄佐炎素与刘永福龃龉,各赏忌功,诸多掣肘;近复有人挟嫌奏劾,永福心甚怏怏。越南仗此一军搘拄全局,而犹刻待如此,甚哉其愦愦也!永福尝言,非为景崧故,沁不出赴山西,亦决不能力战。经景崧调和劝励,其气始平,其心尚壮,而部下尤人人思奋,极欲报效中国。揆厥军情,或不至有大挫。窃虑西夷狡猰,经此败后,必思变计,或再赴总署,请申前说。愚见似以缓议为宜。至合泰西各国通商红江藉以制法之策,似亦可不必亟行。窃维法使既已邀我调停,旋又背约而攻人国,今日之败,乃由自取,我直可置之不理。若借口于暗助,有何实据? 更可无虞。

总之,保胜一方,刘永福决不肯让,而其所部室家党与几及万人,各有庐墓田园,一旦迁之,必致激变。去岁越南曾欲移永福于宣光,不愿;许以广安之福宁府世袭知府,亦不愿。若我授官而调回中国,事尚可行;倘移之而仍在越南,则失其负嵎之险,决不从也。且今日黑旗一军,拚命决战,而终归于通红江、让保胜,殊足寒天下忠臣义士之心。不如姑从缓议,待法刘再战二三次,胜负确有定状,人来寻我,始作转圜,不独于国体较宜,且秉轴诸公亦省局外许多清议也。

山西为云南之门户,北宁之掎角,刘军之归路,料为彼族之所必争。五月十六日三轮来攻,施大炮三百馀响,刘营以扒船截击于喝江口,夷船伤折遁回。夫西人以兵轮称雄海上,今乃不足当刘营薄脆之扒船,此其故何哉? 盖兵者气也,理直气盛,则无往不宜,所谓可使制梃以挞秦楚之坚甲利兵也。刘团今日之气,正宜及时而培助之,毋使其簫,必能屹立海疆,长称劲旅矣。冒昧谨上。

六月(2)

返北宁。倪、徐留营之奏,先后奉旨允准。倪折奉批谕:"唐景崧准其留营。着令该主事妥慎办理,毋得轻率从事,致误大局。钦此。"徐奏出关布置并刘永福胜仗、唐景崧留营折片,奉批谕:"法人经此挫败,其添兵报复自在意中,越南孱弱之邦,势难持久。徐延旭于关外情形,素所深悉,所奏布置各节,足以壮声援而资备御,颇合机宜。惟粮饷、军火深虑不继，必须源源接济。兹已拨给饷共二十万两，即着倪文蔚、徐延旭斟酌机宜，妥为筹办，以裨大局。唐景崧前已有旨准其留营，倪文蔚等当令其妥慎办理，用资得力。钦此。"

请缨客曰：是时中旨尚不明言刘永福，而以后迭谕接济者，盖令边臣默喻而行事耳。纸桥捷后，法兵甚单，该国是时用费无多，尚易收束。倘刘军乘此获饱腾之资，攻复河内，法人立可转圜，越圻犹幸图存，边事即不至大坏。乃计不出此，以致法兵渐增，日久费巨，该国遂苦于欲罢不能，而兵连祸结矣。

徐方伯本决意济刘，倪中丞亦云不为遥制，而论者辄戒不宜。又云万一不慎，被法人擒去生供，讯得接济铁据，敌必借口索费，而徐亦自此徘徊缩手焉。夫枪炮非一针一缕可藏诸身而密授诸人者也，教民且多，岂有不报彼族知之者？在彼揽我而我不承认耳；且彼亦断不以助刘责我也。法为海外强国，竟屡败于黑旗一旅之手，彼且自愧而讳言挫衄，岂肯向中国启齿訾我助刘？山西、北宁失后，所有密疏、密函以及督抚给刘批札，俱落敌手，未闻挟之以为接济之铁据也。余尝启倪、徐曰：译署疆臣奉行法度，自不能不恪守范围；而应变出奇，则在关外之权宜行事。惜乎余是时不操寸柄，仅以虚言激励刘团，庸有济乎？

六月（3）

在北宁，张登憻、裴文襕送花数盆。月夜同集黄统领营中，送曲妹唱曲。越官唤妓无禁，孙文靖之败即以曲妹诱我军士，故曲妹价重至今。有阿五、阿六者，东京人，蛇髻蟠首，不饰金翠，耳垂琥珀珠，窄袖长裾，妆束如画中女子也。越人贸易多赖巾帼，大员妻女皆可坐肆中权子母焉。宰相阮文祥之妻鬻油，巡抚梁辉懿之子妇鬻鸦片，皆致富。国俗罕治淫罪，治则以象鼻卷之掷空堕死。

六月（4）

在北宁，接沅帅两书，夸奖逾分，淋漓千言。并函徐方伯、黄统领，谓余宜募数营，以壮声势而驭刘团。是时关外已议由黄、赵增募八营，徐方伯属予募一营为亲兵，遂以叶成林等二百馀人补足一营四百人。

六月（5）

越南国王阮福时薨。王无子，过继三子，以堂弟朗国公嗣位，宗室阮说辅政。太妃八旬有馀。余与黄、赵两统领具羊豕酒醴往吊于总督署中所设哀次，越官缟素，谒华官仍照常便服。

渊亭屡书催返，并称越王赏长翅冠、圆领广袖蟒袍、牙笏、朝靴等物。

七月初七日

渊亭来书，谓国丧旧君，人心惶惑，速余返营。

十二日

带韦和炳一哨旋卧龙村，陈玉堂一哨撤回。

七月十三日

黎明，法兵分五股由怀德府进扑刘营，四股分攻前营、左营、右营、武烈营。余与渊亭坐营在四营后。又一股盘踞大道，志窥坐营。盖欲我各营一齐受敌，不能互救。此法人陆路之兵也。又兵轮大小九艘攻河岸炮台之武炜营，兼以陆兵五百沿岸直上。此法人水陆并进之兵也。武炜营在坐营十里外，莫能往视。余与渊亭各率亲兵督阵于营门前大树下。敌枪如爆竹，连绵不绝。渊亭传令各军坚伏，不发一枪。敌轻武烈新军，逼攻极紧。右营韩再勋分兵救之，海防带水乔尔赤带领客匪助战。客匪者，广东嘉应州及惠州人，贪重募而来者也。法人见黑旗不动，未敢遽前，客匪白旗忽进忽却。余归坐营,登楼望,两军全在目中。午刻,黑旗枪声始举,开壁驰出,敌乃合五股并攻大道。渊亭先于大道筑坚墙,右营奋力凭击。敌气夺,未刻退怀德府,乔尔赤重伤,斩馘十九级。而河干之武炜营鏖战未已,枪弹已竭,黄守忠带队往援,河涨骤发,漫及炮台,武炜营遂拔以行。是役也,右营最勇,而武炜一营孤悬河岸,仅余所带把总何有龙一哨有后膛枪三十五枝,叶成林等皆寻常火枪,而能拒九艘战舰、五百陆兵,血战一日,殊不易得。夜大雷雨,报捷谅山、北宁及广西、云南督抚。渊亭恐法人大队再至,请余函两统领助兵。

七月十四日

大雨。陆虏虽退,而兵轮犹泊河干,炮声隆隆,不测何计。夜闻法人有决堤灌营之信。桂军黄云高、田福志,四鼓带队冒雨前来,令扎坐营后。

七月十五日

大雨。越本泽国,夏秋涨发,城乡皆水,上与屋齐,人携米盐坐竹舟,遇陆则负舟以行。本日辰刻,村外水深尺许。差官李得发赴各营(贺)〔觅〕望,回报右营被水,不知所之,前营亦将迁辎重。倏报又深数寸。知法人已决堤矣。先是,渊亭问计将安出。余思拔营太骤,恐为敌乘,不拔则无术拒不情之水,惟调集竹舟数百备乘以行,法人于浅水中当亦别无奇技。午刻,束装,遣李得发往觅高阜。甫出,涨已入门,遂率队坐竹舟,出村一望,滔滔渺无道路,河干炮声不息,四面枪声又起,不知寇在何方,且不知避往何处,惟向山西大道进发。或遇田高水浅,舟不能行,则乘马涉流,高洼莫辨,泥泞裹身。琴石落后,不得舟,赤足冒水至。三十里抵丹凤,渊亭亦即拔营。法人之决堤也,幸其地在刘营下,浸灌犹迟,倘决上流,则全军不可问矣。

七月十六日

抵山西。黄云高、田福志两营继至,并驻省城。水逼外城不没者二尺许。北宁亦水,文报不通。天霁水减,与总督阮廷润巡视城厢及炮台关卡。

唐方伯来书,并致薪水银百两,云每月按寄。却之,谓无食两省薪水理。后乃更增百两,辞不获。

七月(1)

唐方伯擢云南巡抚。岑、唐两公会奏,以予在山西居中调度,实则仍拥虚名,云军、桂军、刘军皆不属我也。

徐方伯奏拨黄统领四营归余节制,附片奏曰:

再留营主事唐景崧,现因笼络刘团,留驻山西省城,所居距敌太近,经臣禀准抚臣核示,会商两路统领,将先后拨出之防勇四营归其调遣,已属谆饬将弁,约束勇丁,不得幸功挑衅。该员胆识坚定,当能审度机宜,妥慎办理。谨附片陈明。

七月(2)

在山西。上徐方伯书曰:

十五日避水仓皇而走,不及与渊亭一语,而代拟之捷报颇详,谅已禀陈钧座,故不再述。

渊亭则谓右营最为得力,武烈营次之,伊亲兵队又次之。三营合力扼击大路,挫其凶锋,彼始败退,不然则径扑大路,直至其营,及崧所寓之村矣。此次彼知夺尸,故斩馘不多,闻斩者十九级,皆败后夺不及者也。昨据探报,敌轮两船载尸而下,则毙者诚不少矣。

又查是日卯刻,番船八九艘来至河干,悬炮轰武烈营。维时水已淹及炮台下,而敌兵数百又由下登岸逼攻。连美亲率弁勇截战于市,仅防营拨去何有龙一哨有快枪三十五杆,崧前临去时遗与弹七百出。何有龙奋力抵御，而朱冰清从容接战，愈斗愈勇。未刻，连美遣人飞报，逼码将尽，立望接济。崧亟由亲兵队内拨与五百出，而往返卅馀里，已接济不及。赖黄守忠率百人驰救，乃获解危。自卯至酉，鏖战七时。此处不守，则岸敌抄袭后路矣。该营死者仅四人，伤只八九人，据称炮毙法兵数十名。该营能以孤军而抗九艘及陆路之敌，血战一日，已为难得，守即是功，况能胜乎。

彼族连日并无动静，其船数只尚停端香社、上池一带，而不直上山西，亦料我军布满山城，黑旗又在丹凤，有警必援，经此挫折，其气愈馁，故迟迟不发也。

二十一日探报，彼于十六、七日运半月粮及军火下船，今将及旬，何未来也？已经函属渊亭，彼果以三千人绕陆而行，岂无影响？务须确探，伏兵东南，敌至则要而击之，可获全胜，盖丹凤至省正向东路行也。

崧十二日至怀德，十三即遇战事，十四大雨，十五避水，仅与竹圃匆匆一见，谓其国中宜急下哀痛复雠之诏，并亟请我朝册封，则彼不得以非我属国为辩。且谓该国于同治十二年立约失辞，自外生成，授矛陷盾。此次请封，当悔过输诚，异常恭谨。并称与法誓成雠敌，不共戴天，我大皇帝必始终怜而保护之。所以隐寓不肯就和之意也。到喝江复以斯意函致罗洲，至今寂寂。甚哉南国无人！不胜浩叹！

窃谓请封一节，乃于大处落墨之文，胜于译署哓哓辩论。一朝敕谕，万国观瞻，在小邦固遵行藩服之旧规，而天朝亦恪守祖宗之成法，何嫌何疑？名分已定，援救有词，并可杜其借口，岂不胜于十万甲兵乎？惟公卓识，以为当否？

崧今权寓山西，与诸将约定各守一方。守有定所，则责有攸归，请纾远注,合并缕陈。

又书曰:

昨复寸笺,详陈一切,河内人来,报十三之战,伤其头目最要者二人,一即所谓总统,第不知姓名,一为客勇头目黄四,皆受重伤。兹接黄统领函,谓黄四已毙。又武炜营十三击毙一乘骑者,夺其鞭,今知此鞭乃三画官所执,是河内又毙一三画也。闻彼在河干载尸八十馀具,则陆路伤毙者当更不少。闻河城水亦浸入,该头目日在船中相向而哭,无怪连日寂无动静。刘军现扎如常,时通音问,纷来索书,可见其暇像从容之致矣。

滇中迭有函来,欲刘军移守山西。避水之初,未尝不有是议,而黄罗洲必不肯退扎。无可如何,而后退至丹凤。彼主我客,亦不能强而行之。且今丹凤立足已定,上可以顾山西,下可以窥河内,最为得势。无故又欲上移,转至骇人听闻,而军心又为一动。未知卓见以为何如?

七月(3)

在山西派弁赍银五十两赏刘团十三日受伤战士,区区之费,聊示情谊。

七月(4)

在山西患病,杨肫卿之妻馈肉桂一枝,价值钱六十贯。

七月(5)

越南王遣员赍送象箸、茄楠、肉桂、豆蔻,犹故王阮福时在日之所馈也。河内不通,使者绕道行两月始至。山西布政率文武官香亭彩仗陈礼于庭,余再辞始受之。

本月闻曾沅帅卸任北上,张振帅回两广总督之任。沅帅来书曰:

前日一缄,托黄军门转交,谅可先到。六月十五日接五月十七日手笺,并永福临河截击获胜原禀,敬悉一切,比已钞寄总署矣。此次法之援军,近又将至,声言将大举以攻顺化,大约七月初可以到齐。若永福再相机多方挫之,以夺其气,使彼不敢妄逞,更为越南之福。且令十八省官军闻知势均力敌,彼可胜我,我亦可胜彼,沿海各口之心神愈定,必有继永福而兴起之人,中华之强更有几分把握矣。

永福为将,若无黄佐炎遏抑于上,越之君相掣肘于朝,则永福战功必大可观。得执事扶掖之,以后海内地球,不使异族立足于其上,则唐虞三代文武周孔之威灵更弥纶于四大部洲,实华人万万苍生之福。若不力争此关键,指日以夷变夏,痛何如之!惟阁下至公血诚,能联络永福;惟永福能厚集关外奋勇,业已流落之十数万众悉为永福兵力。再加训练,多储军粮,因未失之越地,及已失之区域以为粮,又因法所夺越之粮以为粮,所至之处,合长围以困法人,围一城聚而歼旃,更用游击四出之师与之野战,则以外各城势同破竹,可望不战自退矣。然非永福之威声地位不能大举,非我公之义胆忠肝不足激发忠勇报国之气,时哉弗可失也!

方今任疆寄者不能不恪守范围从事,万难望为非常之策以戡华夏南交之乱,更难望出师以救属国将倾之危。除我公英雄外,尤难望有体越之国、经越之野以建不世之奇勋者。此鄙人阅历数十年所见所闻,足以实获我心之言,非虚语耳。万一永福灰心,不为进取之谋,而为退入十州足以自全之策,则一二年间,越必变为卷发文身之地。越若倾覆,则滇南、粤西亦必沉湎不起,沦为异族,非第地球十八省之忧,实舜禹孔孟圣神明哲之垂涕于在天,粤自上古下至于永无纪极之永患也。

临颖黯然神往,罨然高望。以存越社,以固华围,崇力建白,不尽缕缕。

卷　三

八月初一日

法兵轮六艘围攻丹凤刘营，又陆路千人循堤而进。丹凤四面为喝江所环，轮船乘夏涨由红江入也。长堤直通河内，黄守忠据堤迎敌，亡三哨弁，勇丁死数十人，守忠握刀坐地不退。堤狭弹密，敌避堤下，黄军亦趋堤下，两军仅隔五尺堤蹲伏对枪，昂头即死。而船炮俯击营中，开花如雨，水陆受敌。渊亭飞函乞兵，适兵轮一艘驶至山西下游二十里日昭社，咸谓省城吃紧，不宜分兵救刘。余曰："此以孤轮掣我师，恐我救丹凤也，不救，中敌计矣。刘败，省城不保；刘胜，敌决不攻省城也。"乃遣黄云高、田福志往援，冒雨拔队，并借云军逼码一万解赴刘营。黄军、法军相持于堤下，露坐两昼夜，战场一线，无可用武；涨溢平地，又不能绕出奇师。渊亭料兵轮不退，围不解。黄佐炎营有神炮，事急祷而后用，初三日六发中五轮，退堤下，法兵乘大雨骤奔。黄军追斩八十馀级，而前营精锐实已损于此战矣。视其炮，三千斤之笨炮也。

是战也，三日不敛队，黑旗居陷阱中，不败，有天幸焉。当危急时，黑旗稍稍有遁者，赖桂军二营至，得不溃，是时官军威望固存也。

八月初九日

黄佐炎得富春警报，并接该国枢密院传国王退兵之谕。先是，法人于七月十三日怀德败后，遂于十六日驾兵轮至富春，攻顺化海口。宗室阮说督兵力战。十七日，海口不守，法人都城。维时故王阮福时殡犹在宫,嗣君不贤,在位一月,阮说启太妃废之,改立阮福升。外寇内讧,至是乞降。法与立约二十七条,其第一条即言中国不得干豫越事,此外政权、利权均归法人,逼越君臣谕外省退兵,重在逐刘团也。

初,云南奏称山西紧靠红江,法船炮弹可及我军,驻防于此,抵敌与否,势在两难。廷旨着妥筹布置。于是唐莪帅遂议撤军,月给刘团五千两,募营退守山西以固门户。而是时刘团屡捷有名,不肯后退。黄佐炎谓刘为全圻所系,不肯令专守一隅。莪帅屡促渊亭退师,渊亭不应。莪帅又函予劝退,答以难行。莪帅不怿,责余能驱遣黑旗下河内,独不能命其旋山西乎? 正辩论间,富春警至。渊亭闻王谕退兵,大惑,遂偕黄佐炎于十一日率全队至山西,称遵莪帅命,实就余商议机宜也。余劝其稳守山西,再议前进。渊亭见越事决裂,中国且多敷衍,欲以全军退据保胜十州。余力止之,而莪帅撤军之檄适至。渊亭愈恐,言中国且撤兵,吾何为独守此? 余苦语挽留,渊亭犹豫,黑旗将士俱慷慨攘袂,不愿弃数月战名。黄守忠造渊亭请曰:"提督退保胜,则全军付末将代守山西,有功提督居之,罪归末将。"渊亭大惊,诘曰:"谁为汝画此策者? 得毋唐公言?"乃不敢再言退。然自是黑旗军心一懈矣。总兵陈德朝至山西,督带桂军三营,则黄云高、田福志两营,又黄中立一营也。云军张永清、林大魁拔退兴化,徐方伯奏报情形甚详。录后:

奏为法越和议已见明文,法兵仍向刘团寻衅,粤军驻守如常,以维大局而固边防,随时会筹妥办,密陈实在情形,仰祈圣鉴事。

窃臣于本年八月十九日将法为越败,刘永福拟即乘胜移营、规复河内缘由,具折由驿驰奏,并附片陈明,法犯顺安,越与议和,不知确否,应候据实续报等情各在案。当法人之初至顺安也,越军悉力抵御,击毙其众一百五六十人,法仅攻破近岸一乡屯,胜负未分。忽闻仓卒议和,即臣亦深为不解。既而探悉,有谓该国因故君未葬,权顾目前者;有谓因废立之嫌,廷臣植党构祸者;有谓法使何罗椿诈谓刘永福业已阵亡,黄佐炎隐匿不报,逼胁西贡教民出具切结,特示越都,因而摇惑轻许者。在外诸臣如统督军务黄佐炎、北宁总督张登愃、参赞裴文禩、山西总督阮廷润、参赞梁辉懿等先后接其枢院咨会,奉有国谕,并钞寄和约二十七款呈送。我粤左、右两路统领提督黄桂兰、道员赵沃暨留营主事唐景崧阅看,照钞函报到。臣阅之不胜愤懑,信如所议,是越已举国授敌,甘为城下之盟,利尽属于他人。越诚无以保社稷,政不豫于中国,我又何以固藩篱。因此二端关系最重,一经迁就后患无穷,越臣辄以俟葬故君,即须翻案,屡向黄桂兰等面恳请将山北防军照常扼守,以资协助。并据黄佐炎八月十三日来禀,具述已调刘永福所部兵练于十一日回扎山西,复经奏明,固守山北,以与法人拒战。仍乞我军照常住办等情。臣即据情禀请抚臣示夺,一面函属两路统领及唐景崧察看情形,从长筹办。嗣接唐景崧函,称滇军助守山西两营叠奉滇抚严檄调回边境,已于十九日撤队启行。刘永福初志颇锐,后因时局变更,惟恐饷需无着,又见滇军已撤,粤军亦恐难久留,顾虑仿徨,进退不决。倘使退归保胜,山西即为法有。刘永福虽能自守保胜,法人且直达云南,滇省边防势将吃紧。唐景崧为之反复开导,不啻舌敝唇焦,许向两统领婉商留军协助,仍令率其所部扼扎山省城乡。其部众不下十营,军心不似从前之固结,幸其诸将弁同仇敌忾,仍复奋勇异常。刘永福节据河内探报,法人添来马队三百,拟在本月底出月初,水陆并进,力攻山西,决一死战。北宁探报相同,黄佐炎函属张登愃等,如果敌犯山西,应由北省拨军,攻取河内以分其势。刘永福经唐景崧开导后,深知感悟，遂将各营逐一分屯，自郊外十馀里以迄城下，当其来路。我军在内布置城防，俾其得以专心前敌，倘使敌来攻扑，我军助击亦不至启衅端。盖各勇丁不着号衣，尽张黑帜，原与刘团无别也。该统督黄佐炎先已遁往兴化，唐景崧不能不仍留山西，随时激励刘团，调和将士，并与两路统领广筹方略，冀保无虞。臣查越南国王阮福升嗣位以来，自知振作，赏功罚罪，尚见贤明。月前具禀告哀，拟请抚臣陈奏，准其遣使航海由天津遵陆诣阙乞封，迄今未闻该使臣行抵何处。窃维越南局势变更，人心涣散，能否自立尚不可知。而我所设防之处，即我应保护之处。该国北宁一省实为粤西边境藩篱，一撤藩篱，则寇已及于户庭之外。此时无论越事如何，我总不能弃北宁而不守。惟法人无餍，难保其不扰及北宁。我当先以理论之，即就分保南、北圻而论。北圻幅员正广，在昔被匪滋扰，到处蔓延，越南武备不修，讨击悉资于我，计自同治七年命将出师，殄除群丑，糜饷千数百万，用兵十有六年，我为越之北圻亦既不遗馀力矣。久居藩服，岂至此而不能绥辑之？以语法人，能听固善，如其否也，惟口兴戎设以兵来，是否与之对敌，臣通筹全局，寝馈不安，诚知法人并未与我失和，何可轻言争战。所虑时危势迫，善处为难，让之不能，劝之不听，有不容置若罔闻、拔队而返者。臣一介庸愚，智识短浅，商之黄桂兰、赵沃，意见相同，自应奏请圣裁，钦遵办理。合无仰恳俯鉴微臣不得已之苦衷，饬下总理各国事务衙门先行知照各国咸晓，然于中外是非得失之所在，臣为务筹妥办起见，是否有当，勉献刍荛，不胜激切屏营待命之至。除将法越和约二十七款及越臣黄佐炎来禀一并钞录呈送军机处备查外，所有越与法和、法仍图攻山西粤军照常扼扎北宁等处节次筹办缘由，理合恭折由驿具奏，请旨遵行，伏乞皇太后、皇上圣鉴训示。谨奏。

恭闻七月上谕:"广西提督着黄桂兰补授。钦此。"驰书黄军门贺喜。

八月(1)

在山西,黄佐炎时来问计,屡乞华兵助剿。告以中国不肯失和,且富春已举国降寇,奈何欲中国用兵? 佐炎谓富春因太妃在堂,故君未葬,见逼于寇,不得已而权和,非甘心也。余曰:"然则足下阃外督师,何不举义讨贼? 俾我中国知小邦有人,不甘从逆,或许援手。若自弃而欲人争也,此必不可得。"反复数千言,佐炎委靡,卒不能听。余因说渊亭曰:"越南国破君降,社将屋矣。足下宜乘是时倡举义旗,号召北圻七省,申请边疆督抚,谓越社再兴,仍归故主,不能,则将率土来归,听候天朝部署;而后求助军实,事当有成。"渊亭曰:"前王待我厚,故吾愿效驰驱,今非其主矣!"余曰:"阮氏将不血食,子能代兴,存亡继绝,即所以报故主也。且阮福时薨而子无背主之嫌,富春降而子无窃国之诮,此天以美隙与足下,诚豪杰千载一时之会也。"渊亭谢不敏,卒不从。同时名公巨卿劝渊亭举大事者不一其人。黄军门遣守备丘启标亲往谕意,亦谢绝之。余不时婉导之,渊亭意稍动,始有增募之举。此后云南月助刘饷五千两。

九月初六日

起程返北宁,往接黄军门所拨四营也。前一日,宴陈德朝、阮廷润、渊亭于寓中,席间接徐方伯钞寄八月初四日谕旨:"唐景崧往来边营,颇为出力,着赏给四品衔,以示鼓励。钦此。"此特恩,不由保荐也。

初七日

抵北宁。

九月(1)

在北宁。唐芷庵仍来越南坐探。倪豹帅调任广东巡抚,徐方伯擢广西巡抚。阅两江总督左侯相奏疏,请以前任福建布政使王德榜带八营赴桂边助防,并称倘军情紧急,即自请出关。语气甚壮。

九月(2)

在北宁。徐晓帅钞寄奏稿。录后:

奏为越势难与图存,北圻必须力保,就地妥筹办法以固边防,恭折仰祈圣鉴事。

窃臣前因越与法和,法仍图攻山西向刘永福决战,粤军照常扼守北宁等处,谨将节次筹办情形于本年九月初一日恭折,由驿驰奏在案。甫经拜发,即日钦奉八月初四日上谕:"近闻法兵攻占顺化河岸炮台,现有停战议和之说。且值南国王病故,情形岌岌可危,我军更宜加意严防。着倪文蔚、徐延旭督饬各营,联络声势,认真扼守北圻要区,并随时确探军情,迅速具奏等因。钦此。"续于九月初十日钦奉八月十四日上谕:"法越构兵一事,法人自攻占顺化河岸炮台后,迫胁越南议约十三条,该国情形岌岌可危,边事孔棘,防务尤形吃紧。近闻越南黑旗各营复经接仗获胜,滇粤防军皆须严密布置,联络声势,不可稍涉松劲。粤西各营相距较近,更宜加意豫备,所有粮饷关系最要,军火器械尤须择其精利者力筹接济,毋任缺乏。但能坚持日久,彼族不得逞志,或可徐就范围。该督抚藩司等务当悉心妥筹,相机办理,以维大局等因。钦此。"又于九月十二日钦奉八月十七日上谕:"现闻法人欲以大队兵船至广东寻衅,法使脱利古于本月十三日由沪乘兵船来津。彼族诡计多端,恫喝要挟,意殊叵测。粤西防军仍当严密扼守,不可稍涉松劲。着倪文蔚、徐延旭督饬各营稳慎办理,并将近日顺化情形随时探明,据实具奏等因。钦此。"跪诵之下,仰见圣谟广运,指示周详,所以固边围而恤藩封,敢不懔遵妥办。节经恭录,知会左、右两路统领提督黄桂兰、道员赵沃及留营主事唐景崧一体钦遵查照去后。

　　臣维越南此次被法逼和，原非得已，而其君臣庸懦，难望奋兴。我军相距甚遥，尤苦鞭长莫及。但就目前而论，自当首顾北圻，北圻为边境藩篱，形势最关紧要，藩篱不守则寇及户庭，已于前折披呕沥上陈，知荷圣明洞鉴。犹幸越将刘永福矢志拒敌，气不少衰。唐景崧适蒙恩旨加衔，多方激劝，所部勇情较前踊跃。惟越藩力难自振，势必不能供给饷糈。计其所部饷银，每月实需五千两。臣与黄桂兰等往反函商，禀经抚臣核准，此后月饷由臣行营酌量发给，使无缺乏，照常扼扎山西，相机规复河内，仍用越南名目，法既借口无从，似此变通办理，尚堪补救时艰。刘永福前据探报，法人将与决战，水陆来攻，现已逾期，显见虚声恫喝。我军之在北宁者，悉经黄桂兰、赵沃严密布置，声势尚能联络。臣复寄书谆属，近闻该国各处渐起义兵，宜令越臣妥为团合，北宁总督张登恒力任济粮，高谅剿抚使梁俊秀愿为统率陆续聚集四五千人，定于本月中旬祭旗起义，先取海阳，刘永福亦拟两路进兵，直趋青威、伯阳，规复河内。北宁参赞裴文禩于八月二十四日起程回都，闻法人留兵轮四艘在顺化监守，其国君臣商之张登恒等因。北圻各军远距国都，实有鞭长莫及之势，拟请越藩奉其太妃挈同宫眷迁避北圻之清化等省，以免投鼠忌器。又据探报，广安省辖大黄村民集众千人，八月二十八日诱杀法兵数十，九月初一日法往报复，又被设伏，歼毙其党百馀。彼族仍拟力攻该村，知不能免，毁其茅屋，尽室以行。又闻越都遣其尚书阮仲合引带法目乘轮船同赴海防，约会各省大吏分饬府县，官胁民遵，从官多不至，大吏被其鞭辱，海阳布政仰药自尽，有一县令佯与周旋，将三画兵头赚至船边，出其不意曳之同赴水死。张登恒面禀黄桂兰、赵沃，谓法目不久来宁，伊已派员往阻，以北宁民情顽蠢，非比富春，设有吃亏,官不能管。措词尚当,料其未必果来,如其来诘我军,仍以防边缉匪为名向其解说。两路统领均经戒饬部将严束勇丁,不得幸功挑衅。设使法人不听理劝,一味恃强,先动干戈,则我军亦岂能袖手。臣查越南势成积弱,阮福升嗣位未几,举国授人,何能复振。惟当其初立即具表遣使,首请册封,法人乘丧称兵,迫立和约,先以所议条款来告抚臣,是其始终服属我朝,固已彰明较著。和约不行该国各省及军次,而先呈报中国者,盖欲待我朝出面为之处置,其意若曰:能顾我,此是告急文;不能顾我,即是告绝文。用心亦良苦矣。今法约第一款即以一切事惟法主持,中国不得与闻为言。洱河我之土地,独与越约通商,而我不能过问,何其蔑视中国一至于此。况犬羊之性诡计多端,诚如圣谕,欲以大队兵船至广东寻衅,法使脱利古由沪乘兵船来津,不知如何恫喝要挟,上烦宸虑。臣通筹全局,深切杞忧,惟当会督防军认真扼守,不敢稍涉松劲。尤不宜终任旷持,现在刘团锐志如前,各路义兵四起,与其虑人之借口,何如先发以制人。拟请敕下总理各国事务衙门及北洋大臣,将法人先坏邦交、中国万难再让缘由布告各国,力争中国之不能不顾越南。如法人不忍凶终,幡然就范,改订和约,自可中外相安;若犹固执不回,何堪再事容忍,惟有吁求明降谕旨,准臣会督各军与之开仗。天下积愤久矣,人思敌忾,恨不立挫凶锋。彼族恃其炮利船坚,横行海上,一经登陆,实无能为。若使重受痛创,庶可挽回大局。臣愚昧之见,未敢缄默不言,倘赐乾断施行,中外臣民同深庆幸。除仍饬探续后情形、随时驰报外,所有力保北圻、就地筹办,并谨陈管见,请旨遵行。缘由理合恭折由驿具奏,伏乞皇太后、皇上圣鉴训示。谨奏。

九月(3)

在北宁。闻法人在富春嗾奸党调张登憻入都,以阮仲合为北宁总督。仲合通款法人,即同治十二年安邺授首后出而行成者也。此人果入北宁,则我防军消息悉为敌知,更不敢与刘军交通,敌计甚毒。乃语越人曰:"仲合来,必刃之。"命贴示通衢。又启晓帅,径留张登憻不得入都。北宁布、按亦云总督去则相率解官而去,合词请留。后阮竟不敢来,张仍督北宁。

请缨客曰:张登憻美风仪,能诗,官北宁十二年,颇惬众望。去年春,迭与法人小战于新河,而供我防军刍荛固未尝缺也。北宁吃紧之际,黄、赵谓其通款法人。二月十六日,前敌战急,涌球敌炮落弹城厢,登憻骤启关而去,于是归罪越官开城先遁,官军回顾不及。然张虽不遁,城岂竟能守耶? 后闻流离于北宁之雅南。越官殉城者,惟河内总督黄曜、海阳总督某、兴安巡抚某不记姓名,此外如黄佐炎、阮廷润、张登憻、阮光碧、梁辉懿、吕春葳、阮文甲、谢现,虽不死亦苟全性命于国破家亡之后,穷边荒岛之中而已,曰通敌,诬哉!

九月(4)

在北宁。接统四营,管带官黄云高卓轩、尚国瑞鼎臣、贾文贵彬臣、李应章文斋,曰新四营,并武炜一营,又命朱冰清成一营曰武炜副营,共六营。

九月十四日

法人入宁平省据之,巡抚阮尉因有和议,遂迎降也。宁平接壤河内、山西、兴安等省,为南、北坼往来要道,至是富春消息不达北坼。恭读八月二十三日上谕:

法越构兵一事,法人自攻顺化河岸炮台,即迫胁越南议约十三条,该国情形危急。法使脱利古现乘兵船来津,并有以六队兵船至广东寻衅之说,恫喝要求,诡计叵测。南北洋防务均关紧要,亟须实力筹办,以期有备无患。广东兵力单薄,守备尚虚,着派彭玉麟酌带旧部得力将弁,酌量招募勇营,迅速前往广东,会同张树声、裕宽妥筹布置。该尚书接奉此旨后,即行部署起程,毋稍延缓。南洋海防责成左宗棠悉心规画,妥慎办理。长江防务着责成左宗棠、李成谋督饬各营认真筹备,均不得稍有疏懈。北洋防务着李鸿章懔遵本月初九日旨,迅议覆奏。前据吴大澂奏,吉林所练防军堪以抽拨民勇三千听候征调等语,着该京卿即统率此项勇丁航海来津,以备调遣。现在事机吃紧,该大臣等务当悉心经营,妥速办理,以裨大局。钦此。

九月十六日

上都中诸大臣书曰:

关外一切情形,详见滇、粤奏报,不再赘陈。

惟刘永福因富春一变,滇军一撤,其人性本多疑,遂惶惧不知所出,势将瓦解。景崧再三固结,今幸帖然,决计广为招募,大举合围。惟新军尚未到齐,而人心涣散之馀,不得不养精蓄锐,再图进取。

至于越南君臣,相率因循委靡,而海口为其所胁,实亦难于翻案。外臣有移都之请,而内臣安土重迁,苟且以就和计。再迟数月,则阮氏政令殆不能行,即我军与刘军规复而挈还之,亦必不能自守。其病在本根先(拨)〔拔〕,不仅关乎犬羊之横肆也。

现有越官梁俊秀,原籍广西,将起义兵于北宁。其人梗概与刘永福略同,亦取其华人而为越官,我军允为接济。惟关外事权不一,窃疑其事之靡有成,但期山、北两省联络声援,则无论阮氏宗社之存亡,而北圻犹可保全残局,再议后图,否则边隅之后患无穷。设一切客匪、散勇、教民为彼驱而用之,其祸殆甚于腥膻之辈,真有不堪设想者矣。

景崧笼络刘团,留驻山西,靡不小心将事。万一刘永福或不足恃,而其部下亦正继起有人,阴为要结,皆愿受命。大抵关外及十

州、三猛不患无枭杰之材,特患无驾驭枭杰之权耳。肃此上陈,谨备
荩谋采择。

九月十七日

寄家书:

春卿、禹卿两弟入览:

接西抚行知,恭悉蒙特旨加衔。当日招刘击法,论者皆为我危,
今而知圣明之世固无晁错东市之悖举也。滇奏有"唐景崧忠议愤
发,不避艰险,已函属驻在刘营"之语。滇军退扎大滩,桂军尚有三
营留驻山西。官军屡奉严谕,加意扼守,毋稍松劲。东、西督抚请明
开仗,谓关外接济刘团军械饷银,唐景崧拨调援兵络绎于道,事无可
讳,不如先以理论,不从即用兵。尚未见谕旨如何,大约亦未必骤
允也。

刘永福近日心志较定。倪中丞已于八月中旬举彼军将涣情形
入告,而徐方伯七次之奏亦将续至,则知其涣而复聚矣。想都中亦
必不能自已。迟日当奉谕旨,关外惟静候之。

现粤西亦愿助刘以饷。惟彼之招募颇难,而此子声名已立,实
为敌畏。我千辛万苦扶掖之于前,今日不能不护惜于后。现滇、粤
当道书来,皆望其乘时自立,将来计或出此。而局面之大小广狭,则
不可知也。

我在北宁与黄、赵两统领商议戎机,所见多不相合。黄尚明白,
而乃为赵所制;赵则畏事,先私后公。两雄同处北宁,而其左右又互
相谗慝,决非佳事也。

九月二十三日

寄家书:

春卿、禹卿两弟入览:

恭读八月二十四日上谕："法越构兵以来,北圻越兵虽迭获胜,而河内未经克复。法人据此要害之区,北圻终难自固。现在法人直逼顺化,迫胁越南议约。法使脱利古已至天津,并有以兵船直至广东寻衅之说。无非意存恫喝,肆其要求。惟有坚持定见,以折其谋。但彼族诡诈多端,非空言所能折服,全视边防之能否得力以为操纵。近日河内一带军情若何?越军有无战事?着岑毓英、倪文蔚、唐炯、徐延旭确探情形,督率在防各军,严密扼守,不可稍涉松劲。法人若以兵船驶赴广东,断不可听其进口,张树声、裕宽当速筹布置,以备不虞,并催调方曜回省妥商筹办。钦此。"天威震赫,势将问罪枭徒,而视兵力以为操纵一言,尤为不刊之论。

现刘军尚守山西,近已四出招募。我拟日内即转山西,因滇、粤均以留驻山西入奏也。此地义民尚众,即来投我者正复不少,乃越官有捉拿义民者矣。

北宁总督张登恒三疏请战,富春恐其有妨和局,两次严调回都矣。黄佐炎具禀,有借银十万、快枪二千杆始能举事之说。借此要求,以为不允则按兵不动矣。越使阮仲合通饬一纸,极背慢之词矣。此不能全归咎于法人之胁制也,彼都人士之心渐多趋附法人,其不愿从者,又皆庸懦不足任事。即我军志在奋兴,与法为敌,岂不与越人心事相刺谬乎?彼主我客,夫役、刍荛将有呼应不灵之日。故今日关外诸臣,非准其便宜从事不可。据徐公来书,亦谓一切不管越南,只论我当如何行事。顷与黄统领沥陈于倪中丞,请嗣后关外应便宜行事,然究未闻于朝。该国伎俩,拒法人则不足,难华人则有馀。保无在外偶轶范围,而该国一纸咨文已随其后,朝廷循例问罪,岂不冤乎!

总之,越国君臣无可扶持。为今之计,只能顾南交之土地人民,而不能顾阮氏之社稷,舍此不足定非常之变也。

彦帅来书,切属我始终其事,扶小邦而维边圉。又致同乡陈雪香太守八纸,雪香钞寄前来,书中皆言我事,称为"边圉栋梁,赖此一人",阅之殊增愧赧。犹忆今春省中营务处蒋燕斋观察与卉亭书,谓:"唐吏部才望震著中外,仁仲亲炙仪容,近闻说论,所谓名下无虚,一柱擎天,两粤之福,天下之幸也。"语虽过当,然燕斋素不相识,其书并非与我,乃致卉亭,尚非谀我之词。有人知我苦心即足自慰矣。

九月(5)

徐晓帅患病危重,自此精神愈颓,屡欲出关而不果行。

九月(6)

在北宁。阅张振帅奏请决战疏,内称:"曾纪泽舌敝于法廷,李鸿章力争于脱使,不战决不能和。"并请的饷三十万,募勇亲率出关旋有旨,命带兵轮赴富春以查看越都乱党为辞。盖是时海内传闻越王被戕,欲仿上年高丽办法也。振帅复奏,广东无轮可出大洋。

九月(7)

在北宁。各省义士远道来见,愿助击法。惜余无权、无饷械,勉以忠义结团自卫而已。

越南义民范必达、范伯维迭战法人于宁江府、嘉林府,小捷。法人虑客勇作奸,散之。队目李全忠、方金安率五百人来投,黄、赵付越官梁俊秀领之。

余拟十月初往山西,带两营。赵庆池尼之,谓山西乃云南门户,桂军宜驻北宁。黄军门亦悔拨余四营,议以两营归余发饷,而四营仍受渠节制。然渊亭屡求助兵,今自统四营全不往,将疑我。不得已,带贾文贵半营,李应章半营,差官数人,龙州秀才赵汉甫办文案,芷庵、琴石同行。

十月初六日

起程,大雨。次日至山西,驻按察使阮文甲署中。此余带兵之始也,实则权仍不属,勇且不足,军火不备。固书生阅历未多,亦当时诸公之不能实心协力欤?

左侯相遣副将吴春魁来探军情,同行。桂军驻山西三营撤回北宁。

十月(1)

在山西。与渊亭筹守城堵河之策。八月,渊亭欲退保胜也,都中颇惊;余苦留之,始驻山西。晓帅奏刘团兵单饷绌,于是九月二十二日旨称:"刘永福矢志效忠,奋勇可嘉,着赏银十万两以助兵饷。唐景崧多方激励,亦甚得力,如能将河内攻拔,保全北圻门户,定当破格施恩,以奖劳勚。"此谕旨奖刘永福之始。后复有旨,饬广西新旧抚臣"令唐景崧设法激励刘永福,不可因该国议和稍形退阻"。至是,余之招刘始见明文。乃催刘团进攻河内,岑、徐、黄、赵并催渊亭进兵。时渊亭已遣员入关募勇,请募足再行,又言谁守山西。而云军业已拔退,北宁军又无应者。

十月(2)

在山西。渊亭急盼十万赏银募勇。谕旨恐协饷迟缓,令先由广西藩库提给。而晓帅不肯遽付,赵庆池又忌余与渊亭独蒙奖谕,遂不肯接济军火。凡晓帅由谅山解往山西者,皆为北宁截留。

请缨客曰:晓帅未显时与赵庆池交好。至是,北宁军事独倚庆池,与党敏宣肆行蒙蔽。卉亭尝向余太息,余曰:"公膺专阃,位尊责重,事不可当力争,不能则退,岂可依违两端,同归于败哉?"又言:"两统同驻北宁,事无专责,不如一在前敌,一守省城。"又为卉亭画策,请统八营赴山西,会合刘团,下击河内。而庆池不肯独守北宁,计亦不行。

十月(3)

在山西。时桂边陆续增营,并调各府防军出关。余启晓帅,谓军情日紧,勇营亟宜认真,桂军口粮太薄,营哨各官太苦,不能申明纪律,请增饷。晓帅从之。初,桂军营制,一营四百人,勇丁月饷二两四钱,仅给一两六钱八分,存饷七钱二分,皆散营时归诸统领也。营官月费仅三十馀两。今议增勇丁月饷实给二两九钱,营官加给四十两。

唐莪帅擢巡抚后,不请命,遽自回省,又撤山西军。廷旨责之,仍令赴边督师进扎。莪帅定本月十四日由省起程。岑彦帅奏请自行带营出关,以抚臣回省筹饷;并称刘永福兵单将寡,瞻前顾后,唐景崧亦颇费调停。

十月(4)

黄军门派提督陈朝纲带三营,赵统领派副将党敏宣带四营,以梁俊秀带新募义兵五营,进规海阳。本月十三夜五鼓,袭入城,旋为法兵击退。

十月十八日

法轮一艘至山西,刘团出队即退。二十二日,又至两艘,泊城十里下。二十四日,五艘至山西,泊城北对岸。刘团扒船迎击,各施炮,无损。又东路来法兵千馀,驻离城十里得所舍,探知黑旗密布东路,旋退。又探报法兵千馀扎丹凤县,盖志在必吞山西也。余屡属渊亭当分兵扼扎城外数十里,不可使敌逼城。渊亭谓纵敌入我重地,始能痛歼。屡胜则骄,固兵家之所忌欤。

十月(5)

在山西。徐晓帅钞寄九月三十日上谕:

　　法人既与越南立约，必将以驱逐刘团为名，专力于北圻。滇粤门户，岂可任令侵逼。现经总理各国事务衙门照会法使，告以"越南久列藩封，历经中国用兵剿匪，力为保护，为天下各国所共知，今乃侵陵无已，岂能受此蔑视。倘竟侵及我军驻扎之地，惟有开仗，不能坐视"等语。如此后法人仍欲逞兵于北圻，则我之用兵固属名正言顺。刘团素称奋勇，现在退扎山西，距河内稍远。着徐延旭饬令刘永福整军进扎，相机规复河内省城，不可稍有退沮。但北宁为吾军驻扎之所，如果法人前来攻逼，即着督饬官军，意图捍御，毋稍松劲。前据左宗棠奏，"拟饬王德榜募广勇数营驻扎滇粤边界，并在广东捐输筹饷"等语。当经谕令候旨遵行。现在广东边防紧要，诚恐兵力尚单。闻王德榜现在永州已招募营勇听调，倘已成军，着左宗棠即饬该藩司迅速带赴广西边外扼扎，归徐延旭节制。所需饷项若待广东捐输缓不济急，着左宗棠豫为筹定，仍由江南竭力筹拨，俾无缺乏。岑毓英等前奏，滇军驻扎山西，轮船炮弹可及城中，防守不易。惟该城与北宁相距较近，必应固守以成犄角之势。唐炯现驻防所自应随时相机调度，乃该抚并未奉有谕旨，率行回省，致边防松懈，咎实难辞。着摘去顶戴，革职留任以观后效，如再退缩不前，定行从重治罪。滇省防营无多，难支策应，着岑毓英、唐炯添募数营以厚兵力。此举系专为法人侵我藩国、逼近边境，不得不力筹防御。至内地各国通商地方及法之商人，仍当随时保护，免致别滋口实。倘法人竟以兵船来华寻衅，必应先自戒备。着李鸿章、左宗棠、张树声、倪文蔚、裕宽迅筹布置，不可视为缓图。天津密迩京师，关系尤重。李鸿章筹办海防有年，为朝廷所倚赖，为天下所责备，尤应勉力图维，不得意存诿卸。钦此。

　　十月二十日

　　上都中诸大臣书曰：

　　窃越事自刘军接仗以来，屡战皆捷。不意法人以兵恫喝，顺化君臣，遽定和约。越王屡促黄佐炎撤兵，复派使臣阮仲合至河内与法人议改和约，索还河内、海阳、南定三省。而法人遂谓撤退黑旗即交三城，越人信之，故迭有撤兵之谕。阮仲合受法指使，通饬北圻各省，谓已与法和好，意在驱逐黑旗，并于我军隐加慢侮之词。海阳巡抚阮文风、河内提督邓在，竟代法人捕诛义民，其他府州县官似此者尤众，越人之不可问如此！法兵增来二千人，刘永福、黄守忠四出招募，不日可集。俟队伍编齐，永福即率全军进规河内，景崧仍驻山西。永福诸事尚知请示而行。景崧前据西抚录示钦奉谕旨，激励永福，谨当尽力图维。

　　惟统筹北圻全局，河内未复，则山西实系滇、桂两军往来之要路，不独为滇省门户，亦且为北宁声援。现滇、桂之军驻山西者陆续撤去，永福进兵河内，势难再守山西。前由桂军分拨四营归崧统带，曾入奏报，今尚在欲拨不拨之间，即有可调不可调之势。现仅交一营带往山城，未免过形单薄。近法人屡遣兵轮上犯山西之日昭社，又由河内筑石路运炮直达山西之丹凤县，其窥伺该省，志在必得。景崧本系奏留桂营，第欲力顾大局，则山西较北宁尤为吃紧，倘失山西，则北宁亦断难孤存。兹者商于桂营，则曰顾桂难并顾滇；商于刘营，则曰任战难兼任守。乞滇军仍扎山城，不卜允否，殊属左右为难。

　　至越南君臣，昏愚悖谬，实万无可扶持。若我不见机早图，于北圻沿边各省，收其土地人民，势必全委于法人。即不问越社之存亡，当顾我边隅之要害。比屡陈于滇、粤督抚，而疆吏未敢擅行。朝廷或大碍于义有未宜，莫若听永福自为，犹较越人为足恃。滇中所奏，如收其租赋以充军实，招集十州、三猛枭徒，据山西为老营各节，即景崧前奏据北图南之计。奈永福终拘泥身系越官，不肯稍轶范围。

眼见南交二千年来同轨同文之土地,阮氏不能有,刘氏不能有,中国亦不能有,终归于非我族类之人而已矣!伤心痛恨,曷有既极!

黄守忠朴诚勇敢,颇明大义,士卒归心。其统刘军过半,此人亦甚有用。第永福战绩实不可没,又不得不权为迁就之也。朝廷奖赉优隆,饱腾有助,庶几从此益奋兴乎?

谨将近日边事详实函陈,以备老成谋国之擘画,伏冀鉴察。

十一月初二日

法人破兴安省,拘巡抚、布按至河内,枪击巡抚死之。

渊亭见山西吃紧,请调兴化滇军,函约不至。

十一月(1)

法兵分窥北宁之仙游县、芹驿关,兵轮日夜往来新河。

徐晓帅、黄、赵两统领迭促渊亭进攻河内。而渊亭以战河内则不能顾山西,滇军未至,山西谁守。唐莪帅复至蒙自新安所。岑彦帅得旨带勇出关。

十一月(2)

李应章带两哨来至山西,合成一营。李应章之由尢封抵北宁也,黄统领留之。余曰:"营已拨我,我营官何可不来!"函催乃至。

十一月(3)

渊亭造竹筏拦江,于河岸筑炮台截船。城北有河堤,又于堤上密排笨炮,击船上驶。北门外有市,五里达河干,筑栅五重。新勇到千馀人,因议饷数,迄未成军。屡劝渊亭勿惜财,速编伍,渊亭不决。而十万赏银分毫未解,新军无械。渊亭购粤商运到洋枪四百杆,价至九千两,乃属粤商赴龙州领价。

十一月初九日

山西军情日紧,余揣北宁军请必不来,乃函滇军督带张永清,恳其进援,一面飞启岑、唐两帅勿罪该督带擅移之咎。

十一日

张永清率张世和、莫矜智,共三营抵山西,扎西关外。法骑已游弋城下。余命李应章、贾文贵两营张旗着号衣列队三日,以示为我军驻扎之地,犯必开仗。初,滇、粤军驻山西者皆黑旗,无号衣,假称刘团,官军明目张胆自今日始。惟刘军新卒不习战,枪且少,滇军多病弱。余一营有半,不及五百人,更不足数矣。

十一月十二日

法兵轮十二艘、民船四十艘,载一月粮,陆兵三千馀人,弹药车五百辆,进薄山西。

渊亭重扼陆路,派黄守忠全部暨吴凤典左营扎东门外,派连美、朱冰清带武炜正、副两营扎东门口为先锋营,派韩再勋右营、胡昆山武烈营、刘荣瑻七星四营,并余李应章一营,共七营扎北门外。南门外则李唐一营及余部贾文贵半营。西门外则滇军新到三营也。余带亲兵八十人驻内城,渊亭驻外城。外城筑土为墙,周二十里,廛市在焉。外城无兵,乃请张永清以小队分布城门。黄佐炎、梁辉懿带兵二千驻南门外村中,不谈布置。渊亭疑总督阮廷润通寇,禁其出入,并不准越兵入城,余察其情似诬,而黑旗皆称可疑。

十一月十三日

接黄统领信,据张登愃探报,河内法兵倾巢齐赴山西。余亟复书,请北宁速会同越兵乘河内空虚进捣,即不然而耀兵于新河、嘉林以掣山西敌兵,并乞军火。

十一月十四日

传见各将备于渊亭寓所,勉以黑旗已见廷旨,各宜奋勇立功,并与渊亭酌悬赏格。巡视河堤炮台,台上无兵,仅有炮手,即以堤外七营护之也。炮皆笨铁，大者不过八百斤，前后巡视三次，窃疑无用。

十一月十五日

法兵由东北角陆路击北门营，七营迎敌。余与渊亭观战于东城堞下，法船桅炮悬击城中，炸弹屡过左右，下巡廛市，谕民无惊。旋内城，与芷庵、汉甫、琴石登台观战，历历在目。法兵已却，退据一村。七星营搴旗直进，法枪自村击出，烟焰漫空。李应章军在敌所据村对面一庙，滚枪环击，我军大势得手。方余之在东城也，渊亭传令黄守忠、吴凤典、朱冰清由东抄入北门敌后。至是凝望抄兵，不见旗影，而李应章遣弁至，献馘七级。甫降望台，忽报黑旗兵败入城。城未闭，法兵已夺头栅。余急徒步至北门押队复战，并调贾文贵带队过北助李应章。滇军在西列队，未战已退，亟以契箭调扼北门，夺回头栅，军心略定，而七营之地均为敌有，并夺据河堤炮台。

渊亭詈将士不已。询其所以至挫，渊亭则詈官军先遁，官军则咎刘荣瑁之七星营。实则堤下炮台先为敌碎，一弹入炮口，炮裂，军声一哗，各仓皇走，敌遂乘之而据我军垒，抢登河堤矣。河堤高与城齐，又紧接北门市栅，我军不得出路。渊亭责守忠包抄何以不至，则称溪阻绕行，及闻我军败，遂折回耳。渊亭怒不可遏，独命右营出扼市栅。枪声断续，若缓若紧。

二鼓，余坐城下，召李应章、贾文贵、张永清曰："刘提督此际难与言，我等何计夺回此堤？"三将曰："惟再战耳！"余曰："浪战无益，宜出敌不意袭夺之。"众曰："诺！"乃悬重赏，挑死士，首登者准保守备花翎，约定四鼓进兵。旋内城，命亲兵具粥食士。坐不安席，入市巡视居民。四鼓，张永清带队直冲，李应章、贾文贵带队横冲，堤虏乱枪齐举，我军三进三却。越南稀见月色，是夜独明如昼，照见须眉，不能暗袭。张永清部下死六七十人，终不能夺堤。

五鼓,渊亭入内城问计,商乞北宁军,并议分守四城。

十一月十六日

辰刻,参赞梁辉懿来见,议恳援于北宁。余知北宁必不来援,而不得不徇其请,飞函黄、赵,仅调余所部黄云高、尚国瑞两营而已。

下令闭外四城,禁民外徙,恐乱军心。无如越主我客,条令格格不入,教民混杂其中,无从辨其良莠。

渊亭调全军入城,独七星营在东门外。滇军及余所部纷请恤赏,倾囊付之。余是时无权、无饷、无兵、无军火,而众军仰于一人,拥虚名而无实际,身处危城,真无可奈何也。

三鼓,巡阅四城。城薄不能支帐,堞多兵少,罅漏特多,环城植竹,视外不能明。闻风声疑寇在左右,乃知竹林不可为城也。至北门,与渊亭坐堞下窥,法兵露坐堤上,悄寂无声。

五鼓归寓,不眠者两夕矣。明知城万难守,援必不来,而不敢稍露去志,惟暗检日记信札付僮密藏。

十一月十七日

黎明,法兵攻北门。我军力拒,轰毙无数。火包下掷,竹根为焚,敌尸纵横城下,稍却。辰刻,又攻,而轮桅击炮碎铁满城,妇稚惊哭。敌又悬巨炮于西门古刹,更番轰击。巳刻,枪炮略息。黄佐炎由南门入见,忧惧无人色。午刻,枪炮复震,细弹雨落,洒遍内城,余寓左右炮弹着地开花,不知所避,厨下盂盘粉碎,满空鸥鸣。派差官持令箭督战。芝庵、琴石走探消息。未刻,攻愈紧。贾文贵在北门告弹竭,瞠视无以继之。莫矜智守西门,炮最烈,城崩楼毁,军无立地,驰骑请派锄夫四十人筑地营。仓皇得十六人,负锄往。阮廷润邀余坐城根避弹。申刻,西门急甚,再派差官督战。忽报黑旗俱下城,寇已入城。急旋寓,戒左右勿动。亲立南门,问刘提督何在。无应者,惟见兵民蚁窜。而枪声已息,南城越兵骤然大炮,改着白衣。

知事不可为,乃乘马率亲兵八十人,差官数人,赵汉甫、赖子容、农耀霖走东城,越濠而出。独不见芷庵、琴石,立桥头鸣号齐队。坐马旋逸,左右以无缰马进,狂驰不可勒,乘而颠者再。差官黄某易以己马,乃整队行。天暝不知所之。欲走黄佐炎营,而南门火起,不敢行。欲取道北宁,而敌轮据红河,莫能渡。欲绕上三十里,由屯鹤渡江,而仓皇无识途者,且不忍舍渊亭。当是时,东西北三面皆寇,退路独兴化,乃南向绕西以行。回望山城,火光烛天,兵民男女以万计,纷走田野。大呼随我纛来,而云阴蔽月,沟桥莫辨,更无一识往兴化路者,以所行非大道也。

夜约三鼓,暂憩岭坡,亲兵失散仅四十二人矣。闻鼓角声,料离城未远,再率众行。过村,不启栅,然枪鸣鼓如抗敌者。农耀霖解越语,告以官军大队且至,乃放行。折旋几五十里,而尚在山城三十里内。各军将领不见一人,忽遇黄守忠部将邓遇霖带残队至,询渊亭,不知下落,问渠何往,曰:“随大人纛行耳。”席地顷刻,众忽奔旋,失邓遇霖所在。命差官王得标带亲兵探路,为乱民挽拥,又散去二十馀兵,王得标亦迷失不归。再行,为横潦所截,盘旋不得出。遇莫矜智,琴石亦至,乃知先偕芷庵出城,途半相失,已足痛莫能步矣。假坐差官无鞍马,同出横潦中稍息,藉草坐。拟投不拔县待会渊亭,意不欲遽渡沱江也,而无人识县所在。觅乡导,辄逸去。遇张永清,始知渊亭、芷庵已驰在前,并云渊亭初出南门,闻余未出,痛不欲生,问有人能入城护出者,赏银二万,芷庵继赏五万,应者六人,临桥而返。张永清继出,遥见唐字旗,始知余幸无恙也。闻渊亭已赴不拔县,乃与张永清、莫矜智及左右觅入民家,小憩竹楼,倦极且馁,襟袜透湿,假寐须臾,而天曙矣。

十一月十八日

黎明，行。马上沉思，潸然泪下。申刻，抵枚支关，吴凤典榷税处也。关人刬豕款餐，不食盖二日矣。宿此，函报谅山、北宁、云南，知渊亭、芷庵、佐炎均在不拔县。

十一月十九日

李应章、贾文贵及黑旗将备各率所部陆续来会，相见跪哭。芷庵袜行至，因涉水履湿，脱系于鞍，马逸遂失履也，不禁失笑。

十一月二十日

渡沱江，入兴化城，寓按察署中。巡抚阮光碧曾晤于山西，老成可谈。刘团溃后，半入十州，半入兴化，渊亭在后收集溃队，余急权出示，许照官军给饷，以固众心。刘军、桂军、云军彼此失马、失眷属，互讼抢夺，终日不遑理处。其携掠越人子女者，余赎付越官，男六两、女三两。第走卒仅负五百银出，两营勇饷皆赖此，北宁不通，甚忧不给矣。

十一月二十一日

渊亭来见，急与商整顿溃卒。兴化地极贫，无布缕制衣衾，强忍夜寒；仓米不多，军苦乏食，而去寇仅七十里，军火且荡然矣。闻彦帅定本月二十五日由省启节赴边。

十一月二十四日

云军统领总兵丁槐衡三带亲兵数十至兴化，裁帅付银四千两慰给溃军，约余赴保胜晤商军情。观丁统领掘地营。其制：掘地作方坑，深六尺，大小度地势为之。坑内四围密竖大木，出地尺许，开枪眼，上铺大木，覆土，取其低不受炮，遥见不知有营也。坑背开地槽，_{向敌为坑面。}通入坑，坑口有栅，一人闭栅坐，则坑内数十人皆不得出，既可避炮，且免溃走。此当日滇匪避礧炮之法，以守地方诚善也。

或回环掘数营,皆于地下开槽营,营可通,互相策应,水米药弹均储其中。又于地营外开曲折明槽,人顶齐地,宽仅尺五,长至一丈即转,太宽弹易落入,一丈即转,弹虽落亦仅击及一丈也。明槽所以护地营,恐军全在暗坑,不明敌情也。地营三丈外用槎丫树枝,以藤缠之,密排三层,是谓鹿角架,防敌冲突。再于四角埋置地雷,尤为有备。但须离本营二十丈远,始不自轰。

十一月(4)

在兴化。日与渊亭议复山西之策。苦无枪弹,刘军所用枪与桂军同,而云军之枪不类,弹难通用,足见枪式不可太杂也。渊亭遣韩再勋、刘肇经带队二百绕道太原赴北宁,请领枪弹,并所赏银。北宁仅付二万粒,不值一战,赏银全无。

十一月二十六日

访阮廷润于临洮府乡中,拒不见,以病辞。强入,见实卧在床,慰语而去。

莪帅据营报奏山西失守,由总督、布按开门延寇。然阮廷润、阮文甲辈虽无御敌之力、殉城之节,而平日供给各营,城陷同走,尚无通敌之事,余深知之。

闻越改立之嗣君,于十一月初二日暴卒,或云畏法逼自尽,或云奸党进毒。国人立阮福时所继第三子,或云即阮说之子。

芷庵、琴石间道回北宁,琴石入关。

十二月初四日

黄军门函调李应章、贾文贵率队回北宁,并不函余,可异之至!左右俱不平。但两营在此,饷银无出,即听其去。

十二月初六日

起程赴保胜。陆行三日,至馆司,乘船逆流行。船甚小,兼坐竹舟,倍程以进。每三更始泊,登岸造饭。朔风峭寒,仅着单布衣一袭。一路穷山恶水,过大滩,一名莲花滩,又曰佛殿滩,白云翁岸,浪声雷鸣,荒渺苍幽,如有魑魅往来情状,疑非人世也。过文盘州,水面火光若远若近,夜照舟行。人谓江上最灵祠神佑,俗呼婆婆庙,祀最虔,荒诞无稽。

十二月十五日

抵保胜。莪帅已于前一日启行,不及见。彦帅适于昨日临此,谒于关帝庙,慰劳甚至。为制绵袍、衾蓐,赠靴冠绸料,补送薪水四百两,又别馈银两备用。余诉黄军门所拨四营有名无实之故。彦帅勖以忍耐待时。阅历之言,受益无限。与营务处汤幼庵观察同居竹屋中,渊亭养子成良照料极周。

十二月(1)

在保胜。欲旋兴化,彦帅留待同行。连日召饮接谈,备承关爱。

阅徐晓帅奏报山西失守,称北宁断无他虞。廷旨责其语涉夸张,是否确有把握。盖已料北宁之不足恃,而是时晓帅尚在前敌欺蔽中也。

先是,滇、粤驿奏山西不守,疏未到京,而都中已阅洋电,有旨询刘团下落,并问唐景崧是否亦在北宁。疏逖小臣,上系宸廑,伏感增愧。又莪帅先据兴化营报入奏,称刘永福、唐景崧不知下落,廷旨着速查二人踪迹报闻。至是彦帅复奏唐景崧现抵保胜,臣留在营,俟各营到齐,同赴前敌。

十二月除夕(2)

与汤幼庵畅谈甚洽。惟念此身本留桂营,今羁滞滇边,形殊不类,怅然饮泣。闻晓帅出驻谅山,即夕上都中诸大臣书曰:

法人据山西后,日修守御,滇、桂两军偶通文报,为日甚迟,声势实不易联络。窃维今日兵事为中外大局所关,外之高丽、缅甸、内之台湾、琼州,皆视越南一(偶)〔隅〕之存亡以为安危,诚不可不用全力以图挽救。今者法人固与我为敌,越人亦将与我为难,该国半载之内,三易嗣君,臣庶皇皇,类于无主,教民土匪,乘衅称戈,适足以助敌氛而棘我手。窃谓越事冀有转机,固赖边军得力;而欲培其根本,以靖乱源,则莫要于遣师直入顺化,扶翼其君,俾政令得行北圻,以定人心而清匪党,则敌焰自必稍戢,军事庶易措手。

恭读谕旨,饬令疆臣前往顺化安戢乱民,诚为大处经营之策。粤督谓海口为法人所据,我船不能前进;滇督谓云南门户为重,出关伊始,军心未定,未便舍近图远:自均系实在情形。第此举实属至奇,既不专予法人以保护之名,即可以坚越人臣服之心,而为北圻戢乱之一助。惟不必封疆重臣崎岖前往耳。

去秋越都内乱,景崧尝函商徐中丞,谓宜派兵驰赴顺化,声言查勘情形,即藉以驻守海口,庶免法人乘机占据。越官并愿景崧前去,因其曾至顺化,熟识枢院诸臣,可以商办一切。惜不果行,遂致法人有胁顺化撤黑旗之事。国中震惊,阃外惶惑,而黑旗气焰顿潜消暗沮于冥冥之中,以至于失事。及今为之,犹有补益。国都首也,外疆四支也,未有不扶其首而能救其四支者也。

夫至今谋越南者惟两策耳。若不为藩服计,则北圻沿边各省,我不妨明言直取,以免坐失于人。若仍顾藩服名义,重在图存,则应有官军直入顺都,假天子威灵,正其根本,疏其血脉,俾内外臣庶知国有君,然后民志定而奸萌亦戢,即我关外防军亦因此而名正言顺,旗鼓堂皇,士心为之一壮。否则首鼠两端,未有不归于败者也。查北圻可由陆路绕赴顺化,虽云转运艰难,而昔商之黄佐炎,谓其都中犹可支应粮饷,官军不经海口,即不虑其扼截。远献刍荛,以备采用。

卷　四

光绪十年甲申正月初十日

随彦帅乘舟东下,军约万人。

十五日

抵家喻关,距兴化三十里,彦帅驻此,余回兴化。

彦帅奉派兵入富春之命,奏称道远不便行师,此旨乃在山西未失之前也。至是廷旨屡责滇、粤联络声势,固守北宁。然自山西失后,道路中梗,文报且阻,遑论军声。

黄佐炎、梁辉懿、阮廷润均出办粮。渊亭谒彦帅,极荷优礼,其将备均蒙赏有差,编其军为十二营。

敌踪时至三江口。为渊亭拟约法人会战书。书曰:

越南三宣提督义良男刘致书法国兵头为约战事。

窃闻法兰西海外最强之国也。本提督于十年前与尔兵头安邺接仗,一战斩之,窃笑强国之将不过如此。而李威利尤尔国所共称良将者,本提督又一战斩之,其馀阵毙大小兵头不堪悉数。计自去年四月以后,尔兵一败于纸桥,再败于怀德,三败于丹凤矣。君子不欲多(上)〔伤〕人,本提督因休息全军,退驻兴化,意谓尔兵头必知愧悔,不复寻衅。乃近日以来又时以兵窥伺沱江,徘徊而不敢渡,可笑可怜,无赖已极。本提督细推其故,尔国所以屡寻我战者,实欲一胜而全据北圻耳。大丈夫作事磊磊落落,以法兰西海外最强之国,而尔兵头率兵数千人鼠伏江干,施放枪炮,胆小气馁,不值一笑。何妨

堂堂正正渡江而来,决一胜负。尔胜则本提督即解师而去,让尔全
据北圻。则以尔国所最忌者,独本提督耳。我去则无人与尔为难,
一战成功,岂不甚便?如尔不胜,谅亦无颜在此,势必卷甲而归,无
劳本提督之驱逐矣。两国成败在此一举,何必多苦生灵,致负天地
好生之德乎?今与尔兵头约,三日不至,期以五日,五日不至,期以
十日,十日不至,则本提督即当布告中外四海九州,必群起而非笑
之,法兰西其何以为国耶?夫本提督不过此数千人耳,尔有坚船而
我无之,尔有利炮而我无之,战具万不及尔,邀约而来,有何不敢?
窃料尔兵头必不肯忍气吞声,犹顾后瞻前而不敢至也。且胜负亦兵
家之常耳,何必畏之过甚?尔畏不来,其耻更甚于败,深望尔兵头之
熟思而审处也。翘盼旌旗,切切此约。

正月(1)

在兴化,数晤渊亭,痛哭而数其非,且以利害激劝之,渊亭流涕
无辞。传其将备同坐一堂,责以大家改悔,奋图恢复。渊亭谓此际
无论何处协饷,均置不言,且俟一二胜仗后,道路既通,再议请饷;并
愿自当一路,不求人助。

正月二十四日

上晓帅书曰:

恭读迭次谕旨,饬防军固守北宁,而圣意又似不仅以守了事者,
且时局亦实非一守所能了事也。前闻北宁军请任河内之役,时不可
失,若必待滇军、刘军三面合图,不卜能否有此快举,不如先尽其在
我者。今日桂军亦聊厚不为薄矣,似不必以山西未复,缓图河内。
但攻河内,我当先据嘉林,方有进步。嘉林既有敌垒,我军诚不易
扎。此际司兵柄者,当于万难中做事,舍功名、性命而图之。

景崧固无能为役,而拨领四营,在断而不断之间,威令不专,难

期得力。拟请另行指拨四营,专归节制,即当亲率驰往,进据嘉林,仿造滇军地营,立定脚根,再筑炮台,攻其敌垒。嘉林占定,大军继集,始有进图河内之方。惟乞饬备大炮十位,火药二万斤,锄锹五百具。木料北宁甚便,地营一夕可成,胜于垛墙,军心较固。如蒙允准,景崧即间道驰赴北宁,乞勿为群议所挠,谣言所惑。

窃念中丞以经世之才,怀灭贼之志,而前敌未能迅起图功。自读去腊二十三日谕旨,在事诸臣不得不愈加奋勉,敢以书生微命,鼓舞群才。兵无万全,时当速战,不必分别明仗暗仗,且混战数次,则各路之军皆奋起矣。伏候钧示。

正月二十六日

彦帅进驻兴化。渊亭请示机宜,并言进兵不可过迟,当速渡江。彦帅谓朝廷仍责刘团战而官军守,欲刘为前驱而滇军为接应。渊亭愿自为一路,请云军以一枝出屯鹤,一枝逼广威,黑旗独渡河,傍山而下。计终不决。彦帅连日开导渊亭及各将备,义盛情深,而渊亭仍不免有径行其意之处,渐与丁军不睦。故彦帅主合,渊亭主分。

正月三十日

接北宁警报,法兵将攻北宁。彦帅商遣渊亭驰援北宁。渊亭念北宁不救之怨,不欲往,请击山西。余曰:"人不救我,而我救人,此大丈夫豪杰之所为也。且能救北宁,即可盖山西之耻。今复山西万难,何如救北宁便?"渊亭请偕往,允之。

二月初一日

彦帅入奏,遣唐景崧率刘永福全军星夜驰救北宁。即日偕渊亭拔十二营起程。

初二日

渡屯鹤,在山西上三十里,即三江口,承平时商贾辐辏,今就萧索。法兵咫尺,竟稳渡而过。

二月初五日

抵北宁,余入城,见黄、赵两统领,渊亭驻兵安丰县,距城七里。

初七日

渊亭轻骑入城。时法踪尝游弋北宁五十里外芹驿关者,又名普济屯,北宁水陆之要口也。上年我军犹不敢深扎越境,此地早为法据,今黄、赵始谋夺之。赵拣卒三队进攻,遽为教民截回,法队遂轻我,而北宁祸速矣。

王朗青方伯定边楚军八营、方棣生观察威远东军五营,陆续将抵龙州。

彦帅奉节制广西各军之命,旋奏辞。

二月初八日

晤黄、赵,问战守之策。赵称体羸多病,将士骄蹇,愿乞休让贤。黄称布置尚密,城坚可守,俟王方伯楚军出关,再议进取。余曰:"寇氛速矣!楚军恐不遽来。窃经山西之失,横览北宁城,战守两不可恃:备多力分,扎营太散,呼应不灵,不能战也;城虽坚而无藏身避炮之地,不能守也。应速于城外十里要隘处所开掘地营,以守野为守城。"黄曰:"城有四营,吾誓负城而守,敌其如我何!"

余即日上晓帅书曰:

初五日,偕刘永福率其全军抵北宁,驻扎城外。目前虽无战事,仍属该军暂留。

晤及左、右路统领,右军拟击芹驿关,左军拟俟楚军到齐再商进取。语各有理,景崧莫能赞一词也。

至于嘉林之役,则较芹驿为尤难,攻芹驿尚以为不可,则攻嘉林愈以为不可矣。而察北宁实乏大炮,无具攻人。往嘉林必需是物,故前有十位之请。战具、攻具,亟宜讲求。彼有船而我无船,已输一着;我并制船之具而无有,彼族料我不能渡江,愈肆骄横。北宁军壁虽厚,实不足当一巨炮,亟应仿滇军开掘地营。窃经山西一番阅历,粗知兵法。但仅能献言于两统,而事莫能自主。目睹焦急,日复一日,月复一月矣。拨领四营,已成虚设,且又未并扎一处。不然,亦可尽我四营之所为,奈何并此而不能也!

本拟即赴谅山,亲承教诲。因欲踏勘四处防所,稍迟就道。

二月初九日

晓帅来书,欲以刘军攻嘉林;彦帅来书,欲刘军扎永祥、安朗一带。即日复彦帅书曰:

初五日行抵北宁,恭上禀函,谅邀垂鉴。刘军初驻安丰县,县官不能供米,现已拨近省城,仰给于张登憻。北宁敌未来攻。据报法人取有民船数十艘,截去首尾及舱端横板,扣以铁钉,不知何用。

晓帅拟以防军攻芹驿关,以刘军攻嘉林府,即可扼阻敌船入谅江、涌球之道,所以固北宁后路也。嘉林之钵场,敌有炮台,为轮船入河内必经之路。我军夺据钵场,即紧扼敌人之咽喉,河内、山西不战自困。惜此等绝好地势,我不早据,坐让与人,事急始争,恐费尽移山倒海之力,亦未必能得手。中国自误,往往如此,可叹可叹!且北宁炮位甚少,大炮尤少,其何以攻? 即攻而得之,其何以守? 景崧会商黄、赵,谓以讲求大炮为第一要着。刘军拟暂屯慈山,以备策应,时闻警报,未便即旋。来示,该军将来可屯永祥、安朗一带,以便桂边接济,且可乘衅而袭山西,诚为稳策,届时相机导办。

二月初十日

带亲兵二十人、差官四人赴谅山,留亲兵六十人暨赖子容左右人等寓北宁。

十二日

抵谅山，谒晓帅。晓帅曰："北宁不可保，两统领误我深矣！"

十三日

辰刻，赵统领报十一日失扶良。扶良距北宁省六十里，陈得贵、李极光、翟世祥、覃东义各带一营扼守处也。据报，是日陈得贵力战半日，驰骑乞援黄统领，久之，始遣韦和礼带守城三营驰往，半途闻扶良已溃，乃折回。余曰："殆矣！北宁已矣！"晓帅惊询。余曰："岂有以守城之军而往救前敌者？一败即不归城，孰与守城？"赵又言渊亭不肯用命。晓帅属营务处黄子寿商余，能往北宁督刘战否，余曰："事急矣，请立行。"即走辞晓帅。晓帅俯思曰："北宁危地，汝不入亦宜。"余请试进，立驰马行。

十五日

抵郎甲，距北宁已近，尚隔谅江、涌球两河。二鼓，闻法人已据涌球山顶，犹冀不确，策马夜进，尽夕奔行。

二月十六日

黎明，渡谅江，入谅江府署，芷庵及张幼亦大令在焉。两君于十四日出北宁，坐此探危城消息也。余将渡涌球，幼亦止之。自顾亲兵太少，遂奔浪山绥南军提督王洪顺子钧营，连璧峰时为彼营官，欲假亲兵渡涌球入北宁。子钧止之曰："似有凶耗。姑留一夕，探确再行。"

十七日

在绥南营。闻北宁已于十五日戌刻不守。法人据涌球，故我败军一人不得后退，次日犹无消息也。黄、赵不知所往。余呕返郎甲，心如死灰。有自危城逸出者，询知确耗。十一日之失扶良也，十二、十三、十四等日未接仗。时守城外者仅黄统领所部韦和礼、黄玉贤、李逢桢、尚国瑞、黄云高、贾文贵六营,守城内者仅参将蒋大彰一营、千总黄效贤两哨,馀俱分屯榄山、慈山、桂阳、新河、左河、六头江、三江口等处。赵统领所部之副将党敏宣八营,远避六头江外,屡调不至;总兵陈德朝六营扎新河,法人故作攻势以掣之,赵不敢调。北宁四十馀营,四面散扎,不能援应。十五日,法大队由扶良进犯北宁,黄、赵各率亲兵督韦和礼、尚国瑞、黄云高、贾文贵四营拒战于十里外,皆左路军也。韦和礼腕中枪伤,尚国瑞、贾文贵俱微伤,苦战不能撤。黄统领呼渊亭黑旗一展,敌少却。而渊亭不欲战,持契箭束手行间。黄守忠搴旗进,渊亭喝止之。黄统领示赏二万金,渊亭终不令黑旗驰前一步。正相持间,法轮突驶入涌球,而守涌球之提督陈朝纲两营闻炮顿溃,周炳林营在附近,亦溃。敌夺涌球,曳炮阜顶,俯击北宁城。弹三落,城市哗奔,越官张登懂等开城遁。黄、赵犹在阵前,惊闻后路失,亟撤队回城。乱军苍黄,势不能守。黄统领闭户将自缢,周炳林、陈朝纲、尚国瑞携提督印强掖以行,遂与赵统领并奔太原,勇营四溃。渊亭次日亦全师退太原,旋回兴化。彦帅闻十一日扶良警报,再遣提督吴永安带兵二千驰救,至太原,闻城陷,折回。

请缨客曰:北宁陷,而越南愈不可为矣。徐中丞志在决战,初视敌太轻,又虑都中之畏战而就和也,故屡奏敌不足平以坚战志。事虽败,而其心固可谅也。特年衰多病,而又为人所欺蔽耳。

陈得贵失扶良,陈朝纲失涌球,罪固难辞。然扶良炮台无利炮,涌球亦小炮。守扶良不止得贵一营,而得贵独苦战半日,他营则壁上观也。得贵为提督冯萃亭旧部,冯曾劾徐,得贵实结怨于徐。及徐擢巡抚,遂撤萃亭之犹子兆金带左路营者,并撤得贵。得贵重瞳,素骁勇,黄军门保留前敌。扶良败,徐劾得贵首失炮台,得旨与党敏宣俱正法。党敏宣军中积猾也,赵沃庸懦,其作奸肆欺,皆敏宣居间画策,故为其所挟,不遵调度,率八营逍遥河上。及北宁陷,敌犯谅江,敏宣适以未战,全师过谅江遇敌,诡称觅统领,驰去不顾,其巧猾多类此。

陈朝纲有口辩,与周炳林同综理黄军门营务。十四日议以刘军千人守涌球,渊亭办地营十座,翌晨忽变计不守涌球。或曰,周炳林轻视之,故怒;然渊亭自是矫矫难合也。渊亭十五日之不助战也,初不料官军一败遂至失城,意待危极而后救,以显其能。然束手不战,其于黄军门旧情,岂能稍无遗憾哉?

徐中丞有家丁把总韩姓者,负宠干政,时以意毁誉诸将,辄见听。扶良报至,中丞命与关姓千总赍契箭一、公牍一、亲兵四人、马六匹,驰赴北宁,促渊亭战,十五日辰刻抵谅江。韩把总闻炮声,止不渡。关千总曰:"汝以牍箭付我,我入北宁。"韩不与,遂返报中丞曰:"及谅江,思所赍文或有斥刘语,触所怒,不敢投。"中丞顿足曰:"噫! 吾文乃赏二万金,何不投? 汝误矣!"韩缴契箭,昂然去。

二月十八日

在郎甲。赖子容等自危城逸出,失去日记。是日,法攻谅江府,我军于德富、甘乃斌、李定胜、晋文治等营败绩,李定胜并帮办郭涌泉俱受伤。王提督绥南四营由浪山退扎郎甲前二十里之左溪,黄军门率残营至桃观总,距郎甲三十里。

二月十九日

由郎甲回屯梅。法攻左溪,绥南营败绩,退屯梅。法兵至郎甲。我军火器全储于郎甲,至是尽失,于德富等营俱退屯梅。

二月二十日

返谅山,谒晓帅。晓帅方寸已乱,调度仓皇,忽欲更营制,忽议撤营官，或互换驻扎之所，号令纷歧，左右淆惑。檄楚军驻前敌，而王朗青见事败，不肯前。余力陈此时寇在咫尺，宜先收溃卒，定人心，备糗粮，集军械，扼险堵御，勿令残军散处，致敌踪再入屯梅，则谅山不可保。晓帅曰："前敌孰当此任者？吾营务处乃文案，不可行，奈何？惟足下敢任事，可帮办营务，为我一行。"余慨然许诺，即日檄下。人皆曰："愚哉维卿也！此何时而受乱军之任乎？强寇在百里，地无宿粮，兵无斗志，必败之道，奈何以身入虎口也！"余曰："中丞待我厚，自入刘营，有微劳必奏达。今事急，不为分忧，非所以劝忠义。且乡关之难，乌可坐视？"明日遂行。

二月二十一日

轻骑抵屯梅，寓长庆府署。黄军门适至，短衣黧面，相见黯然。阅晓帅奏报北宁失守疏，有"黄桂兰、赵沃弃地先逃"语，军门曰："吾其死乎！"

王子钧以绥南四营驻府城外，并立一大营。晓帅檄回谅山候撤，余力止之，函称四营虽非劲军，然已部署整齐，不宜骤动。并议以于德富、甘乃斌两营扎宫馆，在长庆府前；以李应章、王正明、黄忠立各营守观音桥，以扼大路，在宫馆之前；以党敏宣、谢洲、陈天宋、党英华守谷松。谷松在屯梅之左二十里，隔一岭，由谷松走那阳、牛墟，可入谅山；谷松下九十里即船头，轮船可达。明知党敏宣无能，而其军未战尚完整，布置略定。

时同寓有提督康得胜，招集溃军，州同耿在田为营务委员。康暴而耿奸，难与共事。黄军门既来，统领未卸，军事犹应与商，甚忧掣肘。

二月二十二日

晓帅调王正明、黄忠立往守谷松，犹未接余昨夕书，且欲以右路军并为一路也。李应章、黄云高、尚国瑞、贾文贵四营仍拨隶于我，遂以李、黄、贾并陈得贵营守观音桥，尚国瑞守巴坛岭。是日，法兵破太原。

二月二十三日

恭阅总署电，本月十九日旨：

据李鸿章电报：北宁已失，官军退至太原，曷胜愤懑。着岑毓英激励诸军，设法进取。徐延旭株守谅山，毫无布置，殊堪痛恨，着收集败军，尽力抵御。已有旨将该抚先行摘去顶戴，革职留任，如再退缩不前，从重治罪。琼防愈急，若有疏虞，办理更形棘手。彭玉麟、张树声等务当认真筹备，惠州会匪迅即扑灭，以清内患。钦此。

二月二十四日

记名提督韦和礼伤殁于军，修五朴诚，勇敢为诸将冠，黄军门哭曰："汝得死所矣！"

晓帅撤调各营之檄朝夕纷下。余向黄军门筹商布置，军门无语，不胜焦急。

二月二十六日

上晓帅书，陈前敌筹措情形，书曰：

本日接读谕函，王、方两军如肯扎屯梅，此生力军，尤为得力，当扎观音桥为第一重隘口，然崧窃料未必肯来也。现饬于德富在宫馆土岭筑垒开濠，当由左军添派两营为第二重隘口。绥南四营并甘乃斌一营现已扎定屯梅，此处不必多营。其馀左军残破之营，当一概退扎后路有粮之地，及时整顿。润、良、应、岳四营，即在中路作为游军。如此，庶眉目清朗，各专责成；不然，则乱杂无章，米粮且乏，势将不戢自焚矣。今日之黄军门，虽以军事就商，而默然无所可否。渠兵权未卸，岂能入壁而夺其符？至康提督，或饬其往加关督束党营，此地亦关紧要。恐党敏宣仍视为儿戏,然不敢谓该提督遂能得力也。

顷据润、良、应、岳四营会禀,自去年十二月初八日成军后,至今应字营借领到银九百八十两,良字营借领到银九百八十两,岳字营借领到银九百九十两,润字营借领到银七百六十两。有由黄给,有由赵给,每营每月究竟应领若干,未奉明文,号衣、帐棚并未领过,乞将旧饷给清等情。查该四营尚能打仗,既不愿旧统之含糊,又不愿连美之督带,此等悍卒,倘不示之恩信,必难为用。应请饬收放局查明四营饷项前议章程,算清起讫数目,按数给付,以固众心。

又闻李应光招来三百馀人,而赵道分为两营,派李福良管带一营,一为良字营,一为应字营。实则李福良仅带二三十人,馀仍归李应光管理;而李福良领饷,李应光代养其人,因此不平。亟应撤去李福良虚营,查明该两营实勇若干,照数给饷。此后军事总宜条理分明。黄、赵两统事多徇情迁就,截此搭彼,以致混淆,而恩威人俱不受。惟此四营究应附于何军,抑听自成一旅,是否仍用连美督带,伏候钧裁。

二月二十七日

上晓帅书曰:

现饬李应章一营在观音桥挖濠筑垒,粗具规模,再当逐加整饬。景崧能驱动一营,则尽一营之力。今无馀力扼清花江,仅能以观音桥为第一重门户。昨请黄军门移驻宫馆,则前敌得有统率,军门徘徊犹未决也。

惟是左军已齐,亟应及时整顿。若不退扎后路,则方道威远军不必进驻屯梅。营多而杂,且难办粮。屯梅之东有土岭数重,越岭行五十里即船头岭端,宜扎兵以截贼路。此处近绥南营,屡商于王提督拨军往屯,祈饬下赶紧办理。长庆市口以一二营驻守可矣。润、良、应、岳四营,仍以连美徐为约束之,或就范围,不必纷更尤妙。景崧明日再往宫馆、观音桥督工,拟俟濠垒粗成,再造地营。缘此际兵勇伤亡劳苦,督之过急,转致畏难潜逸;诱掖行之,则较善。至招集溃勇,系康提督一手经理,当必禀闻。

二月二十八日

上晓帅书曰:

本日奉到札谕各件,当即会商黄军门,遵照办理。前敌扎定多营,则退扎者次第开行,谅人心不至惊疑。今日往宫馆、观音桥等处督修营垒,前派李应章扎观音桥者,因其锄铲尚全,续经黄军门派陈得贵并驻于此。现已开濠筑垒,各勇躬操土木,尚耐辛勤。从此督励习劳,粤军非不可用。于德富在宫馆,亦于土岭动工,惟嫌不甚合式,俟其规模粗定,再议增修。于德富自愿约李极光同扎宫馆。此观音桥、宫馆驻营之大略也。

至清(化)〔花〕江及观音桥之东,当以何营驻扎,仍由黄军门自行酌派。王提督返屯梅后,当促其以二三营移屯土岭,防船头之来路。府城不必多营,市阓清净,而后百姓安闲,贸易自来,米粮易办。此际极宜以静制动,不可张皇。否则不独闻警仍奔,即敌不来亦将自乱。

现在前敌各营,皆经切谕,不准再占民房或布棚、草篷,务要联络一处。盖兵住民房,匪独虑其骚扰,且一闻敌至,勇丁非避匿村中,即逃逸村后,营哨官各不谋面,此即致败之由。联络立营,则耳目不至隔阂,此为整顿粤军第一要义。

屯梅布置略备,则方道之军不来亦可。惟谷松一路亦最紧要。景崧无力兼营,康提督在此专收溃勇,他无所事。若往党营,则留养三百馀人，难于位置。此皆右路之军，不肯另编为营，愿归旧伍，则以旧饷未领起见，亦属人情。康提督必欲编营自带，岂非武断！且以一衙一市之逼狭，相聚易嚣，诚有未便。并有全哨之人待觅旧主，既系相依不散，即不得以溃勇论，均宜遣归后路就粮，以待本营营哨各官。然康提督意气用事，难以理论。是否调往党营，伏候钧裁。

二月二十九日

接晓帅书，议以余总理前敌营务，节制诸军。公牍继至。后幕府王子寿太守、王芝山大令书曰：

一昨接奉复函，备聆种切。前书所谓抚绥约束自有精意者，大致不外人情、物理而已，即军令亦在人情、物理之中也。今日之败，实由于平日备御无方，不能专恶勇丁。

鄙意挫衄之后，军无长物，伤病交加，仍当以恩惠为主，而后严申纪律。如粤营本系防戍，为日已久，故有眷属，积习相沿，已二十年。今有携带妇女之禁，畏法者区置乡村，临阵则仍多顾恋；玩法者偷渡关下，拿获又类于生离。愚莽之夫，不无异议，难免生心。不如传饬各营，自营官以至勇丁，凡有室家者，准其开呈清单，给以护票，派人送置关内；其新掠者未改装服，一望即知，概付越官收回，似为情法两得。自此以后，再有军中携带妇女者，即按军法从事。务请两公先以此意陈诸大帅，期见施行。

同心同德之士，一时实无其人，逸少、对山皆非其选，不可任以大事。陈朝纲、周炳林皆滑懦无能，党敏宣、陈朝纲尤左右两军之罪魁，黄军门悔之已无及矣。

三月初一日

晓帅函请黄军门退谅山养病，檄余总理前敌营务，所有长庆前敌及分防陆岸各营概归节制调遣。黄军门即日启行，余适往观音

桥,未得晤商。途遇陈朝纲、周炳林,谓军门属留某营、退某营,余姑
应之。而点验军实之委员唐继淙适至,拟点名后再定各军去留。

营官李润缚送索饷什长二名营门正法。

三月初二日

各营将备来见。黄军门既回谅山,余稍有权,于是另筹布置。
本日与唐继淙点验陈朝纲、周炳林、叶逢春、李逢桢四营,陈、周、叶皆
不可用,周营尤多老弱,李逢桢一营差可,人少不留,四营均饬退
坑排。

初三日

点验黄玉贤、韦和炳、窦奇勋三营,留窦营,黄、韦退扎叩波。继
点绥南四营及甘乃斌一营。

初四日

点验贾文贵、尚国瑞、于德富及李应光、高岳嵩、李润、李福良等
营,所谓应、岳、润、良四营是也。四营乃九头山之党,归连美督带。

初五日

点验李应章、陈得贵、李极光、黄云高、陈世华五营,议以陈得
贵、李应章、窦奇勋守观音桥,以黄云高、贾文贵、陈世华守和乐社。
社在桥东,可由清花江走小路经此至宫馆也。以于德富、李极光守
宫馆,以应、岳、润、良千人为游军,在观音桥、宫馆上下,以尚国瑞扎
宫馆后,以王提督绥南四营、甘乃斌一营守长庆府,又分扎土岭防谷
松。此由长庆府至观音桥正路之防军,共十八营,皆残破,不满五千
人。长庆之左是谓陆岸,仍以党敏宣八营驻扎。自此以后,无甚变
置矣。

晓帅时闻谣诼,余概请勿纷更,俾各营得以尽心壁垒。惟锄斧
不全,艰于兴筑。军火一弃于北宁,再弃于郎甲,后路存者无几。关

外向无粮台,琼山地瘠粮少,各军百计搜罗,数米而炊,朝餐夕断。余每日巡行二三十里,冒暑周流,且无参佐,函檄皆手办,苦不可言。芷庵采米于五台,差费甚薄,只手理事,亦极艰窘。

初三、初四、初五等日

上晓帅书曰:

昨奉钧札,委总理前敌营务,才疏责重,无任悚惶!黄军门得信,未晓已行。据陈朝纲、周炳林转述,以黄玉贤、韦和炳、窦奇勋三营调回后路,朝纲所部之陈得贵,炳林所部之李逢桢,并撤那坑,仅留拨与崧之四营及李极光一营、陈世华半营,驻守观音桥、宫馆等处。不知系黄军门之意,抑朝纲等之计也。

崧谬承重寄,责有专归,大局所关,不敢稍避嫌怨。但未经点验,究不知何营可用,亦未便骤决去留。适唐令继淙到来,本日约同王、康两提督先点陈朝纲、周炳林、叶逢春、李逢桢四营。炳林之前军中营,人最不堪,形同乞丐,而军装甚足,似无接仗被挫之形。叶逢春一营,全无号衣,队伍杂乱。李逢桢仅百馀人,情形尚无作伪。陈朝纲一营略整,然守涌球要地,而伤亡仅二十人,是其未败先逃之明验。俟事稍定,必治陈、周以重法,始能作士气而儆人心。

至诸将优劣,更有不得不密陈者:陈得贵败军之将,本不可用,况已撤管带,自应即饬退回。惟既在此经营,请俟工毕,再酌去留。陈朝纲、周炳林、叶逢春、李逢桢四营,即令退扎。黄玉贤、韦和炳、窦奇勋虽黄军门意欲遣退,而亦未便遽从;如察其可用,拟即酌留一二营。贾文贵、尚国瑞非尽得力,姑取其相随较熟;然察其不可用,亦必去之。总之,实无一可恃之营也。李应章少年不轨,曾为十万人长,身经百战,不得以山西一败贬其将材;且带一营,亦不足展其所长,容俟再衡其分量。此外将材甚难,而志趣之正、血气之侠者,尤为罕觏,是在随材节取而已。楚军拟扎何处?鄙意谷松一带,远可以袭谅山,近可以抄长庆。党军驻此,时虑疏防。或请楚军移扎谷松,即后来大举进兵,而由船头以趋北宁,亦是正路,最属相宜;或方道一军扎此亦好。党敏宣最善逢迎,探报绝不足据。俟明后日点毕各军,即亲赴谷松查阅,以慰茋怀。

又书曰:

顷据越南右陇县知县黄廷金面称,探得桃观总杨领兵将引法人由正路来攻观音桥,阮教化率教匪由观音桥之东小路抄截观音桥之后。不知确否?然寇来必由此两路,早在意中,现饬前敌勤探严扼。惟军火甚形不足,旗帜尤属无用。拟专挑快枪截击隘口,虚设旗帜于深林曲涧间,以为疑兵而壮声势。后路能济逼码,则甚善;若无有,则锄铲、斧锯、帐棚是为最要,非斧锯不能取坚实材料作地营也。火药乞解三千斤应用。

又书曰:

昨夕四鼓,接奉两次谕函及札一道,知陈得贵已蒙恩准暂留,当令力图振奋,以赎前愆。现前敌营官之可用者,惟李应章、黄云高、陈世华尚属足恃;于德富人颇诚实,与李极光合手;周炳林、叶逢春、李逢桢已往那墟、坑排,陈朝纲已回谅山。以上各营退扎处所,皆距谅城不远,请一律调至谅山整顿。现留长庆各营各守要地。军心甫定,若往后移,诚恐不无惊疑,似应就在防所整顿。伏候钧裁。

三月初六日

致王子寿书曰:

日来军务纷纭,致疏笺候。前敌之事,几类于巧妇之炊。锄铲、帐棚、军火,在所必需,迭陈大帅,尚祈关照,俾得应手。前途措置,无不竭尽心力,敌至必有一番抵御。千祈大帅及执事教诲频颁,而尤切祷者,幸毋为蜚语摇惑,致事靡定。人言孔多,或目有未及,或虑有未周,时有后先,事有缓急,有旁观不知而当局独默喻之者,概不得执人言以为据,其谗忌者更无论矣。营制不可不更,营官不可不换。然此中煞费斟酌,非一变即能得力。而旧日营官、哨长,亦非尽不可用,在用之如何。将来亦应去四存六,不宜纷更太甚,恐新手于地势人情有不熟悉、不相浃洽者,皆足偾事。现留前敌诸营,营官有应易者,有营官自愿更哨长者,配合得宜,则一营抵数营之用。不知目前即更易耶? 抑俟新章定后始并换耶?

右陇县官黄廷金人本不驯,而颇得众心,北宁陷后,越民纷纷往投。其山寨紧傍观音桥,我军驻扎之地,在其肘腋,诚宜善为驾驭。彼与黄云高、李应章、陈得贵、陈世华相得,而与陈世华之弟陈福森尤密,此留陈世华半营之意也。法人谓此人降,则谅山不攻自得。福森谓其近得法人书,意尚徘徊,欲观我军能否以决向背。现属其趋谒大帅。渠意欲招一营,微嫌前许三百两之数不敷支用,思得千金,任剿抚教民之责。即祈密陈帅座。此等人非除去则用之,而用之必满其意方能为我尽力。卓见当以为然。

三月初七日

亲至谷松查勘党营。由长庆至谷松,逾一岭,二十里,陡狭难行。晤党敏宣,壁垒潦草,面加责备。敏宣驻军地传为伏波旧营,微有墙基,不知何代营垒,关外古迹无不附会称新息也。其地有城基,依岭蜿蜒,由鬼门关至此,直达关内之思陆土州,计长数百里,亦传为伏波旧城,远不可考。或谓当日以此城为中外分界,下多大砖,必前人用兵故迹也。

李全忠勇丁拆毁民房,立即正法。

三月初八日

传黄廷金往谒晓帅。晓帅先有书来,许以月给六百金,养兵协守。

　　王朗青楚军八营，又新增粤勇二营，以六营扎南关，四营扎驱驴，后移驻谅山。方棣生五营至龙州。晓帅询宜扎屯梅何处，余覆谓，客军听其自择。后王军、方军俱分营往扎谷松，而撤党敏宜。

　　三月初九日

　　上晓帅书曰：

　　昨奉手谕，垂问将弁中有可用不可用者。查现在可用营官，除带伤之李定胜、翟世祥、郭涌泉不计外，陈德朝、黄才贵、陈天宋、黄云高、李应章、陈得贵、田福志、王正明、黄忠立、李逢桢均尚可用，李极光、连美虽非杰材，俱尚稳当，于德富、甘乃斌诚实少锐气，绥南四营营官皆极平常，雷永贞尤不可用，尚国瑞、贾文贵皆不得力。哨长中则左军右营右哨长都司李士纯、左营前哨长都司卢贵、右路桂字营右哨长游击陈毓永、桂字营前哨长都司杨国安、右路小队哨长参将林祖德、管驾右路水师千总彭文澜、新左营左哨长陈福森、已故韦和礼之文案文童欧阳萱，皆称一时翘楚；此外哨弁中不无人材，容俟续访再陈。武将与文吏不同，用其寸长，即不必计其尺短，而巧滑者最不可用。总之，驭将之道，全在平日情义相孚，尝有前勇后怯、前怯后勇、有勇于此部而怯于彼部者，不可概论。而一路中有数营，必期营哨各官互相投合，有一不睦，即足偾事。此则赖统将随事调停，倾诚教育，此中具有精义存焉。至于大帅用人，似不宜苛察琐责，伏乞台端勿亲细务，专挈大纲，日惟与幕府诸贤从容筹画，静以制动，一以制纷，自能清明在躬，志气如神，在事文武，谁不慑伏？刍荛之献，切冀察纳。

　　三月初十日

　　上晓帅书曰：

顷奉谕函，垂询李应章、黄云高、尚国瑞三营，有云勇丁衰弱不振等语。查前点验各军，惟李应章、黄云高勇最精壮，有唐令继淙亲同眼见，请询唐令便知。至尚国瑞之勇丁尚健，前已密禀尚国瑞不能得力，亦未敢稍存袒护。现在前敌惟赖李应章、黄云高、陈得贵三营。现李应章、陈得贵、窦奇勋联扎观音桥，相去仅一箭之地。桥东小路，是为和乐社，黄云高、贾文贵、陈世华亦近在一处，距观音桥二里许，隔一小溪，彼此可期照应。此际兵力甚单，不敢散扎，故并清花江暂置不守也。黄廷金必设法联络，以释廑注。

三月初十日谅山闻法人将攻观音桥，黄军门仍调退扎后路各营齐赴屯梅应援。人多粮少，飞函晓帅，以为不可。书曰：

本日周炳林、叶逢春、李逢桢各挑队二百人，共六百人，又先锋营张金泰率七十馀人，来自坑排，黄玉贤挑六成队来自叩波，韦和炳亦将续至，据称奉黄军门令来屯梅助战。窃维由长庆以至观音桥，兵力虽不甚足，如果同心据险，非不足资抵御；如再不下死力，虽多何益！此地办米极难，罗掘将罄，今忽来此多营，军食愈形支绌。且各营已移出民居，无帐棚者俱建草屋。黄廷金请张告示，招民回耕，诸事办有头绪，闾阎亦渐安谧。兹周炳林等仓卒蜂至，势必仍住民房，是旬日严禁之功，废于一旦。景崧孤军，前敌警报频来，岂不欲将卒多多益善？实有留之不如不留者，不敢不据实直陈。祈即语黄军门，速速调回原所为要。

三月十一日

连日赴观音桥查看营垒，颇有规模。给黄廷金告示，招民回耕，派总兵徐章发巡查街市。

三月十二日

闻署湖南退抚潘琴帅奉命办广西关外军务。恭阅二月二十一日上谕：

现在广西防务紧要，着潘鼎新克期起程，驰赴广西，俟到该省后即速知照张树声，由该督电报奏闻，听候谕旨，湖南巡抚着庞际云暂行护理。将此六百里谕令知之。钦此。

潘琴帅旋报三月十五日由湖南起程。

三月十四日

接渊亭自太原来信，谓"从此隔绝，再见不知何日"，语甚凄切。旋回兴化。岑彦帅因北宁、太原相继沦陷，兴化孤立无粮，遂拔全军退守文盘一带。刘团归保胜。廷旨责未请命遽行退师，敕部议处。

法兵退出太原，赵沃报克复，法旋仍据之。

三月十五日

坐营进扎巴坛岭，在长庆府前二十里，去观音桥十里。

晓帅来书，有令黄军门仍赴屯梅归并各营之语。复书曰：

奉到谕函，并桂军新章一本，敬悉以黄军门仍赴屯梅归并各军等因。窃于归并一事，再四思维，颇属不易，而前敌各营尤关紧要，诚恐一动或至惊惶。但不亟为归并，而各营不敢领饷，勇丁啧有怨言。查正、二两月饷项俱未奉发，甚有上年冬、腊未领到者，营官难于支撑。又窃闻士卒之言，疑已停饷，设遇战事，必不齐心。现正、二两月之饷，黄军门已领来龙，可否即照目前点验清册，按数先给？抑或权提数成，俾各营官先行散放以固众志，后再核算实数补清？景崧一月以来，忝受乱军之任，从未见一两饷银，殊无以对士卒。用敢迫切上陈。至归并之法，请令黄军门择定可留之营，一面饬其遵照新章开招补数，一面将后路可撤之营给饷裁撤，则所招者即是所撤之人，无异归并，亦不至流而为匪。营哨官有可用者，再为酌留。若显然以两营并为一营，气谊必难浃洽，物理、人情如是如是，此等处固不可专以威令行也。伏候钧裁。

又书曰：

裁并一事，顷已肃复。而军中弁勇情形，有不得不再沥陈者。北宁失后，各军因点名查数，故正、二月饷项俱未奉发，甚有冬、腊犹未领者，有甫领未发弃于北宁者。勇丁百日不见饷即有违言。去一营官犹群起遮留，索取经手未给之饷，而新接营官，又往往不管旧欠，以致勇丁愈疑旧饷之无着。田福志在山西，于各营挑取奋勇，而勇丁离其旧主，必索清旧饷而后肯行，以致两月不能成军。韦和炳本系新副营哨官，今代理韦和礼之营，而原哨遂聚而索饷。应、良、润、岳四营改派连美督带，即向党敏宣索问旧饷。经黄军门与崧极力担承，数日而后就范，犹闻时有烦言。在平日无事时，营官新旧替接，原有调停，不过迟以时日。今敌氛伊迩，倘正在交替之际，警报忽来，勇丁不知旧饷问谁，心必不固，恐偾事机。夫在上者操去取之权，岂能因此而姑容劣弁？而在下有此种情弊，当兹万分紧迫之际，不得不曲体军情，妥筹善术。愚见当于营官中默度其某某应撤者，先将经手饷项查清该营实发至何日止，是否未领，抑或领而未发，或发而未足，必使其撤手可行，则一动如扫落叶，无虑跋前疐后。盖军旅本长枪大戟，实则细针密缕，凡统帅为将领计，为勇丁计，必切切焉如家人父子，筹画备至，毋使稍有疑难而后可责其用命。事关前敌，不惮琐陈。

三月十六日

率亲兵队在巴坛岭端建立营房。岭势雄峻，可观四面，以便照料前敌也。上晓帅书曰：

昨日已移坐营驻巴坛岭，距观音桥十里，以便就近督修濠垒，一旦有警，万不使诸军退过巴坛一步；前敌倘或失事，则巴坛之下即是此身葬骨之区！祈将后路屯梅各营严饬王提督加意扼守。今日绥南布置颇有规模，虽未见其人临阵何如，而扎营尚系老手。人有微长，断不敢没。

奉发赏格十纸，内斩教匪一条，似当注明以临阵斩获为凭，阵后献级不赏，无故往村中捕获虽有习教实据亦不赏。盖防弁勇妄杀越民，冒称教匪请赏，故以临阵为凭。至教民诛不胜诛，不出拒我，即可宽其生路，免招困兽之斗，而蹈驱爵之讥。伏冀采纳。

三月十七日

闻黄军门于十五日夜半服毒，十六日午刻卒于谅山。服毒之夕，手书致余，家人递到，拆视曰："弟与兄台交际似有天缘，以后之事诸祈照拂。至于饷银数目，自能算得明白，不必罣怀。"寥寥数语，不胜凄愕。

请缨客曰：卉亭虽短于将才，而读书知大义，待士有恩。承关外防营积弊之后，值中国徘徊和战之时，又为赵沃挟徐中丞之势，事事掣肘，以至布置不能尽如己意。失地罪无可逭，而其心未尝不以负国恩负知己为大愧恨也。

北宁之失也，诸将跽请得以不死。及抵长庆，尝称"淮人必唾骂我，我将死"。余婉慰之。洎回谅山，意稍稍解，拟本月十七日仍赴屯梅整军，十五日遍辞僚友。是日，张振轩制府适有书来，责其丧师失律，为淮人羞。军门焚其书，不以示人。及夕三鼓，手写家书，遂服洋药就卧。时赵沃在谅山同寓，家人惊唤赵沃。赵沃曰："军门约我死，我写家书不能死，军门志在必死也，虽救无益。"左右以汤进，卉亭慷慨拒曰："吾岂可再活人世哉！"十六日午刻卒。

余与卉亭初交而情最厚，虽因拨营小有不合，而未尝见于词色；亦由于左右之趋承谗忌，而吾两人固无芥蒂也。临终诀别之书，从容简当，亦可谓天良不泯，视死如归者矣。惜之！痛之！晓帅奏称，"黄桂兰伤发病卒"，余亟致书其族叔黄玉贤曰："军门一死足以感动中外，不独为大局起见，且为鼓励后来之将士起见。使将士知专阃元戎败犹必死，何况其下焉者乎？其关系诚非浅鲜，乃昨闻中丞入告之辞，谓系伤发身故，不禁骇异。夫服毒自尽，其中有委曲深意存焉，死虽稍迟，而军门尚有足重者。在今曰伤发身故，是伤不发即不死矣。耿耿苦衷，莫之能白，其何能瞑目于地下乎？若曰自尽，则近于畏罪，而问罪之旨犹未下也。总之，军门之死由于愧耻，而羞恶之心即忠义之本，实非畏罪而戕生也。兄台当日想必在侧，何以不据实报呈？即曰中丞之意，执事亦当力争。若奏疏尚未拜发，尚望率贵族人及所部将备力恳中丞，据实奏报，以慰幽灵而存公论。"书入关，而奏已发。

后都中有言军门死事者，敕下潘中丞察奏。中丞据实直陈，语甚允当。

余挽以联云："公岂无雄心，试看洒血军前，伤亡将士；臣自有死地，不肯遗尸贼手，亏损朝廷。"

三月十八日

晓帅檄以陈得贵、窦奇勋拨隶于我，而撤周炳林、叶逢春、贾文贵、张金泰、陈世华，各营官勇俱销。余再请留陈世华半营。

闻敌将攻观音桥，军适缺粮，四处搜罗，殊不济事；后路有粮，又无夫运，焦急万分。晓帅于点验各军后，扣饷太甚，众论哗然。亟上晓帅书曰：

昨日各营接奉钧札，一时不免彷徨。谓出差实不止十名，抬一伤者少需四人，领饷亦需十馀人或二十人不等。至于无号衣者，李极光则称由冯兆金交来实不足数，而各营亦谓勇丁在营，常脱号衣，北宁陷后，仓皇出走，间有遗亡。札示出差仅准十人，无号衣者概扣，固不敢不遵，而实难垫给等语。当经面加责备，继以开导，诸将尚面无违辞，而退后不无异议。人心惶惑，日夕嚣然，而勇丁亦疑有给饷有不给饷者，顿生懈志。此前敌实在情形，有关大局，不得不飞请台辕从宽办理。

昨传黄军门恶耗，前敌各营多有经手未清之款，愈觉张皇。总之，寇在咫尺，诸军残破，首以镇定人心为要义。故崧屡言前敌归并甚难，盖势位去留之际，贤者亦不免动心，何况无识之武夫、走卒？平日原可我行我法，而处此危局，实有不能不委曲行权者矣。伏乞察纳，妥酌施行。

是日，告示各营文附录：

为严切晓谕事。

照得越南多难，二十年来皆我粤西戍卒次第剿除。法酋安邺肆虐越南，刘永福一战斩之，法人乃就和议。近年复逞志于河内、南定等省。维时法寇一败于纸桥，再败于怀德，三败于丹凤，折将百馀员，损兵数千众。四海九州共见共闻。惟山西不幸沦陷，而论者皆知为兵单无救之故，固未尝不血战三昼夜而后去也。刘永福所部皆两广之人也，自中外交涉以来，尚未闻他省之师与岛夷接过一仗，而挫西人自刘军始，谁谓粤军皆不能战耶？乃自北宁失后，辄归咎于我粤军概不中用，诟病难堪。本营务处籍隶广西，粤军将士皆我乡人，闻之殊深扼腕！合行严切出示晓谕。为此晓谕粤军将士人等知悉：本营务处万里请缨，不惮艰险，所期我两粤将备及从征子弟，戮力同心，复仇雪耻，幸勿再为人笑，谓我粤军不能打仗，则本营务处虽捐糜顶踵，亦愿与诸将同甘苦而共死生，设负此誓，明神殛之！其各懔遵，共图奋举，切切毋违。特示。

三月十九日

上晓帅书曰：

黄廷金自赴屯牙后，尚无信至，谢现亦往屯牙。查谢现亦颇多事，凡营勇、游勇眷属在乡，伊皆一一搜出，以致冤雠愈结，恐将来彼此残杀不止。屯牙左右，游勇出没无常，谢现皆欲得而甘心，而力又不逮，徒惹祸乱。黄廷金犹知分寸，此人当无可虞也。

又书曰：

本日接奉钧札，专以陈得贵、李应章、黄云高、窦奇勋四营归景崧节制调遣，并准补足原额。感激鼓舞，人心为之一定。惟札饬内开迅将伤亡缺额克日归并足数，听候点验等因。所谓归并者，是否以他营之勇丁补该营之缺额？抑令该四营自行添招以足原数？伏候明示遵行。

再四营补足原额，有人则当有械。外省军装未到，应即取用于裁撤之营，请留快枪三百杆以资备用。

黄廷金率小队在屯牙，昼出晚归，敌人无甚动静。闻有土匪在新省夺获法人银两十馀箱，黄廷金欲招之，以其非教民且能与法战也。此等事由伊作主，谅能妥贴。

三月二十日

在巴坛岭，夜立营门俯视诸军，旗鼓整肃。窃念一月以来，独撑危局，幸获无恙。晓帅虽政令纷更，而于余言听计从，故得稍稍展布。今者新来督帅，必别有一番位置，不如早自卸肩，遂上晓帅书曰：

景崧以一介儒生，谬蒙知遇，奏留边营，一载相依，愧无报称。前值乱军之际，不敢不勉效驰驱者，亦念士为知己者用之义云尔。窃闻新简督师，时局又将一变。自顾庸才，无能为役，侧身四顾，百感交萦，旬日以来，忽忽若失。意欲请给病假入关就医，退辞营务。

如节厘仍开府敝乡,则相随回籍读书,尚在骈襁之下,倚赖方长;不然则乞附奏,仍归滇省当差,以为退步。然几经金戈铁马、瘴雨蛮烟,吊僚友之死亡,感盛衰之异致,万里来兹,如作一场春梦,业已无志前程。本不愿远道奔驰,再游宦海,惟已打扮登场,未睹如何结局,终不免热血难消。而二者兼权,究以先行请假为是。如蒙曰可,再谨具公牍上陈。前敌营务祈即派员接办,俾得及早抽身,不胜彷徨待命之至。

晓帅覆书慰藉备至,谓稍迟再度情形。

三月二十一日

三上晓帅书:

昨夕三鼓,接奉谕函,至以军粮上厪系念。现各营就近采买,或领于屯梅及五台。惟此间米本无多,已食一月,势将告竭。采之他处,则负运艰难。今承示议定运脚,事或可行;但脚费不扣饷,方能行耳。当即传知各营,先赴谅山请领米银二百两。

至前次颁来告示,因各营文案俱不肯冒险在此,武将不解文义,往往误会。凡有禀复,皆系崧代各营拟稿,而崧处亦无文士肯来,函牍均手自办理。昨将钧示宣解明白,众始释然。拨隶四营如何补足原额,前请示去后,旋奉裁撤周、叶、张、贾之文,则是裁者自裁,补者自补,即暗为归并之意。但勇丁未领旧饷,多不肯离本营而遽入他营,事极掣肘。陈世华半营实不可撤。贾营欠饷太多,冬、腊犹未领到,今闻撤销,群起索饷,未便仍留前敌,恐致惶乱,饬其拔退谅山,再缴军装,核清欠饷,以便遣撤。

又书曰:

顷据守备何荣春密禀,与黄廷金同往屯牙,探得郎甲一带,日内常有番人二三十人小住旋去。在郎甲制面包,已满两屋,闻将攻屯梅。而教匪有称"淋疯头"者,谓观音桥至屯梅山多树密,濠垒回环,势难进攻,不如由船头取谷松为便。不知确否。但既在郎甲制办军食,又似攻打正路,或并谷松两路而来欤?

观音桥新得锄铲五十具,赶造地营,克日可成。一面飞檄党敏宣加意严防。

顷接函称,新左、新后、新中、锐字、忠字等营,均已开办长濠,并于濠外再开地营,祈再饬下党敏宣认真办理。崧处远隔重山,势难兼顾,明日即派员往勘情形。

贾文贵之营,昨饬其将快枪逼码缴留前敌备用,即速拔队赴谅候撤,告知饷项自有着落。兹闻贾文贵已独赴谅,诚恐一朝有警,该营乃待销之勇,在此必是一走,岂不牵动他营。祈饬贾文贵星夜驰回,带队赴谅候饷散勇。连美昨亦赴谅,并请饬回。

前敌诸营,如陈、李、黄、窦拨隶已定,军心渐安。惟连美时有更动之信,该四营弁勇亦疑不知究属何人。窃以为吃紧之秋,艰险之地,用人宜专,而节取其所长,若偏听后路安坐之谈,必堕前敌奋勇之气。连美能早储谷数万斤,不至皇皇觅食,即为他人所不能,固不必问原募者何人、原辖者何人。此皆小人巧思攘夺,军事无此办法也。总以得力为主,以定人心为主。

此间米粮日少,甚至食粥。窦营昨觅米坑排,亦不能得。五台米本无多,而往运千斤,辄用二十人,不过两日之食。寇信甚紧,勇丁又不敢远离屯梅,则时有时无,半负空囊而返。今惟赶紧搜罗,并饬各营先领米银,以备采买。

又书曰:

顷奉本日辰刻手谕,敬悉壹是。所有裁撤一事,向不敢稍露风声,凡在前敌者皆稳其心,告知虽大帅见责,亦必一力担承,所以望其勤修守具也。惟昨贾文贵已奉裁撤明文，则是掩无可掩。来示谓撤营之事虽有公牍，而此时则未便即撤，窃疑而未解。夫公牍显言裁撤，则当办裁撤之事。若曰虽撤而并非不用，则慰藉之虚辞，不如裁撤之公文信而有征，不待言矣。然则究撤与否，祈速明示，以定从违。寇远不及百里，岂可令欲散不散之军，彷徨要地？敌至责其死乎？听其逃乎？紧要关头，千祈垂察。

三月二十四日

连日大雨，溪涧涨发，各军断粮，焦切万状。上晓帅书曰：

昨奉手谕一件，另函二件，均读悉。陈世华半营仰荷准留，贾文贵尚未回营，其勇非不可用，已慰谕之，再酌办理。

前敌需米甚殷，左右乡村罗掘已空，连日又大雨，山溪涨发，深至一丈，有不能搭桥者，有旧桥冲去者路不能行，无法向远处觅采，即至五台领米亦为水阻折回。且以闻警严备，不敢多派勇出。雨后修整濠垒，亦正需人，如驮马能径送巴坛岭甚善，否则祈饬送屯梅粮局接收。若仅至五台，则委员难遣其前运，驮夫甚倔强也。

天霁即往谷松，并闻。

三月二十五日

周竹卿自龙州来营。上晓帅书曰：

顷奉札谕各件，均敬悉。各营归并本属难事，自以另募足额为是。总之，凭大帅权衡，桂军当用若干营，每营议定若干勇，如是而已矣。其如何补足原额，不必问其所从来，最为简当易行。

贾文贵回营，称奉面饬，照常办事；惟昨奉谕函，有由崧处另派营官之语。窃思目前实无惬心之将，与其更新，未必与勇丁浃洽，不如用旧，勉励将来。但用人不用则已，既用则宜使其安心，方能责其任事。祈勿倏留倏撤，无所遵循。

三月二十六日

与竹卿往看观音桥濠垒。竹卿义虽高，而格于时事不能行，并劝余不宜驻此危局。岂知余固苦心孤诣而为之者欤！赠百金，旋龙州。

家人聂升回京，老张去岁已死山西。

三月二十七、八、九等日

往观音桥查造地营，与将士谈战守之策，情谊日亲。

四月初五、初六等日

迭与晓帅商用黄廷金事。余之欲用越中豪杰也，意与众殊，非仅望其纠集越民能打仗也，望其能自立为南交别开境界耳。始欲用刘渊亭而不行，继欲用梁俊秀而亦无用，至是欲用黄廷金，奈大人先生往往循涂守辙，不能破格作非常之事。晓帅给黄廷金关防文曰"襄赞越南军务统带义勇关防"，仍归谅山巡抚吕春葳节制，是仅以一营官视之而已，乌能助其飙举哉？

四月初七日

晓帅醉笔书来，谈及时事，欲拚一死，殊可嗟叹。

四月初八日

晓帅至五台。

初九日

至长庆府，余往谒。

初十日

晓帅历览公馆、巴坛岭、观音桥营垒，即日回长庆府驻绥南营中。余随往见，留饮，座有黄廷金。晓帅闻铜号声曰："此商声也，闻之心悲。"形容惨恻，军事不甚谈。畅饮，慰余甚至，曰："早知足下如此，惜当日不在我前，为黄、赵所误，不然事不至此！"余面请给病假，并恳具奏。

四月初十日

晓帅旋谅山,路过五台。把总石中玉请谒,痛数北宁防营之误。晓帅曰:"汝胡不早言?"石曰:"吾请见,而左右狐狗阻拦不得见。"是夕,石寓晓帅行馆侧,大骂晓帅左右弄权蒙蔽,至五鼓不已。晓帅从容呼曰:"石中玉怒气何太盛耶?休矣,吾知之矣。"

四月十一日

具公牍请给病假入关。晓帅批回:"该员久在军营,料理前敌,因劳致疾,自是实情。本应俯如所请,藉资调养;惟现值事机吃紧,一时难得替人综理前敌一应营务,仰仍安心在营调理,俟军务稍松,派员接办,再为给假入关。该员抱负长才,素怀壮志,知必不肯置大局于不顾也。幸谅苦心,是为至盼!"

四月十六日

闻潘中丞已调任广西巡抚,定本月二十六日在贵县接印,促晓帅派员赍送巡抚关防入关。晓帅乃以营务处关防代印。

余往谅山面商军事,是日住五台,与芷庵夜谈。

四月十七日

抵谅山,谒晓帅,知已奉革职逮问之旨,黄桂兰、赵沃罪同。后因黄故,赵沃交潘中丞察讯。有旨,以王德榜署广西提督,并接统左右两路军。王辞不拜命。同时追论云南唐中丞之罪,亦有旨革职逮问。又闻军机王大臣自恭亲王以次俱敕退枢垣,新入者为礼亲王世铎、尚书额勒和布、阎敬铭、张之万、侍郎孙毓汶,大事请示于醇邸。朝局一变矣。

余前三日启晓帅,请探得法人在北宁不甚设备,可挑精锐走僻径先袭新省。该处有山可据,有粮可食,距北宁城仅七十里,可就近图之。再以楚军出扎船头,进规三江口,两面夹攻,北宁易复。晓帅韪其计,而以交替在即,不思再举。方棣生观察亟欲行之,约明日同往南关会商于王方伯。

请缨客曰:论徐公罪者,在失北宁;论唐公罪者,在撤山西之防也。然山西即不撤防,恐亦难保不失;及其陷也,滇军何尝不在其中耶?总之,用刘既不得法,而当日防营又未能精整,战事且落人后,岂有不败?后之办防务者,宜援此次狃于不战以为戒,亦不必遽夸炮台、铁舰之雄,止求陆军真能打仗,西人即无如我何。倘我能做到者尚无把握,我之不能做到者务博求高,恐未必有济也。

四月十八日
往南关晤王方伯,留便饭,同往谅山。

四月十九日
会王方伯于方观察营中。棣生商余往规北宁之计。朗青言且稳扎,俟潘琴帅到关再议,即日回。五台、屯梅一带,瘟疫甚厉,死亡满道。

二十日
回巴坛岭,闻十八夜有虎入营,在月下巡营一过,并未伤人,爪迹径圆七寸。

四月二十一日
各营官来见。营官李定胜伤愈来见,本带窦奇勋之营也。尚国瑞告假入关。

四月二十二日
黄廷金报获奸细教匪四名,诛之。

黑旗哨长曾、黄二姓带队百馀人来至屯牙。是时久不得云南消息,详询情形,知渊亭在保胜,黄守忠在河阳。

四月二十五日

游击谈敬德带克字营扎观音桥,陈得贵营调赴谅山。是夕体觉不适。

四月二十六日

至观音桥,与李应章、谈敬德议扎营事。午刻回营,马上热极,体愈不适。王子钧来见。

四月二十七日

闻潘琴帅抵龙州。余起程入关,至王子钧营小坐,午饭即行。大风,二鼓至五台,宿芷庵寓所。体极不适,两腿掣筋痛甚,竟夜不卧。

四月二十八、二十九日

疾甚不能行,又无医药,苦甚。

五月初一日

疾甚,强起入关就医。

初二日

抵谅山,寓民舍,甚狭,足痛不能坐卧,心热如焚,狂行屋中,谅抚吕春葳赠肉桂,服之不效。

是夕,陈得贵、党敏宣遵旨正法于谅市。

五月初三日

抵文渊,寓药店。大雨。疾甚,身热足痛,坐卧不得,以盂接雨吸之,呻吟竟夕不成寐。

五月初四日

入镇南关,抵凭祥。琴石来迎。疾甚,服熊胆,热稍减,就寐半夕。

五月初五日

抵龙州。周竹卿偕梧州李杏农观察来见。疾甚,不能卧。

五月初六日

强起谒潘琴帅,略问边事,余即称病请假调理,琴帅允之。移寓对门梁宅。竹卿荐佛山李友泉来视疾,琴帅营务处李兰生名必昌、龙州同知蔡仲岐名希邠、晓帅幕友华小览名本松,均来见。小览能诗,有稿,昔游广州,尝晤于倪云癯野水闲鸥馆,曾寄题《万里请缨图》七古一章,惜弃关外。

五月初七日

以后日服李友泉方药。竹卿早来晚归。晓帅起程,由省赴京。琴帅于十六日赴谅山,回驻关内之幕府。闻法使在天津复申和议。阅李傅相奏疏及中法简明条约五条。录后:

简明条约五条

奏为遵旨筹办法越交涉与法人讲解议定简明条约画押竣事恭折仰祈圣鉴事。

窃臣钦奉十年四月初十日上谕,目前最要者约有数端,越南世修职贡,为我藩属,断不能因与法人立约,致更成宪。必与之切实辨明,通商一节,若在越南地面互市,尚无不可;如深入云南内地处处通行,将来流弊必多,亟应预为杜绝。刘永福黑旗一军屡挫法兵,为彼所深恨,蓄志驱除,自在意中,岂可遂其所欲?此次法人侵占越南,衅自彼开,我无失和之意,若再索偿兵费,不特情理所必无,亦与各国公法显背。以上各节,均与大局极有关系。李鸿章膺此重任,宜如何竭力图维,预筹辩论等因。钦此。仰蒙圣明指授机宜,训戒精切,感悚莫名。又钦奉四月十四日谕旨,钞示廷臣议覆各折,令臣迅速覆奏等因。法国水师总兵福禄诺到津,于十二日来见,所有辩论各节及商订简明条款,臣因缮折覆陈,不及先详细函致总理各国事务衙门,请其恭代进呈御览。十五夜接准该衙门电称,奉旨详加披阅,均尚无伤国体,事可允行,该大臣即照所拟办理。嗣后详细条目,务当悉心筹画,毋滋流弊。钦此。先是,福禄诺与臣议订条款,即电请该国外部示遵。十五日午刻,该总兵接其外部大臣费理是日辰时覆电云,奉国旨予汝全权,无须提督利士比来津,汝即与李大臣押定等语。彼以条款已就,无可改易,叠催画押定议。适臣亦钦奉电旨,准照所拟办理。复将原议五条逐加讨论,酌改前后款式并按照洋文约款内字句有略宜增损之处,与福禄诺详确核定,缮写成帙,遂于十七日申时齐集臣行馆校对中法文义无讹,公同画押盖印,各执一本为据。谨将约本封送军机处备查,仍照录清折恭呈鉴核。窃维法越之事自光绪七年以后,曾纪泽与法外部沙美拉古、费理等总理衙门暨臣与法使宝海、脱利古等往复辩论,案卷盈帙,均无成议,愈变愈坏。迨山西北宁失陷,法焰大张,越南臣民望风降顺,事势已无可为,和局几不能保。兹幸圣朝德威远被,由法人自请讲解,其始愿望未尝不奢,要求未尝不力,经臣反复辩析,迎机劝导,彼亦渐就范围。如谕旨所云职贡一节,今约内第四款法国约明,现与越南议改条约,决不插入伤碍中国威望体面字样,并将以前与越南所立各约关涉东京者尽行销废。盖因臣指明法越甲戌约内不论何国皆无统属,去年新约有大清国不得预及南国之政等语,显与中国属藩体制有碍,必须删改。据福禄诺面称,已电告外部,令现往越南改约之巴德诺照议删除。彼虽不明,认为我属邦但无此等违悖语意,越王岂敢藉词背衅耶?又谕旨所云通商一节,今约内第三款许以毗连北圻边界法越与内地货物听凭运销,并约明日后另遣使臣议定详细商约税则,其云北圻边界,必不准深入云南内地明矣。查向来红江上游中外商人运销货物出入滇境往来不绝,本未苛禁,将来互市,自可在北圻边界择要设关收税,妥立章程,似觉无甚流弊。又谕旨所云兵费宜拒一节，该国上下处心积虑，本欲讹索兵费六百万磅，即各国新报私议皆为是言。臣豫属税务司德璀琳、道员马建忠等多方开导，复当面严词厉色，力与驳斥，今约内载明情愿不向中国索偿，尚属恭顺得体，足以风示各国。中国许以北圻边界运销货物，为有益法国商务，俾该外部得有词以谢议绅，亦为中法和好互让之据。至刘永福黑旗一军，从前乘法兵单寡之时屡殪法将，法人恨之切齿，必欲报复。上年曾纪泽迭与该外部商论，由中国设法解散约束，而法廷添兵攻取，意不稍回。去冬克山西，黑旗精锐伤亡甚多，已受大创。今春刘永福募四千人援北宁，亦不战而溃，其御大敌何怯也。华人专采虚声，佥欲倚以制法，法人固深知其无能为役。此时福禄诺绝未提及，我自不便深论，将来该国另派使臣，若议及此，当由岑毓英、潘鼎新酌定安置之法。惟目下和议已成，法人必无翻覆，法兵必渐减撤，滇桂边防各军亦宜及早切实整练。凡不得力之勇营应逐渐裁遣，汰无用而留有用。刘永福所部冗杂骚扰，与越民为仇，实为边境后患，拟请旨密饬云南、广西督抚臣严明约束，酌加减汰，豫筹安置妥策，俾无生事滋扰，则保全者多矣。据福禄诺云，此约将欲消释中法将开之衅端，为救急止兵起见，其馀详细节目，应俟该国另派大臣前来会商该外部。初次电覆此约应由议院批准。本日续电又云：押定条款无须议院覆核，福禄诺均经呈阅，是两国既皆定议，以后商界事宜尽可从容筹度，此皆由皇太后、皇上宵旰焦劳，怀柔大度，于以感召远人，效忠孚信，前后在事诸王大臣等和衷匡弼，赞襄大计，得以定艰危于俄顷，使数年来法越龃龉不定之议得一结束之方，从此保境息民，练兵简器，徐图自强，天下幸甚。微臣躬亲是役，懔懔焉若朽索之驭六马，迭经局外责望，圣谕提撕，惟以不克称塞明诏是惧。今虽妥速成议，非初料所能及。其有思虑所不到、力量所不及之处,尚祈曲鉴愚诚,勿为浮议所惑,庶法越之事由此而定,中外邦交从此益固矣。所有遵旨讲解议定简明条约画押竣事各缘由,谨缮折由驿六百里驰奏,仰慰圣怀,伏乞皇太后、皇上圣览训示施行。谨奏。

中法简明条约

兹际人心摇惑,事故纷纭,大清国大皇帝、大法民主国切愿两国彼此相安,永敦和好,因即议立简明条款,以为日后再立详细条约张本。

大清国大皇帝特派钦差全权大臣、太子太傅、前文华殿大学士、署直隶总督、北洋通商大臣、一等肃毅伯李,大法民主国特派钦差全权大臣、哇尔大前锋师舰水师总兵、佩带威显宝星福,彼此将所有全权字样较阅,妥善议定,条款胪列于后。

第一款

中国南界毗连北圻,法国约明,无论遇何机会并或有他人侵犯情事,均应保全助护。

第二款

中国南界既经法国与以实在凭据,不虞有侵占滋扰之事,中国约明,将所驻北圻各防营即行调回边界,并于法越所有已定与未定各条约均置不理。

第三款

法国既感中国和商之意,并敬李大臣力顾大局之诚,情愿不向中国索偿赔费,中国亦宜许以毗连越南北圻之边界所有法越与内地货物听凭运销,并约明日后遣其使臣议定详细商约税则,务须格外和衷,期于法国商务极为有益。

第四款

法国约明,现与越南议改条约之内,决不插入伤碍中国威望体面字样,并将以前与越南所立各条约关涉东京者尽行销废。

第五款

此约既经彼此签押,两国即派全权大臣限三月后悉照以上所定各节会议详细条款,再此约缮写中法文各两分,在天津签押盖印,各执一分为据。应按公法通例,以法文为正。

光绪十年四月十七日

西历一千八百八十四年五月十一日

大清国全权大臣李　押

大法国全权大臣福　押

五月二十六日后

病略平,犹日服药,困恋床蓐。竹卿、友泉回乡。时关外前敌营务,琴帅派提督万重暄代办,左右两军纷纷撤散,欠饷多不给清,前敌统领一月七换。琴帅带来将领,则有提督苏元春子熙、杨玉科云阶为最著者,馀不悉记。所带兵勇,则有湖南抚标及续调淮军多营。余亲兵二百人为参将熊得胜管带,犹驻巴坛岭。

本月二十四日有旨,津约议定,三月后撤兵。琴帅因和议已成,故于军事不甚措意,盖至是而中外兵氛若有结束焉。

卷　五

闰五月初一、初二等日

桂军战法人于观音桥,大胜之。时和议已成,法人欲巡视谅山,五月二十九日,带队抵观音桥。琴帅饬前敌不可拒杀。黄玉贤接统前敌各营,隔桥与法酋语,止勿入谅。法酋语无状,各军忍怒半日,至是彼此开枪。初一日,阵斩法兵数十人,生擒数人,夺获辎重甚夥。初二日,法兵再败,斩其四十馀人,生擒一人,夺获马匹、器械极多。我军最出力者,则黄云高、李应章、陈世华也。同时督队则有王子钧,助运军火则有余亲兵管带熊得胜。诸军因军火不济,且畏碍和局,不敢穷追。北宁失后,粤军负无用名,至是琴帅始给饷,得不裁撤。

请缨客曰:余入越以来,愧无补救;虽激劝刘团屡捷,不敢自以为功也。惟北宁陷后,全军败溃,谅山震惊,以楚、粤新来生力军,尚不肯居前敌。余以赤手受任于乱军之际,无饷、无粮、无战守具,出万死不顾一生之计,殚力支持,联络士心,搘拄危局,寇在百里,而两月有馀,幸不敢犯前敌。此一捷也,未尝非数十旬鼓舞抚循之所致。而当时因病未在行间,后来者其到防所不过旬日,乃侈然各据以为功,不亦异乎!

闰五月初四、初五日

前敌黄、李、陈诸营,迭驰书请军火、请粮。是时前敌有万提督、方观察照料,黄副将玉贤为统领,而诸军犹远吁旧主,不能恝然,乃函商于营务处。据李兰生复称,龙州有粮弹,惟雇夫运费必请命大帅而后敢行,属自为请。余亟启琴帅,乃批称"多事!"两请不允。

闰五月初十日

慨然有归田之志,牍陈琴帅请给病假,并请撤销亲兵营,截至本月十五日止,允之。亲兵两月欠饷,幸蒙全给,他营所未有也。办公薪水亦停。于是差官、亲兵、仆从一概裁遣,左右萧然,仍还我书生面目。养病移居江西会馆。芷庵亦因病入关,同寓。山东庞宜甫自京来。

(四)〔闰五〕月十五日

念余系奏请留营之员,今将告归,应请琴帅附奏。琴帅批回:"病愈仍可销差趋公。"而余已不思再出。

闰五月十五日以后

病体略平,而头昏耳鸣,身热不止,筋骨痛楚,强扶而行,不断服药,继变为痢,犹是恹恹一息人也。囊金不及千两,拟俟琴帅入奏,即归桂林。

六月(1)

病渐愈,能强起坐。蔡仲岐诊脉,谓体大虚,宜服补剂,乃停攻伐之品,改用参耆。发箧陈书,消遣长夏,并检阅汉魏六朝碑拓,顿觉古香古色,心旷神怡。至是病七八十日,渐进饮食,尚畏风不出门闳,日坐室中,觅厨下佳味,食客满堂,变笑宴饮,则有俸祝卿、易岱峰、唐芷庵、郁聘之、萧琴石、庞宜甫也。

山西巡抚张香涛中丞调任两广总督,张振帅仍留办海防。香帅为仲弟景崇师,入都造宅,殷勤问余,有奏调意。余乃致书陈养疴状。

六月(2)

法人以观音桥之战,索中国偿费,廷旨不允。闻前直隶提督一等男刘省三军门加巡抚衔督办台湾防务,台湾镇道以下各官均归节制,闰五月二十四日旨也。本月十五日,法攻基隆炮台,省帅击却之。奉懿旨赏内帑银三千两,奖励将士。又闻旨以内阁学士陈宝琛会办南洋事务,通政使吴大澂会办北洋事务,侍讲学士张佩纶会办福建海疆事务。

琴帅旋龙州,余缴销前敌营务关防。

七月初一日

谒琴帅,劝销假办事,谓请病恐朝廷见疑。邀办章奏,以学荒辞。

七月初二日

接张香帅来书曰:

比年来请缨绝域,间关瘴海,既佩忠壮,亦稔忧劳,曷胜驰仰!顷披惠书,具悉入关乞假,汔可小休,为慰。弟迂钝不才,猝忝边寄,甫经受事,即值海警纷纭,渴望海内高贤,以启愚陋。阁下夙有伟抱,身在行间,前托令弟代致拳拳,即请直来广州,俾承雅教,幸甚。六月二十日。

七月初三日

香帅电龙州电局,询余在何处,并云已派官轮在梧州候接。拟三日内起程。琴帅来谈良久,云赠盘费百金。时方棣生与琴帅龃龉,撤销威远军。香帅议以该军枪炮运济刘团,继拟以我接统此军。

初四日来电:

阁下既能率军助刘图越,请募四营,当将方军军火、军装全数奉赠,内有开花、田鸡等炮十五尊,甚佳。此项军火,本拟送刘,今改为助刘饷二万,阁下带去。贵军饷,东省供,饷照东章;贵饷、刘饷迅即饬解。请妥筹,如能速进,即不必来东;如必须来东面议机宜,且整队候饷,不能即行,请一面选定营哨部署训练约会永福,一面迅速东来,务望即日电复,以便入奏。

余旋电复,不往东,一月成军出关。

七月初四日

香帅电奏:

牵敌以战越为上策,图越以用刘为实济。兹奉旨筹牵制之策,粤军应有奇兵一枝,惟钦、廉非进兵之路。查主事唐景崧与刘永福相得,久在越地前敌,熟悉地势军情,乞假在龙州。现闻病愈,洞已电致唐,令速募四营出关与刘会合掎角,一面赶筹饷项、军火济之,饷械到即可进兵;并助永福饷二万,交唐带往,传述天恩,激励力战。此枝似较生将生兵为便。请代奏。之洞肃。支。

七月初八日

香帅电琴帅:

总署七月初六日来电,本日奉旨:据张之洞电称,牵敌以图越为上策,现令唐景崧募勇出关,与刘永福合力掎角,赶筹饷项、军火,所办甚是。前有旨,令云、桂两军进发,本日有旨,赏刘永福记名提督、赏戴花翎,令将法人侵占地方,力图恢复矣。唐景崧着赏加五品卿衔。即着张之洞传旨,令其激励刘永福,奋勇进剿,饷银、军火仍着妥筹接济,并准于粤海关酌拨饷项。岑毓英、潘鼎新务即督率所部,星驰前进,相机筹办。俟各军率抵前敌,迅速奏闻,再行降旨宣示。张树声即遵前旨,酌带兵勇,驰赴粤西关外,毋庸迟延。现在闽口接战,马厂被焚,所有赴越各军,均当尽力攻剿,宣示国威,各膺懋赏。张之洞即转电潘鼎新,由该抚速咨岑毓英,一体遵照。钦此。即转电潘知照岑等因。洞谨转达。

七月初九日

电报:初三日法轮攻福建马江,我兵船十一号,被毁九号,炮台多毁。初四日,毁我船厂,法轮亦被我击损三艘,伤一巨酋。会办大臣张佩纶退鼓山,船政大臣何如璋避入省,法轮退出长门,为穆将军截击,破其二艘。

是时闽浙总督为何小宋璟,福建巡抚为张友山兆栋,同守省城,会办张幼樵自任守前敌马江,穆将军守长门。初三日,法人甫递战书,旋即开炮。我船扬武先沉,须臾九艘并碎,惟艺新、伏波两轮受损稍轻,亦沉水底。此非地利之不足守也,由先泥于不战之说,纵法轮入口,炮台竟成虚设,兵船又未备敌,仓卒间遂致大挫。战事委曲,侯官张茂才记载甚详,证以人言亦合,而死事者姓名更不可没也。节录于后:

天下滨海诸省,独福州海口奇险天生,当事者苟未雨绸缪,虽铁胁亦难飞渡,何至令人直捣而入哉!

越南之役,中外构衅,识者咸知法必移祸中国。广东筹备严密,而福州独疏;迨张幼樵卿使来闽,始稍整顿。闰五月中,法兵船直抵马江,督抚、卿使共议添勇,而增募粤勇最多。二十四、五、六等日,均有法轮进口。有请照万国公法,兵船入口不得逾两艘,停泊不得逾两礼拜,违者即行开仗。穆将军欲行是说,何制军深恐开衅,不从。因此穆将军出守长门,张卿使亦出驻马尾。扬武管驾游击张成有口才,张卿使喜之,遂劾闽安副将蔡根业,而以成署之,仍令管驾扬武,统带兵船,一切水师听其调度。陆续调回大小轮船十一号,驻泊一处,则扬武、济安、飞云、伏波、福星、振威、艺新、永保、琛航、福胜、建胜是也。

六月十五日,法船在台湾购炭启衅,攻夺基隆炮台,旋被刘省帅夺回。法既先行击我,我即可乘机攻之。彼时法船在马江不过三四艘,若以基隆之役责彼甘为戎首,开炮先击,势必得手。乃坐失此机会。岂以基隆非中国之地耶？非福建所属耶？二何尝严谕水帅不准先行开炮，违者虽胜亦斩；必让敌炮先开，我方还击，以故各管驾不敢妄动。我船所泊地方，皆由张成派定。福州各管驾尝面请于张成，谓我船与法船并在一处，倘法先开炮，恐致全陷，须与蛋船疏密相间，首尾数里，以便救应，万一前船有失，后船亦可接战。而张成不之听。张卿使又受其先入之言，遂谓闽人胆怯，不如粤人，不从各管驾之请。且将战之船，宜早起碇，便于转动。张成身为统带，并此不知，抛锚如故。

　　七月初一日，法通知英、美兵船将战。是晚，英领事飞信督署。初三日辰刻，又确接法人战书，乃不通谕水陆各军知悉。午刻，法果举炮。何船政闻炮先行，张卿使继避于彭田，扬武首被轰击。张成令水手起碇不及，凫水而遁。福星水缸、火药等舱被炮轰毁，管驾陈英与三副王涟同时殒命。振威管驾许寿山与大副梁祖勋立望台督战，被弹轰飞，其死最惨。建胜全船击破，管驾林森林亦死。福胜管驾叶琛左喉受弹，犹忍痛力呼开炮，复中炮仆。管驾十一人，闽人五死其四，伏波、艺新幸免，逃至濂浦。蛋船十九艘尽被击沉。是时官眷纷行，民间遂无固志。城外南台十徙八九，城内十去六七，大局几不可问。

　　初五日，法船二艘冒美旗进口，穆将军察其伪，攻毁其一。

　　初七、初八两日，法攻长门，昼夜不息，我军又毁其一艘。

　　初九日，法六艘拼力突出长门，攻毁金牌而去。

　　海防仅长门一所幸完，其馀皆残破不堪问矣。

　　请缨客曰：闽口之挫，闽人归咎于何制府平日不修武备，而于何船政尤为切齿，致有盗帑通款之谣。于张会办则言其意气自矜，并极诋其败后之状。夫胜败何常之有？岂能以一败遂概其人之生平？

惟事前未能谦抑,事败便授人口实,声名太盛,责备益严,则不能不为丰润惜矣。

七月初六日

决战旨下,恭录于左:

光绪十年七月初六日内阁奉上谕:

越南为我大清封贡之国,二百馀年载在典册,中外咸知。法人狡焉思逞肆其鲸吞,先据南圻各省,旋又进据河内等处,戕其民人,利其土地,夺其赋税。越南君臣闇懦苟安,私与立约,并未奏闻。法固无理,越亦与有罪焉。是以姑与包涵,不加诘问。光绪八年冬间,法使宝海在天津与李鸿章议约三条,正饬总理各国事务衙门会商妥筹。法又撤使翻议,我存宽大,彼益骄贪,越之山西、北宁等省为我军驻扎之地,清查越匪,保护屏藩,与法国绝不相涉。本年二月间,法兵竟来扑犯防营,当经降旨宣示,正拟派兵进取,力为镇抚,忽据该国总兵福禄诺先向中国议和。其时该国因埃及之事岌岌可危,中国明知其势处迫蹙,本可峻词拒绝,而仍示以大度,许其行成,特命李鸿章与议简明条约五款,互相画押。谅山、保胜等军应照议于定约三月后调回,迭经谕饬,各该防军扼扎原处,不准轻动生衅,带兵各官奉令维谨。乃该国不遵定约,忽于闰五月初一、初二等日以巡边为名,在谅山地方直扑防营,先行开炮轰击我军,始与接仗,互有杀伤。法人违背条约,无端开衅,伤我官军,本应以干戈从事,因念订约和好二十馀年,亦不必因此尽弃前盟,仍准总理各国事务衙门与在京法使往返照会,情喻理晓,至再至三。闰五月二十四日,复明降谕旨,照约撤兵,昭示大信,所以保全和局者,实已仁至义尽。如果法人稍知礼义,自当翻然改悔,乃竟始终怙过饰词,狡赖横索无名兵费,恣意要求。辄于六月十五日占据台北基隆山炮台,经刘铭传迎剿获胜,立即击退。本月初三日,何璟等甫接法领事照会开战,而法兵已在马尾先期攻击,伤坏兵商各船,轰毁船厂,虽经官军焚毁法船二只、击坏雷船一只,并阵毙法国兵官,尚未大加惩创。该国专行诡计,反复无常,先启兵端,若再曲予含容,何以伸公论而顺人心?用特揭其无理情节,布告天下,俾晓然于法人有意废约,衅自彼开。各路统兵大臣暨各该督抚整军经武,备御有年。沿海各口如有法国兵轮驶入,着即督率防军合力攻击,悉数驱除。其陆路各军有应行进兵之处,亦即迅速前进。刘永福虽抱忠怀,而越南昧于知人,未加拔擢。该员本系中国之人,即可收为我用,着以提督记名简放,并赏戴花翎,统率所部出奇制胜,将法人侵占越南各城迅图恢复。凡我将士奋勇立功者,破格施恩,并特颁内帑奖赏;退缩贻误者立即军前正法。朝廷于此事审慎权衡,总因动众兴师,难免震惊百姓,故不轻于一发。此次法人背约失信,众怒难平,不得已而用兵,各省团练众志成城,定能同仇敌忾,并着各该督抚督率战守,共建殊勋,同膺懋赏。此事系法人渝盟肇衅,至此外通商各国与中国订约已久,毫无嫌隙,断不可因法人之事有伤和好。着沿海各督抚严饬地方官及各营统领,将各国商民一律保护,即法国官商教民有愿留内地安分守业者,亦当一律保卫。倘有干豫军事等情,察出即照公例惩治。各该督抚即晓谕军民人等知悉,倘有藉端滋扰情事,则是故违昭旨,妄生事端,我忠义兵民必不出此。此等匪徒即着严拿正法,毋稍宽贷,用示朝廷保全大局至意。将此通谕知之。钦此。

七月初九日

派总兵张盛高仰山为前营管带,游击谈敬德克昌为右营管带,参将张金泰锡三为后营管带,自带左营,以文童欧阳萱椿庭为帮带,以外委曹继彬带亲兵小队,以副将魏云胜庆廷管理龙州后路军装局,以唐芷庵总理后路事宜。向琴帅借饷五千两。

七月十五日

琴帅出幕府。先因和议,各军俱撤近关前,兹仍陆续进扎。

七月十六日

四营募成,曰广东景字营,待饷未行。函琴帅借士乃打枪五百杆。恭录本月初九日懿旨:

发去内帑银十万两,着交穆图善领四万两,何璟、张兆栋领三万两,张佩纶领三万两,豫备赏给出力将士。该船著名头目着重赏,悬购兵民中有能擒斩法兵、焚毁法船者,即破格给赏。内帑未到以前,如有立功之人即须颁给者,不拘借拨何款应用。朝廷不惜巨帑,激励将弁,尤赖该将军等坚持定志,出奇制胜,省防紧要,该督抚督同文武各员严密防守,如有心存畏怯、借词出城,定即从重治罪。钦此。

七月十九日

电报十八日上谕:

大学士左宗棠着授为钦差大臣督办福建军务,福州将军穆图善、漕运总督杨昌浚均着帮办军务,三品卿衔翰林院侍讲学士张佩纶着以会办大臣兼署船政大臣。钦此。

七月二十六日

接岑彦帅自云南八寨来书,属余走归顺小镇安,入云南土富州、开化府而至保胜,会刘渊亭,谓易采粮。窃计不如出牧马,取道苏街,直逼宣光,约渊亭来宣光会合。若绕走云境,则以有用之军,行无用之地。复彦帅并禀香帅。

得王佑遐江西来书,秦受之梧州来书。

七月二十七日

用船运军火出越南牧马省。

七月二十八日

点验前左两营。

二十九日

点验右后两营。

八月初二日

琴帅出关,(谅)驻〔谅〕山。

八月十三日

辰刻,率各营祭旗:亲兵队黄旗、前营红旗、左营蓝旗、右营白旗、后营黑旗。然炮升帐,赞礼拜旗。礼毕,营官以次贺。

八月十四日

前右两营拔队出关。

十六日

后营拔行。广东解到饷银二万五千两。委县丞俸之祺祝卿管理牧马转运局,委户部郎中陈文史子麟司赏恤事务。

八月十九日

以前与香帅往来电信甚多,未备载。

二十日

由龙州带左营及亲兵队起程出关,四十五里至下冻宿关帝庙。哨官都司邹培护送渊亭银二万两。

恭阅邸钞七月二十八日上谕:

穆图善等及张佩纶、何如璋先后具奏,法兵攻击船厂、炮台,官军接仗情形,自请议处治罪各折片。法人乘上海议和之际,潜驶兵船入泊福建马尾等处。中国素重诚信,并未即行驱逐。乃该国包藏祸心,不顾信义,七月初三日何璟等甫接法领事照会开战,而马尾法船乘我猝不及防,先后开炮攻击。我军合力抵敌,兵商各船多被击毁,各军于濒危之际,犹复奋力接战,击坏该国兵船、雷船三只。初四等日,法兵猛攻登岸,经提督黄超群、道员方勋、都司陆桂山督队击退。法兵旋攻馆头、田螺湾、闽安等处,希图上岸踞扰,经张世兴、蔡康业、刘光明督军击却,穆图善驻守长门等处,督饬总兵张得胜、副将洪永安、守备康长庆等率队截剿,毙敌甚多,击翻敌船二只。以炮台门皆外向,敌由内击,致为所毁。此次因议和之际,未便阻击,致法人得遂狡谋。各营将士仓卒抵御,犹能殄毙敌人多名,并伤其统帅,其同心效命之忱实堪嘉悯。所有击退上岸法兵出奇制胜之提督黄超群,着以提督遇缺题奏,并赏穿黄马褂;道员方勋,着以道员遇缺题奏,并赏给达春巴图鲁名号;都司陆桂山,着以游击尽先升用,并赏给捷勇巴图鲁名号;击翻敌船夺器之副将洪永安,着以总兵记名简放,并赏给铿升额巴图鲁名号;其馀出力之水陆将弁,着穆图善、张佩纶先行传旨嘉奖,并从优保奏,候旨施恩。力剿受伤之都司孙思敬,着以游击补用;阵亡之高腾云及受伤之宋锦元、冼懿林及其馀阵亡受伤各将弁,均着查明分别奏请奖恤。并着穆图善、张佩纶于前颁内帑备赏项下,择其打仗尤为出力兵勇及阵亡之官兵弁勇家属,分别核实赏给,毋稍疏漏。闽浙总督何璟在任最久,平日于防守事宜漫无布置,临事又未能速筹援救,着即行革职。福建巡抚张兆栋株守省城,一筹莫展,着交部严加议处。船政大臣詹事府少詹事何如璋守厂是其专责,乃接仗吃紧之际遽行回省,实属畏葸无能,着交部严加议处。翰林院侍讲学士张佩纶统率兵船与敌相持,于议和时屡请先发,及奉有允战之旨,又未能力践前言,朝廷前拨援兵,张佩纶辄以援兵敷用为词,迨省城戒严,徒事张皇,毫无定见,实属措置无方,意气用事,本应从严惩办,姑念其力守船厂,尚属勇于任事,从宽革去三品卿衔,仍交部议处,以示薄惩。福州将军穆图善驻守长门,因敌船内外夹攻,未能堵其出口,而督军力战,尚能轰船杀敌,功过尚足相抵,着加恩免其置议。嗣后闽省防务左宗棠未到以前,着责成穆图善、杨昌浚、张佩纶和衷商办,务臻周密,毋稍疏虞。至沿海战守事宜,各该督抚务当懔遵,迭次谕旨督饬各营认真戒备,不得稍涉大意,致干重咎。钦此。

八月二十一日

行三十里至咘局隘,再四十里至那兰。

八月二十二日

行七十里至摊班,土岭崎岖,步行数处。

八月二十三日

涉山溪二十馀处,草木蔽亏,路略平,四十里至淰灢,再五十里抵牧马省城,各营列队迎,寓关帝庙。祝卿转运局在此,总兵徐章发司军装在庙侧。太原巡抚梁俊秀、牧马按察使严袭香来见,商议办米雇夫前进之法。布政范諴缘病未至。

八月二十四日

接西抚营务处李兰生信,谓苏军在船头连日接仗,法兵未退。中路郎甲之师已退扎观音桥,左路兵单,调右路六营之在新街者往扎谷松。琴帅虑牧马空虚,请景军暂留以顾后路,俟楚军开队有期,再为进发等语。来函未云胜负,谅必吃紧,只合暂留。

电报香帅,新街距太原二百里,统领为副将马盛治仲平,即当日右路陈德朝守新河军也。新街毗连牧马,此军调往谷松,则牧马无兵,故琴帅迟我之行。

恭阅上谕:

此次法人肆意要挟,先开兵衅,中国屡予优容,已属仁至义尽,现在战局已成,倘再有以赔偿等词进者,即交刑部治罪。钦此。

八月二十七日

芷庵函报，本月十八日，法人水陆并进，攻扑船头。苏军千总李群突前，为枪击回。子熙军门搴旗督队，击沉鬼艇一，毙十馀人，夺开花炮一尊，督带陈嘉最勇，李应章、陈世华战亦得力。我军伤亡颇多，管带丘柄阵亡，管带李逢桢伤重身亡，毙法酋尼立意，法兵毙亦不少。二十二日，李应章、黄云高、陈世华再捷。连战五日。潘帅奏入，得旨，有"苏元春以孤军当劲敌"之语，将备蒙赏赍有差。香帅电称"可敬之至"，提东饷赏弁勇二万两。又言王朗青糜饷五十馀万，未接一战，且屡调迟迟其行，再不振刷精神，不能相容。

芷庵又报，本月十九日郎甲之战，提督方友升在前，总兵周寿昌居后，邓提督为接应。法驱教匪四塞而至，方受困暂却。邓军驰前，方军已溃，友升受伤冲围出，周、邓军亦多损，赖李定胜、韦和炳力拒岭口，救出数十人，几覆全军，文员半无下落，市贾多为寇掳。此教民引法人由山路袭入郎甲，我军晨饮正酣，敌入市始觉，故一败至此。子熙广西人，所部皆粤军。

八月二十九日

梁俊秀来见，谓已饬原平县金马总办米三万斤，另饬周廷礼办米三万斤。俊秀谓北宁以下义民甚多，有寡妇武根散家财养千人，又有新安巡抚阮文达之妻养数百人，待大兵至，举义报雠。

接渊亭书云，派黄守忠、吴凤典进规宣光，黄守忠已在苏街以前修道候我。

函李兰生，谓右路之军未移，牧马无虑，我军应进发，请转禀琴帅。

九月初一日

派游击陈毓永赴保乐办粮。保乐一名襄安府——世袭知府农宏义、侬智高后也——与小镇安接界，距宣光十日程。布政使范诚来见，商雇夫运粮。范诚以民少为辞，许给价，犹有难色。

九月初四日

派左营右哨丘启标带勇分屯坤谷、北斌、大厂、那油等处，编筏济师，护送粮械。

电报八月二十三日旨：

法兵现占基隆，台北府城万紧，着杨岳斌帮办左宗棠军务，即带湖南现有八营迅赴福建，驻扎漳、泉一带，联络该处士绅、土勇，设计渡台，暗结台民，速图逐法之策，此旨着分寄左宗棠、穆图善、杨昌浚等知悉。钦此。

九月初五日

琴帅书来，谓接彦帅函，急盼我军往会，属我军即发等语。接香帅初一日两电：

唐主政：总署二十日来电，本日奉旨：岑毓英电称，饬令刘永福进兵，有藉词求缓语。现在进规北圻，全在用人得宜。着岑毓英激励该提督奋勉立功，并妥为笼络，务令感恩畏威，毫无猜疑；倘驾驭失宜，惟该督是问！前令酌保黄守忠等，并饬速行奏请，候旨施恩。潘鼎新染瘴支持，殊深廑念。该督抚务当同心协力，以奏肤功。此旨着张之洞译知潘鼎新转咨岑毓英遵照。钦此。并闻。洞朔。

又电：

唐主政：密。东迥电悉。贵部以会刘为主，牧马不宜久留，仍须速进。西军尚多，岂在此四营？若顿兵不进，设有梗阻，于会刘本意全失。且刘盼饷甚急，已电琴帅催他军往扎。刘此次授官，并敕保所部，乃洞疏请，非敢居功，欲励之耳。顷接刘禀，沥诉艰难屈抑，饷械缺乏，战功未达。请告刘，如竭力报国，洞必能代达圣聪，奖其功，恤其困,军火粤当力继。现有旨催前进,毋逗留。省帅电:二十日淡水陆战获胜,杀敌二百,逐之归船。据西报所言情形,敌颇夺气。洞东。

请缨客曰:法人之攻台湾也,刘省帅守基隆,署福建陆路提督孙开华守沪尾。八月十三日,法攻基隆,省帅御之,法未得手。是夜,省帅闻沪尾警报,恐失台北府,立即撤师回救沪尾。论者咸归咎于知府李彤恩三次飞书乞省帅弃基隆而保沪尾也,李彤恩刊防沪尾留牍辨冤。兹将省帅奏退基隆及左侯相劾李彤恩、省帅奏辨、杨厚庵官保察奏各疏,备录于后:

刘省帅奏疏

奏为法船并犯台北基隆沪尾同时危急,移师保顾后路并接仗情形,恭折仰祈圣鉴事。

窃奴才前将法人拟调陆兵攻扰台北各情,于七月二十八日附片驰陈在案。奴才拜折后,敌人逐日以一两艘拦泊沪尾口门,遇有商船即搜以阻援应,商船多日不来,音问不通,折件无从赍递,焦灼万分。八月初二日大雨飓风之中,上海所雇汇利、万利两船装载江阴刘朝佑勇六百人驶到,赶用剥船接卸百馀人,而风势紧急,两船皆避风入海,汇利仍将原勇装回,上海万利仅装五十人,于次日先回。卸兵甫毕,而敌人已上船搜查,见无军装始去。当即将前缮折件由万利赍赴上海呈递。初九日,龚照瑗所雇华安轮船装勇三百馀人甫抵沪口,即遇法船追回,于初十日由新竹上岸,至今未到。在基隆法船三只,时行开炮,至十二日突来敌船八只,连前泊者共计十一艘。十三日黎明,敌兵千人于口门外之西山登岸,恪靖营营官陈永隆、武毅右军营官毕长和各带勇百馀名接战,往复冲荡,相持两时之久。敌军复从山头抄击,章高元、陈永隆等退出山口,拚命抵御,直至酉刻,敌人猛扑我队，复经陈永隆等击退，斩法酋一名，我勇伤亡百馀人。奈将士防守两月之久，各勇日在灾瘴溽湿之中，将士多病，八营之众能战者仅千馀人。曹志忠、章高元、苏得胜等督率将士，身自搏战，毫无退心。正在全力相持之际，沪尾忽报，同日来敌船五支，直犯口门。该处炮台尚未完工，只安炮三尊，以保沉船塞口之处。敌炮如雨，孙开华、刘朝祐等饬张邦才用炮还击，炮台皆系新用泥土装堆，不能坚固，被炮即毁，阵亡炮勇十馀名，张邦才亦受重伤，飞书至基隆告急。奴才闻信，当以基隆前敌正在万分危急，沪尾又被急攻，基隆绝无兵力可分，而沪尾为基隆后路，离府城只三十里，仅恃一线之口，藉商船稍通声问，军装、粮饷尽在府城，倘根本有失，则前军不战立溃，必至全局瓦解，不可收拾。不得已止有先其所急，移师顾守后路。当即连夜率曹志忠、章高元各营由基隆拔营赴回淡水，立派曹志忠、章高元、苏得胜共率奋勇数百名驰救沪尾，军装、队伍毫未遗弃。刘朝祐所带百馀人到后，本在沪尾协同孙开华防守，敌船连攻两日，孙开华、刘朝祐伏军海边，敌人未得上岸。曹志忠等现已驰抵该处，如敌不添兵添船，暂可支持。奴才惟有勉循病伤，竭力防守，危急情形，想在圣明洞鉴之中。此法船并犯台北两处接仗并拔队回援后路之情形也。

伏念此次奴才以疲病之卒支持两月，情见势绌，已成坐困。敌人自出闽口，即声言必攻台北，稔知我兵单援绝，全力相犯。奴才怜士卒之疮痍，虑全局之败覆，仅能拔之出险，先顾后路，限于兵力太单、智力俱困，未能力保基隆海口，咎无可逃，相应请旨将奴才从重治罪，以示严惩。惟法既以全力注台，台局危如累棋，伏求圣明迅施方略，以救险危，无任激切待命之至。除接仗情形电报南北洋转达总署外，所有阵亡将士，容俟查明具奏请恤。谨将基隆、沪尾接仗并拔队回援各缘由，恭折由驿六百里加紧驰奏，伏乞皇太后、皇上圣鉴训示。谨奏。

左侯相奏疏

奏为微臣抵闽详察台湾现在情形，妥筹赴援，恭折仰祈圣鉴事。

窃臣于十月十四日行抵延平，暂扎齐队，业经电请总理衙门代奏在案。二十二日接奉二十日电旨：南北洋援台八轮克日进发等因。钦此。仰见朝廷垂念海隅至意。现在臣所调江南各营，业已取齐，惟江西三营未到。臣于二十四日起程赴福州，二十七日进省，与将军督抚臣面商进兵事宜，不敢迟回致误。惟以臣所闻台湾近日军情，证以台湾道府及印委各员禀报，则办理实有未尽合，有不敢不陈于圣主之前者。

伏查法夷犯台兵不过四五千、船不过二十艘，我兵之驻基隆、沪尾者数且盈万，虽水战无具，而陆战则倍之。抚臣刘铭传系老于军旅之人，何以一失基隆，遂至困守台北，日久无所设施。臣接见闽中官绅，逐加询访，并据台湾道刘璈钞呈台北府知府陈星聚所禀刘铭传禀批，始知八月十三日基隆之战，官军已获胜仗，因刘铭传营务处知府李彤恩带兵驻扎沪尾，平日以提督孙开华诸军为不能战，是夕三次飞书告急，坚称法人明日来攻沪尾，兵单将弱，万不可靠。刘铭传为其所动，遂拔大队往援，而基隆遂不可复问。其实二十日沪尾之捷仍系孙开华诸营之功，即无大队往援，亦未必失沪尾也。沪尾距台北府城仅三十里，如果岌岌可危，地方官有守土之责，其慎重有过于他人者。而知府陈星聚屡次禀请进攻基隆，刘铭传竟以无此胆识、无此兵力谢之。狮球岭为台北要隘，所驻法兵不过三百，曹志忠所部土勇各军驻扎水返脚一路者不下八九营，因刘铭传有不许孟浪进兵之语，即亦不敢仰攻。且闻台北各营将领及土著之人尚有愿告奋勇往攻基隆者,刘铭传始则为李彤恩所误,继又坐守台北,不图进取,皆机宜之坐失者也。恭译电旨,刘铭传仍应激励兵勇,收复基隆,不得懦怯株守,致敌滋扰等因。仰见圣明洞烛,不稍宽贷。臣思刘铭传之懦怯株守,或一时任用非人、运筹未协所致。李彤恩不审敌情,虚词惑众,基隆久陷,厥惟罪魁。拟请旨将知府李彤恩即行革职,递解回籍,不准逗留台湾,以肃军政。并密饬刘铭传速督所部克日进兵,规复基隆,毋任该夷久于盘踞。又法夷自九月初五日封禁全台海口,由南西北东至外国名普安得岛麦地方为止。查《万国公法》虽有战国封堵敌国海口之例外,如系不义之战,诸国例得辩论向公法,所战城池地方被战者围困,局外者不得与之贸易固也。若台湾仅失基隆偏隅,旦夕可以收复,岂得以围困论?乃仅凭法夷一纸空文,遽准堵扎,在我固多不便,而于各国商务尤有窒碍。据台湾道刘璈呈请奏咨前来,理合请旨饬下总理各国事务衙门照会各国驻京公使,据理辩论,立开台湾海口,以保商局而重邦交。臣现派已革总兵杨在元密赴厦门一带确探情形,设法雇船暗渡营勇援台。一俟南洋兵轮赴闽有期,再行调兵分击马祖澳、芭蕉山等处,以图首尾牵制,不任其肆意久踞。至一切应办事宜,臣既有见闻,尤不敢缄默不言。仍当与将军臣穆图善、督臣杨昌浚等妥商筹办以维大局。所有详察台湾情形,现筹进兵赴援各缘由,谨缮折由驿驰奏皇太后、皇上圣鉴训示施行。谨奏。

刘省帅奏疏

奏为左宗棠奏报台北情形,奉旨查办知府李彤恩一案,详细具陈以明是非,恭折仰祈圣鉴事。

窃臣于正月初二日接准大学士左宗棠来咨具奏抵闽详察台湾现在情形一折,恭录十年十一月十八日上谕:左宗棠奏详查台湾情形,妥筹赴援一折。据称八月十三日基隆之战官军已获胜仗,因刘铭传营务处知府李彤恩驻兵沪尾,以孙开华诸军为不能战,三次飞书告急,坚称沪尾兵单将弱,万不可靠。刘铭传为其所动,遽拔大队往援,基隆遂不可复问。李彤恩不审敌情,虚词摇惑,拟请即行革职,递解回籍,不准逗留台湾等情。前敌军情关系极重,必须确切查办,不得含糊了事。李彤恩所禀,刘铭传各情人言藉藉,果系因此贻误,厥咎甚重,非递籍所能蔽辜。前谕杨岳斌迅速赴闽援台,即着该前督于到台后详确查办,据实奏参。李彤恩着即行革职,听候查办等因。钦此。知照前来,伏查基隆退守情形,已于上年八月十四日奏明在案,无庸渎陈。谨将左宗棠所参各节为我皇太后、皇上陈之。

臣渡台时,随带亲兵一百二十名,其次提臣孙开华三营、曹志忠六营,每营精壮只三百馀人。当由台南调来章高元淮勇两营,其时台南疫疠盛行,兵丁多病,仅来五百人。嗣又添调巡缉营一营,合之刘朝佑百馀人、张李成土勇一营,统计基隆、沪尾两处共只四千馀人。左宗棠疏称基隆各营数且盈万,不知何所见闻。自七月杪基隆疫作,将士十病六七,不能成军。八月十三日之战,九营仅挑选一千二百人,内中尚有抱病勉强应敌者。当孤拔未来之先,初九、初十两日臣接香港、上海电报,知其全股犯台,其时沪尾孙开华三营、刘朝佑一百馀人并张李成新募土勇一营甫经到防,炮台尚未完工,又无营垒,地势平坦,无险可扼,危迫情形不待旁言。臣早已忧虑及之,曾函致孙开华、李彤恩,如果敌犯沪尾,臣即撤基隆之守来援,属令坚守以待。一面派员赴下游赶雇船只,将军火笨重之物先运下船。十二日,孤拔率大帮兵船进口,臣料敌兵必由仙洞登岸,当同曹志忠等密商,如敌兵明日战后即扎仙洞,则不至遽攻沪尾,如战后全数下船,即须豫备回援沪尾,以保后路。十三日酉刻,敌军收队,全行下

船。当接孙开华、李彤恩、刘朝佑先后来信,俱称法船五只直犯口
门,升旗开炮。臣同孙开华、李彤恩已有成约,无用李彤恩虚词摇
惑。左宗棠疏称李彤恩三次飞书告急,即系孙开华、李彤恩、刘朝佑
三人三次之书,非李彤恩一人之书也。臣当即拔队,惟四十磅大炮
二尊不能运动,埋于山下,其馀军装、锅帐以及伤病勇丁毫无遗弃。
若果因李彤恩三次飞书告急,仓猝拔队退回,军装焉能毫无遗失?
基隆退后,敌兵上岸住营,兵势已分,往攻沪尾不足千人。若不撤基
隆之守,敌必全队攻犯沪尾,无兵往援,虽提臣孙开华骁勇敢战,器
械不敌,众寡悬殊,何能保其不失。二十日之捷,左宗棠前据刘璈禀
报奏称孙开华所部并淮军土勇三路迎战获胜,此次又奏孙开华数营
战胜,不独于台事未加访察,即奏报中亦自相矛盾,不加斟酌。所陈
台北距沪尾三十里,如果危急,地方官当慎重过于他人等语。查基
隆至沪尾水程止八十馀里,顷刻可到。臣五里安设一站,来往通信,
尚恐闻警援应不及,若俟地方官禀报,必至沪尾失后,敌至台北城下
方能回援。台北府知府陈星聚屡次禀请进攻基隆,并有土著之人愿
告奋勇往攻基隆者,皆有其事。自沪尾捷后,俱以李彤恩所募张李
成土勇得力,提臣孙开华、曹志忠、苏得胜、柳泰和各请添募千人,台
北府陈星聚等联名禀请基隆通判梁纯夫招募土勇一千,候补知县周
有基禀请募一千,俱各奋勇进攻。其时记名道朱守谟请假尚未销
差,倡言多招土勇迅攻基隆,至于饷项、军械之有无不计也。忽有台
北府书识陈华声称愿招土勇一千五百名,自备枪械,包取基隆,每月
每勇需洋银十二元,托亲兵哨官奚松林来说。当经臣申饬不许多
事,朱守谟闻有包取基隆之说,即私许陈华招募,及臣知之,业已成
军。臣以淮楚营制每营只月饷四两二钱,陈华大言轻敌,不知能否
得力。即给如此重饷,何以服老勇之心,坚执不许添增口粮。该勇

俱知台北府无兵,止臣亲兵数十名,即聚众呐喊鼓噪。臣派弁往看,陈华所募皆城外艋舺市井之徒,器械毫无。当传来见谕,以军饷不能加增,如果能克基隆,立给犒赏银二万两,先发十日口粮,令其带赴水返脚,听候曹志忠调遣。朱守谟经臣严加申饬,含愤而去。陈华至水返脚后,曹志忠见其勇多滋扰,器械毫无,不能见敌,不肯节制。臣令苏得胜亲至曹志忠营,与之密商,将陈华土勇先行挟以兵威,裁去五百名,复调三百名至观音山归柳泰和裁并,其馀随即一并裁撤,费饷一万馀两。周有基募勇尚未成军,即闹饷鼓噪,经臣将已募四百馀人派归柳泰和节制,梁纯夫见土勇不遵约束,屡次滋事,不敢招募。此即左宗棠疏中所称各将领以及土著之人愿告奋勇往攻基隆者,系九月初旬事也。绅士陈霞林等屡言内山御番土勇常行见仗,可以招募。臣告知各军前往内山选募,一面令工匠连夜修理各营所缴旧枪,分拨应用,搜查饷项,仅敷月馀。各军招募有尚未成军者,亦有成军尚无器械者,时疫厉气染至台北府沪尾一带,军民俱病。提臣孙开华、署台湾总兵章高元、总兵柳泰和等俱抱重病,曹志忠六营营官无不病者,臣随从文武员弁日殁数人。自封口后,内地音信不通,兵单援绝,土匪四起。臣日夜忧急,无所措手,台北府陈星聚每见必催进攻基隆。臣因其年近七旬,不谙军务,详细告以不能进兵之故,奈该府随言随忘,绅士陈霞林并署淡水县知县刘勋皆明白晓畅,见将士多病,土勇尚未募齐,器械缺乏,俱知不能前进。陈星聚除面催进攻外,复禀请进攻。臣手批百馀言,告以不能遽进之道,该府复怂恿曹志忠进攻,并以危言激之。曹志忠一时愤急,遂有九月十四日之挫,幸伤人不多,未损军锐。敌于十五日即渡河,耀兵七堵,陈星聚妄听谣言,谓基隆法兵病死将尽,又谓业已退走上船,故日催进攻,自十五以后,始自言不谙军事,不再妄言。此即左

宗棠参臣坐守台北不图进攻机宜坐失。臣曾将兵单器乏、不能进攻
情形叠奏在案。基隆近靠海岸，敌船入口即不为我有，故于六月十
六日之捷并未奏报克复，曹志忠所守营垒逼近海边，如法人添兵添
船，即须退守山后，亦经臣附片陈明。我之所恃者山险，敌之所恃者
器利。彼来攻我，我得其长；我往攻，彼得其长。且敌营据山傍海，
兵船往泊其下，若不能逐其兵轮出口，纵穷陆兵之力，攻亦徒攻，克
犹不克。如果易攻，现在两军俱在疲乏之际，王诗正统带劲旅三千，
不日当可奏功，以免臣抱懦怯株守之咎。臣治军十馀年，于战守机
宜稍有阅历，惟事事求实，不惯铺张粉饰。若空言大话，纵可欺罔于
一时，能不遗笑于中外？臣实耻之。臣渡台时，军务废弛已极，军装
器械全不能用，炮台营垒毫无布置。接战于仓猝之间，所部多疲病
之卒，历尽艰难，支持半载，临敌应变大小十馀战，幸无挫失。若听
局外大言，轻敌浪进，上月初十日孤拔添兵大举，战无策应之师，守
无可据之险，必至一败不能立脚。军事瞬息千变，其中动止机宜，固
非旁观所能尽知，亦非隔海所能臆度也。至浙江候补知府李彤恩，
本系沪尾通商委员，臣到台北，提臣孙开华称其办事勤能，熟悉洋
务，现因身弱多病，决意乞退。臣商之提臣，台北现在用人之际，不
可任其乞退，托其致书慰留。六月十二日，臣同提臣并台湾道刘璈
至沪尾察看炮台地基，李彤恩扶病出见，瘦弱不堪，臣令其赶紧调
养，不必请假，当委沪尾兼办营务。六月十五日基隆开仗之后，李彤
恩禀请买船填石塞口。时值秋茶上市，英商阻挠，李彤恩同英领事
往复辩论，始将口门堵塞。隔日法船即至，英兵船告以口门封塞，随
即驶回。七月二十日，臣至沪尾查看炮台，孤拔亲坐三号兵轮亦至
沪尾查探水道，并托英兵轮代觅引港之人。若非李彤恩先期塞口，
法船混入一只，台北已不堪问。绅士陈霞林等每晤谈时，辄称其功。

臣到台北,有招募土勇者,臣因其所用土枪不能御敌,不肯操练,未曾招募。李彤恩力保张李成打仗奋勇,请募五百名,发给后门枪二百杆,令其操练助防。八月二十日之捷,张李成包抄得力,官绅共见共闻。十月初,臣因饷项支绌,札令李彤恩来城,同福建候补知县郑建中会同官绅办理筹饷捐借事宜。该守以后即同陈霞林等议向城乡殷户借用银票二十馀万元,毫无勉强,现已办成。如果李彤恩有贻误大局之处,绅民当共切齿,曷有听其分派捐借者。该守不领薪水,未邀保奖,究其所办数事,有裨于大局皆非浅鲜。左宗棠甫到闽一日,不加访察,遂以刘璈之禀并朱守谟挟嫌倾陷、颠倒是非之言率行参奏。臣若缄默不言,使出力有功之人忽遭不白之冤,当此孤岛危险之地,军务万紧之时,臣何以用人办事? 应恳天恩将已革浙江补用知府李彤恩开复原官,并请免查办。一俟军事稍定,请旨饬令杨岳斌或专派大员渡台逐细访查。如果左宗棠所参情事属实,臣妄用匪人,办理不善,贻误事机,应请将臣一并从严治罪,以昭公允。诚如圣谕,关系极重,非李彤恩革职递籍所能蔽辜。事愈久则是非愈明,臣无任惶恐待命之至。除记名道朱守谟规避钻营,业已具折严参外,所有左宗棠奏参台北情形,据实详陈各缘由,谨恭折由驿驰陈,伏乞皇太后、皇上圣鉴训示。谨奏。

杨厚庵宫保奏疏

奏为微臣遵旨确查据实覆陈,仰祈圣鉴事。

窃臣于光绪十年十二月初五日在福建崇安县行次准军机大臣字寄十一月十八日奉上谕:左宗棠奏详察台湾情形妥筹赴援一折,据称八月十三日基隆之战,官军已获胜仗,因刘铭传营务处李彤恩驻兵沪尾,以孙开华诸军为不能战,三次飞书告急,坚称沪尾兵单将弱,万不可靠。刘铭传为其所动,遽拔大队往援,基隆遂不可复问。

李彤恩不审敌情，虚词摇惑，拟请即行革职递解回籍，不准逗留台湾等语。前敌军情关系极重，必应确切查办，不得含糊了事。李彤恩所禀刘铭传各情人言藉藉，果系因此贻误，厥罪甚重，非递籍所能蔽辜。前谕杨岳斌迅速赴闽援台，即着该前督于到台后详确查明，据实参奏。李彤恩着即行革职，听候查办。将此由驿五百里谕令知之。钦此。旋于光绪十一年三月初一日在台湾府行次准军机大臣字寄二月初七日奉上谕：前据左宗棠奏，参知府李彤恩不审敌情、虚词摇惑，以致基隆被踞，当降旨将该员革职，交杨岳斌查办。兹据刘铭传奏，道员朱守谟规避钻营、造言倾陷各情，与左宗棠前奏大相径庭，必须澈底查明，以昭是非之公。道员朱守谟于军务吃紧之时，辄敢擅请公款，乞假规避，殊属荒谬。着即行革职。至所参该员招摇播弄及倾陷李彤恩各节，如果属实，厥咎更重，非永不叙用所能蔽辜。着杨岳斌即将朱守谟饬提赴台，归入前案，秉公研究，孰是孰非，务得确情奏明，严行惩办，不准稍涉偏私。原折片均着钞给阅看。将此由驿五百里谕令知之。钦此。跪读之下，理应钦遵。臣三月二十日抵台北府城，时值防务尚未解严，当于二十八日恭折陈请，另派大员查办在案。兹复于五月二十一日接总理衙门十七日电寄本日奉旨：杨岳斌着将派查事件，赶紧查覆。钦此。恭读再三，曷胜悚惕。

伏查原参李彤恩一案，光绪十年八月十三日，李彤恩以当前敌营务处差使驻防沪尾。是日法人攻基隆甚急，另驶五船赴泊沪尾洋面，声言十四日开仗。李彤恩不审敌情，遽尔两次飞书告急。抚臣刘铭传当函知提臣孙开华与李彤恩，请坚忍为一二日之守。尔时本无退基隆意。是夜戌刻，李彤恩飞书又至，遂致刘铭传拔队往援。李彤恩第知沪尾兵单，而不知孙开华诸将领之足恃；第知台北为重，而不知基隆一失，难以速收，未免贻误戎机。然其三次飞书告急，实由平日未闻军旅，临事即仓皇失措，似与捏造虚词、意图摇惑者有别。应请准照原拟，将知府李彤恩革职回籍，不准逗留台湾，逭其馀罪，出自天恩。又查原参朱守谟一案，臣由台湾赴台北，经过沿途各县，已访明该革员上年八月底乞假离营，因沪尾已封，绕道台南内渡，所过新竹、彰化、嘉义等县，应需夫马自行给价，地方官间有酒食酬应，亦属情理之常。惟新竹县代给轿钱五百二十文，此外实无招摇劣迹。臣上年冬督兵过福州省城，接见朱守谟，详询台湾情形，仅述及李彤恩人小有才，难与为伍，实无播弄是非之事，亦未闻有基隆系李彤恩得银数十万两卖与洋人之说。而台北人言藉藉者，因李彤恩在沪局办通商有年，中外交涉之事多，往来之人杂，又恰值基隆难守、台北已危、沪尾吃紧，遂不免商民疑谤，原非朱守谟之造言倾陷也。至擅请公款，查系台北府知府陈星聚在清赋分治项下动支修理，向有行台用洋银二百二十九元四角，又自行台至新建军装局修铺石路用洋银五十八元五角，均由台北城工委员方学李承修造报，档案现存府署。其时朱守谟暂寓行台，致有盛修公馆之嫌。惟朱守谟身任营务处，当基隆军情万紧之际，自应力疾从公，而辄乞假内渡就医，规避之咎实无可辞。但该员业经奉旨革职，拟恳恩施格外，免置严议。是否有当，伏候圣裁。所有微臣遵旨确查，据实覆陈缘由，理合恭折具陈。伏乞皇太后、皇上圣鉴训示。谨奏。

官军退基隆后八月二十日，法八轮攻沪尾，孙军门督战大胜，刘省帅捷奏录后：

奏为敌军登岸攻扑沪尾，我军血战情形，恭折仰祈圣鉴事。

窃奴才前将法船分攻沪尾、拔队回援、实力守御等情恭折驰报在案。自十六日法船又添三艘，连前共计八艘，日以大炮向沪尾炮台猛轰,不少间断,兵勇无驻足之地。孙开华与章高元、刘朝佑等惟以勇队昼夜分伏海岸林内,露宿以伺,不敢少事休息。二十日卯刻,敌船倏忽分散,孙开华知其势必登岸,督令擢胜右营营官龚占鳌伏于假港,擢胜中营营官李定明带勇伏于油车口,以后营营官范惠意为后应,章高元、刘朝佑各带武毅、铭中两营营官朱焕明等伏于大炮台山后北路,防敌包抄。李彤恩所募土勇军功张李成一营伏于北路山涧。部署甫定,敌兵一面以排炮轰击,不下数百响,烟焰涨天,炸子如雨,一面以洋划小轮船多只装兵约近千馀人,分三路上岸,直扑入小炮台,势甚凶猛。孙开华见敌兵逼近,立率李定明、范惠意分头拦击,章高元等由北路迎击。敌兵各执利枪以相犯,自晨至午,枪声不息,挫而复进者数四。我勇短兵相接,奋力击杀,张李成领队旁抄,孙开华亲率卫队,奋勇直前,阵斩执旗法酋一名,并夺其旗。我军见敌旗被获,士气益奋,各路齐进,馘首级二十五颗,内有兵酋二名,枪毙约三百名。敌势不支,纷纷逃退。追至海边,敌兵争渡,覆溺海中者约七八十人。敌船因救护败兵,开炮乱击,自行击伤小轮船一只。其所遗格林炮一尊,亦为我军所获。孙开华部下中、后两营首迎其锋,鏖战最久,战士多伤,阵亡哨官三员,伤亡勇丁百人。其馀各营弁勇俱有伤亡。由孙开华将战胜情形具报前来。伏查此次敌兵猛扑沪尾海口,蓄锐登岸,意在必得。当敌划送兵上岸,各划皆开入海中,自断后路,以示死战。而我军自炮台被毁,无炮守御,全恃士卒肉薄相拼,虽枪炮如雨,士气毫无畏避,竟能斩将夺旗,遏其狂逞,实属异常奋勇。所有统领擢胜等军署福建陆路提督、记名提督、漳州镇总兵孙开华身先士卒,忠勇善战,力支危局,厥功尤伟。查该提督历著战绩,已经蒙恩赏穿黄马褂,并赏给勇号,现署福建陆路提督,官职较大,奴才未敢为之先行,拟请可否,仰恳天恩俯赐,破格加恩,以奖战功之处。恭候圣裁。记名提督、绰勇巴图鲁龚占鳌陷阵冲锋,杀贼最众,可否仰恳天恩赏穿黄马褂,以示优异。伏候钦定。其尤为出力之提督衔记名总兵、健勇巴图鲁李定明,记名提督朱焕明二员,均拟请交军机处存记,遇有各省总兵缺出,先行请旨简放。李定明并请以提督记名,仍赏给清字勇号。副将衔闽浙补用游击范惠意、尽先游击孔光治二员,均拟请免补游击参将,以副将留于闽浙尽先补用,并加总兵衔。范惠意仍拟请赏给清字勇号。尽先副将毕长和、陈永隆二员,均拟请以总兵记名简放。记名总兵梁秉成拟请赏给巴图鲁名号,并加提督衔。蓝翎尽先都司、沪尾营守备萧定邦拟请以游击尽先补用,并赏换花翎。五品军功张李成拟请以守备尽先补用,赏换花翎,并加都司衔。军功陈振泰、黄国添、蔡国梁三员,均拟请以千总尽先拔补,并赏给五品蓝翎。江苏候补从九品刘恕拟请免补从九品县丞,以知县留闽补用。以示鼓励之处出自逾格鸿慈。其馀出力员弁,应请汇入前次保案,择尤请奖。阵亡弁勇亦俟查明汇奏请恤。所有敌军攻扑沪尾、我军获胜各缘由,谨恭折由驿具陈。伏乞皇太后、皇上圣鉴训示。谨奏。

请缨客曰:闻是战张李成独骁勇,所部土勇亦最得力。张李成,台北人,出身微贱,何地无才,人可以根源论哉!是捷奉懿旨赏内帑银一万两,孙军门旋于十一月初八日奉帮办台湾军务之命。

卷　六

九月初六日

闻同乡钟德祥西耘编修于七月十七日奉旨赏加侍读衔，着往潘鼎新营中随同办事。又恭阅本月初四日电旨：

闻刘永福军缺饷，加恩赏银五万两，着张之洞无论何款，即行解交岑毓英，传旨赏给。钦此。

九月初七日

得夫四十名，运逼码二十箱前进。闻王方伯军定初十日出关，扎那阳，谅山之东也。有旨，苏、方、周皆战，王素奋勇，何以未闻苏军由船头拔退谷松。

九月初八日

派右后营先行。

九月十三日

带亲兵队及左营前哨、左哨由牧马起程，雇夫一百三十八名，三十里至那里，又三十里至坤谷，仅竹屋数间。

九月十四日

行六十里至原平县，俗呼北扪，县官阮柄来见，并呈诗，县尉张其琛及该总里长商民来迎。县官办米数千斤，运往苏街。此六十里，路平，间有山溪。遇山人挈女子行，花布蒙首，红布结小球十数粒垂两肩，窄袖长衣，装束与越人殊。

九月十五日

行四十五里至天笃，路陡狭，人马数步一停。山产金，天笃锡尤佳。市廛十馀间。

九月十六日

行三十五里至送星厂,俗呼大厂,民居数间,山路极陡。出关至此,皆深林密箐,羊肠一线。每遇丛阴,不见天日。过隩必下舆,土岭自巅而下,人马汗喘。阴雨,则叶上飞蛭簌簌啮人,两头能跃,细如发,入肉壮如箸,流血被体,俗呼山马蟥,春夏尤多。

九月十七日

行五十里至那油。

九月十八日

行三十里抵苏街,路平。闻苏子熙军门奉帮办广西军务之命,杨云阶军门专统观音桥一路之师,犹养病驱驴。是时,郎甲、船头俱为法据。

九月十九日

在苏街。饬右后两营拔进左大,函祝卿雇解军火,札沾化州知州麻允栋办粮调夫,札襄安府知府办粮运左大。

九月二十日

在苏街。派左营前哨龚士珩往扎左舍,帮带欧阳萱进扎那坑,又分勇两棚扎响水。此去响水一日程,小船可行。响水至左社二十里,左社至那坑九十里,节节扎兵,递送军火。

黄守忠来书,云已扎近宣城十里,连日攻袭,俱未得手。给谕白通州上教总该总黄德馨、副总杨有马、下教总该总韦文功、副总杨文鹤、广溪总该总闭文裕、柔远总该总麻廷仁、副总农廷询、野市堡目农宏武、苏街客长梅盛,办运米粮,递解军装。

九月二十一日

在苏街。接芷庵书,报香帅派司景军后路转运局。香帅录寄报景军出关日期奏稿。彦帅来书,谓亲至文盘州,督饬提督吴永安、邹复胜、总兵覃修纲由保胜分起南下,径扎馆司、夏和一带,俟何秀林兵到即分扎临洮、端雄两府。时彦帅在马白关、八寨一带也。

接香帅本月十五日电:

密。咸、佳电悉。闻黄守忠与刘分,刘饷尚肯济黄否?欲济以饷械,如何办法?在刘内乎,外乎?请告守忠,若力战有功,当奏闻。洞。咸。

九月二十二日

在苏街。前营开行。上香帅书曰:

窃景崧于前月二十日出关,于本月十四日行抵苏街。一因琴帅之留,再因子药、米粮之繁重,运解艰难,致稽时日,而前右后三营则已先发左大,再行一日即沾化州,距宣光八十里。黄守忠一军现在宣光八里外。景崧闻越官言,宣光向称天险,城内一山耸峙,悬炮可击外军,城外植竹五六重,兵难破入。经饬管带张盛高等不可轻敌骤进,当待景崧到后详度机宜,盖地非亲历,行军终无把握也。景崧留滞苏街,则以布置后路之故。牧马至宣光千里,山路蚕丛,林箐翁郁,尝行数十里不见一人,不睹一舍。军行须节节备粮,采之数百里外,又苦难于运到,且须节节留兵以资护解。奈仅此四营,不留则后路空虚,留之则前敌单薄。然行军固重前敌,而后路尤不可不慎。北宁之败,军装粮粮数月不集,则以后路之布置疏也。现拟于后路择要屯储粮械,酌抽勇丁驻护。其不留兵之处,则用越官、华商以及社总、里长,按月给赏,饬其沿途照料。幸此次出关,越官与民尚称踊跃,荒山僻壤之头目人等咸集而听指挥,或亦乱极思治之时欤?摒挡就绪,即赴沾化。

又书曰:

昨奉咸电,示欲济黄守忠饷械,垂询办法,具见筹边用人之至意。刘、黄颠末,用敢缕陈。

初,刘永福之就抚于越南也,得黄守忠率旅来归,军势益壮,二人遂成患难之交。而黄才不及刘,其心较刘为诚,故甘处其下,为刘之前营。其士卒一千有奇,自取粮饷于越官,军装亦系自制。维时永福所部仅左右两营约七八百人,较黄为少。黄虽依刘,已有独树一帜之势。永福倚赖之,牢笼之,守忠无路可归,遂相与安之。而越饷最薄,不足以养所部,永福征保胜税厘,守忠则在宣光之河阳取利于盐,各就所入添补军需。此刘团一军向来之情形也。

去岁,山西不守,越饷遂无,永福月得滇饷五千两,聊足支持。守忠因家资荡散于山西城内,河阳盐利因下游船阻,所入已微,其一军遂皇皇觅食。嗣岑宫保出关,为刘团编立十二营,并黄军在内,以守忠督带四营;乃力辞乞解兵柄,并欲率小队依景崧。左右再三劝慰,且穷诘其所以然。则云,该军粮饷向皆取给越官,为数甚薄,即有不足,力能赔垫。今改照滇军营制,其数已巨,又须仰给于刘提督。设提督不能如数以给,而营制昭然,士卒按章索饷,己又无力赔垫,岂非贻累无穷?景崧知其意而勉留之。

本年,北宁失守,刘团折归兴化,继返保胜,守忠乃率其所部分往河阳觅食民间,其情形不问可悉。而永福当是时之不能兼顾守忠,亦限于力之无可如何,盖有不得不分之势。现在时事复振,永福渥荷天恩,或肯济黄以饷,亦未可知,未晓则不得其详矣。

惟永福为人,其长在于敢战,于边圉未尝无功。且越难削平,我岂能常翼越以兵,终赖此军以为镇慑。且能耐烟瘴,悉风土。俾兹劲旅,作越长城,乃将来固圉绥藩长久之至计。大奏所谓图越以用刘为实际,仰见宏谟卓识,迥越寻常。而论者或谓中华之大,岂无良将精兵,何必注意于一刘永福?盖亦未尝反复深思其故者矣。

第永福多疑善忌,驾驭殊难。财入彼手,欲其分济守忠,万不能期其痛快。若我另济守忠,彼必又生疑忌,守忠转皇然不安。此今年彦帅弹章之所由来也。

兹者,刘、黄似分而未分,请俟晤守忠后查其饷项如何。若永福尚能拨济,足以支持,则我不必另济;万不得已,而后别筹济法。若即于济刘五万内拨付,必应派员提出,径解守忠;倘命永福就所收项内分之,必不能沾实惠。且我一济守忠,永福必不再顾其饷,又当为守忠筹长久之方。委曲为难,独崧知之最悉。在永福隐衷,决不肯舍守忠而令其分,更不愿守忠之别开门户。枭雄器识,固不能以圣贤之道义相绳矣。至济守忠军火,尚属无妨。

谨此详复。

九月二十三日

收到牧马解来军火。闻张振帅于本月十六日病故。

恭阅七月二十日谕旨:

潘鼎新奏:遵查越南北宁失守情形,将各将弁分别拟办各折片,本年二月十一、十五等日法兵至越南扶良江登岸扑犯防营,陈得贵首先溃败,法兵分犯慈山、新河、三江口等处,黄桂兰、赵沃分路迎敌,迨陈朝纲、周炳林等营败后,黄桂兰闻警回城,越南官已开城逃遁。黄桂兰、赵沃即往太原,一路营勇亦溃,各将弁防御不力,实堪痛恨。除黄桂兰畏罪自尽,应毋庸议外,已革道员赵沃、已革提督陈朝纲本应军前正法,惟念北宁被陷,系越官开门迎敌,该革员等回救不及,尚有一线可原。所请发往黑龙江充当苦差之已革道员赵沃、已革提督陈朝纲,着改为斩监候,秋后处决,即解交刑部监禁。已革副将周炳林不能联络刘团,以致偾事;军功覃志成所部骚扰地方,情节较重,均着发往黑龙江效力赎罪。并请革职之游击谢洲、田福志,参将蒋大彰,守备贾文贵,副将李石秀改为发往军台效力赎罪。所请以都司降调之陈德朝、副将黄才贵,均着改为革职。所请咨革之千总李应光等十名,均着斥革不准留营。馀着照议办理该部知道。此次潘鼎新酌拟惩办失事员弁,殊多轻纵,军政首在赏罚严明,何得轻率瞻徇? 着传旨申饬,嗣后有统兵驭将之责者,务当一秉至公,信赏必罚,俾各将踊跃用命,同奏肤功。钦此。

九月二十六日

由苏街乘船起程。刳木为船,宽尺许,长丈有奇,无篷,容三四人。顺流西南行,夹岸峻山。四十里至通鲁岩,河道穿岩过,约三百步,土匪旧薮也。再二十里至板千,无民居。豫遣人建茅屋一间,宿此。队伍山行极陡狭,攀藤循石而进。

九月二十七日

乘船二十里至响水河之左为水岩,一名者岩,贼匪陆之平、李扬才昔据此。河至此为山隔,入地伏流。登陆行二十里至左社,宣光属地也。札帮办沾化州事务阮文历接运粮械。右营谈敬德、后营张金泰会报,拔进沾化,黄守忠派弁来迎,并报彦帅委参将张世荣带队千人赴宣光助剿。

九月二十八日

行六十里至北深,沿路竹木交加,阴晦可怖,溪流活活,涉过十数重。北深无民居,仅盖蕉屋为余宿所,四面林箐不能支军帐,将士宿草中,虎噬两卒。

九月二十九日

行四十里至那坑,一名那香,沾化土牧麻允栋候接,少年韶秀,备办行馆颇洁。此处有船通沾化。

九月三十日

给谕永安总该总吴文声在那香接运军装,札陈毓永催办保
乐粮。

十月初一日

乘船抵沾化州,一名左禄,坐营驻此。闻黄守忠、吴凤典在宣光
下游,于九月二十三日至二十七日迭与法船接战,夺获番艇七只,斩
擒二十馀名,得洋枪、逼码颇多,二十七日尚未收队。拟派前右后三
营进扎三江口,距宣省三十里,为黄、吴掎角。惟沾化无粮,保乐采
办未到,飞函黄守忠拨米接济。报彦帅、香帅及彭雪帅、倪豹帅,景
军到防日期。密电香帅,另有函曰:

窃景崧于本日行抵沾化,当即飞电具报情形。现派所部各营,
准于初三日进扎三江口,会合刘团。惟就近无粮,景崧俟后路办米
到来,亦即躬赴前敌。查宣光本属瘠区,兵燹之后,境益荒凉。现采
米于八百里外,如内地之小镇安,关外之保乐州,尚能应手。无如云
军、刘军皆取给于此,而解运极属艰难。自出关后至高平之牧马,经
太原之苏街,虽曰难行,第崎岖耳。由苏街至那香,此三百里间虽有
水道,而峰截滩阻,晨舟而午陆,午陆而夕舟。陆路则岩谷一线,蕉
竹弥满,藤萝纠纷,不睹天日,阴魅逼人。足涉溪泉一二尺,深浅不
等,豺虎队出,夜噬人马,山蛭啮肤,野蜂成阵。其陡狭处,匪独舆马
难行,即徒步亦必蛇行始免颠仆,遇雨尤苦。洵人世罕有之境。夫
役肩担背负,难更可知。保乐至沾化,虽可通舟,而中隔一滩,又须
舍舟登陆,始再乘舟,极费周折。处处派弁,节节留兵,甚有不敷分
布之势。

顷接唐镜沅来函,谓恩及黄守忠济饷五千两。当即飞函刘永
福,称我制府虑若饷不敷,所部未能饱腾,黄守忠正在临敌,军饷尤

不可缺,济偏裨之饷,即所以纾统将之忧,逾格恩施,不可多得。并函饬守忠知悉,激其用命。一面责成吴凤典等力截下游,我军专攻宣省。虽未能操必胜之权,然必殚竭全力,以副廑望。

十月初二日

札前右后三营,准初三日挑队进扎三江口,各仅带米六百斤。

十月初三日

三营挑队开赴三江口,札催后路军火、保乐军粮。

十月初四日

寄呈香帅宣光地图。运米一千五百斤、逼码三十五箱,派差官杨利元解往三江口。陈玉典自三江口回报,初二日,法轮驶来五艘,云军安边五营与黄守忠、吴凤典等截战于下游,自卯至午,抵敌不住,却避于山,营官朱冰清受伤。

十月初五日

派农德魁解米一千五百斤赴三江口。

阅吴鼎卿钞载刘敬亭先生绝命词:

父教我尽心,君教我尽力。心力俱已竭,此躯何足惜。投塘苦被拯,绝粒已遂志。城破身犹存,何以对天地?七日赴幽冥,自恨犹濡滞。但得民人安,妻孥甘并弃。绝命质古人,乾坤留正气。

先生名作肃,任宁明州知州,摄太平府知府,咸丰十年六月,城陷,先生自经,全家殉难。

又载许叔文年丈留别桂林诗,喜其名贵录之:

八载西游宦辙疲,庸驽今甫脱尘羁。千金游绋方无用,三宿浮屠去已迟。绕郭看山皆独秀,寻源问水是相离。南华再读休言悔,毕竟蒙庄绝妙词。

邕梧陈迹溯泥鸿,白石澄波一水通。恤纬寒闺宜继粟,横经黉

舍喜櫜弓。刍荛未足输刘晏,桴鼓犹闻愧李崇。百事无成双鬓改,
青毡惟是旧家风。

五马叨荣况屡迁,修羊縻费大官钱。淹留未必因鸾庑,归去何
劳问鹤田。偶触虚舟聊莞尔,便题凡鸟亦欣然。饤盘未得南屏鲫,
孤负西湖二月天。

两粤由来鲁卫亲,更从离合见天真。绨袍范叔原寒士,布被公
孙有故人。当道似闻兴义举,归途犹幸及阳春。多情象鼻滩前水,
拂拭征袍未染尘。

先生名其光,番禺人,道光庚戌以一甲第二人及第,大考一等,
擢侍讲,旋授广西浔州府知府,失意长官,捐升道员。首章末句盖有
所指,而身分固高出飞卿一等矣。

十月初六日

寄家信,复都中各友信,并拟上吉林、高阳两相,枢垣张、孙两
公,曾宫保、彭宫保、张幼樵学士各函稿。札催后路粮弹。

十月初七日

解米前敌。三管带来函,谓我军扎隆安村,在三江口二十里上。
因闻初二日云军、刘军俱在下游失利,不通消息,未敢深入。致张世
荣、黄守忠、吴凤典各一函,商联络之策。午刻,谢炳安遣弁走报,守
忠已率所部扎三江口与我军会合。函三营管带,询晤守忠否。又寄
洋布一匹,针六十枚,线十籽,鞭炮千头,备作火药包。

十月初八日

三营管带飞禀乞米。札催后路粮弹。

十月初九日

解米一千五百斤赴前敌。札委千总高十二办米,并借船五艘。
高十二,张永清之叔父也。因其身长,故呼高十二。

十月初十日

接渊亭初五日来函，深以初二日之战为愤，谓张世荣、吴凤典等现在连山总，请我军挑队由左玉至连山会合。查左玉在宣省下游，我军粮械来路在宣省上游，不能越省下扎，此揣度地势万不可造次者也。守忠来函，谓拟进扎中门总。黄宝珠本驻此，初二日弃去。余函渊亭，应饬守忠扎定中门，不可东挪西移，并饬我三营管带各挑队二百人往助守忠，同扎中门，则可通张、吴消息。中门距宣省十里。催提后路饷银、粮弹。

十月十三日

函三管带，谓进扎中门亦是暂局，利在速战。香帅电解刘军逼码一百万到龙川，函商芷庵排置驿站。保乐米闻已起解牧马，军火亦陆续到来。

十月十七日

由沾化乘舟进驻隆安村，文案仍留沾化。接三营管带函云，十四日带队进探宣省形势，法兵据陴守，彼此不施枪炮，收队回。

十月十八日

往中门总巡看三营壁垒。宣光水土恶毒，军中患病将四百人，又无医药，左右呻吟不绝。手复蔡冰鉴、谢春池、张毅斋、龙雨三、邓柱臣、秦寿芝、李小南各友信，寄三十金与冰鉴。

十月二十日

接香帅电："九月二十六日上谕刘永福所部奖恤，均准照岑奏，皇太后发内帑五千赏刘部出力兵勇。见邸钞，望先告刘、黄"等语。查原奏黄守忠、吴凤典均保游击，其馀递保有差，黑旗一军，至是同沾恩泽，飞函刘、黄贺喜。

时香帅除广东办防外，又为云南、广西、台湾筹济饷械。广东无利不搜,不恤人言,不待邻恳,入款不足,乃借洋债以百万,分给云、桂各四十万,刘军二十万,台湾未悉其详。大气包举,直以夷务全局为己任。于广西不独济饷,且议济兵,于是有冯、王出关之师。冯萃亭名子材,广东钦州人,三出南关,督师平匪。以广西提督告病家居,香帅延而用之,先募十营,继增八营,是为萃军。广西右江镇王孝祺,号福臣,安徽人,统八营,是为勤军。同赴龙州出关助剿。

十月二十三日

午刻,庞宜甫病故于沾化州。宜甫诚朴工楷书,万里来投,殁于异域,不胜哀悼!路险难运枢,暂厝沾化。

十月二十四日

接芷庵信,知杨石帅授闽浙总督,刘省帅授福建巡抚,仍督办台湾防务,九月谕旨也。苏军门授广西提督。

十月二十五日

黄守忠来函。先是,十七日,张盛高等偕守忠往见渊亭于连山总,渊亭席上责守忠初二日之战不力,守忠负气出,渊亭喝亲兵捉之,经张盛高等劝止;守忠回营,愤欲卸甲。余函责之,兼函劝渊亭。今接守忠书,悔罪语切,尚可嘉也。时距寇踪咫尺,各不敢离营,故刘、黄隔数十里未能会晤。

十一月初一日

接彦帅书云,派丁衡三带十三小营出马白关,由河阳赴宣光助剿。衡三与渊亭前在兴化不睦,属余调停。

十一月初二日

接彦帅书,谓飞催丁衡三一军迅赴宣光,并饬张世荣等截左育河道,悬赏万金。又言德璀琳进京议和,或言赔法兵费,或言借法台湾收税二十年,计不如饵德结俄为我助,则法虏可平,请香帅奏闻。

余函香帅曰：

本日奉彦帅书，谨录呈览。饵德结俄之议，窃疑俄似不宜挑逗，愚昧之见，或不周知世务，敬祈酌复彦帅。

夫中国与西人战，兵轮固患不敌，然只患无饷，有饷则百事可为。中国海口不敢妄议，至越南傍水诸省，终是河道，非如海上之难制其船也。无如关外各军，均有皇皇不给之势，米粮、军火未有则忧无，既有则忧解。曰饷不足，夫何尝不糜巨饷欤？岂以疆臣督师之力不能宏建粮台，厚养夫役欤？关外大炮绝少，攻城攻船均无其具，即偶有数位，又未专开炮营，不过抽勇丁数十护之。兵力既单，则进退运动为难，又不厚养精于施放之人，此炮位之不能得力也。统将因道路夫役种种艰窘，多不肯承领炮位，又皇皇自觅军粮，绝无好整以暇之情。所以敌未来则苟且相安，敌一至则张皇失措，各军同病，宜乎日延一日，不能收复寸土也。

谅山之师，为虏扼守郎甲、船头等处，我一步不能前进。太原之新街，仅马盛治六营，进兵北宁，不知何日。彦帅拟克宣光后继取太原，分扰山西，则兴化不攻自破，诚为老计深谋。但目前景军与刘军致力宣光，所望云军击兴化，桂军击郎甲、船头进逼北宁，分取太原，令彼四顾不遑，无论何军，必有一处得手。不然，我独一军致力于此，彼亦用全副精神抗护于此，未免毒聚一处，极难收效。景崧岂不知仅有四营，何可冒险逼虏城下？然关外皆待虏击我而后回拒，今我试往击人，拚此微命为诸军先，仰仗威福，不敢望必克，但求不被挫，则诸军咸知我往击人之不足惧，而有相率齐进之一日。区区愚忱，伏乞垂鉴。

十一月初四日

芷庵报苏军于十月二十九日捷于坑下，斩法首十五级，内一三画官。琴帅奏调广西按察使李秉衡赴龙州坐办后路。闻香帅捐三千两,豹帅捐二千两助刘军饷。广东在籍督办团练翰林院侍读学士李文田在省设立义捐局,集洋银九千元并助刘饷。

十一月初五日

黎明,法兵出城扑同安总吴凤典营,渊亭由连山总赶至,敌已紧逼。吴营新壁未坚,正在危急。我军相距九里,右营谈敬德闻警,亟率百馀人并押令黄守忠哨官带队同行。时守忠扎我军侧,恐敌来攻不敢离营。敬德过后营呼张金泰带队继往,前营张盛高守本营。城敌开炮遥击我营,阻我驰救。敌见敬德军,即弃吴营而战我军,相隔一田,枪弹雨密。战三时,敬德奋进,敌乃却。渊亭壁上观曰:"此白旗何军?"左右曰:"此唐统领景字右营谈游击军也。"云军亦遥为助击。未刻,敌遁,敬德追五里,遇竹岭,恐有伏,敛队回。探闻法兵伤亡颇众。此为景军第一战。谈敬德独救吴营,可嘉之至!赏百金,椎牛享士。查我军伤亡四十馀人,报彦帅、琴帅、雪帅,电报香帅。是战,彦帅、香帅电奏及奉谕旨录后:

十一月初五日,宣光法房大股出城扑吴凤典营,刘永福督凤典奋击,唐景崧督部将谈敬德助之。寇转向敬德,城上密施开花炮,云军安边营出队夹击。敬德战愈勇,率亲兵陷阵,敌中枪纷倒,三路合击,自辰至未,毙敌甚众,乘胜逐至城下,始收队,各军阵亡二十三,伤七十。初九日,总兵丁槐率队至宣光中门总,与唐、刘会商。唐、丁任攻城,刘任堵河下游截援寇。法重兵在端雄,添兵聚船,欲抄官军后路,饬严防,请代奏。毓英、之洞同肃。

再,顷接岑咨,以后前敌战事,令永福、丁槐报景崧,电致洞,先行电奏,以期捷速,详细由岑驿奏,请代奏明。之洞又肃。

十二月十一日奉电旨:

岑毓英、张之洞电已悉。刘永福等督军接仗获胜,毙敌甚众,着传旨嘉奖。岑毓英督饬该提督等合力进剿,攻复宣光,法添兵聚船,欲抄官军后路,严密防范,毋为所乘。潘鼎新遵旨妥筹防剿,勿稍疏懈。钦此。

旋奉上谕:

岑毓英奏,宣光法兵出犯,经官军截剿获胜,并先后收复各地方一折。本年十一月初五日,宣光法兵乘雾大股出城,直扑刘永福部将吴凤典营盘,经该提督等督队迎敌,主事唐景崧等分路进剿,三面夹攻,毙敌甚众,剿办尚为得手。现在宣光省属之安平府、陆安州、沾化州及宣光城外之连山、同安、中门、安岭各总,兴化省属之镇安、文振、安定各县,山西省属之夏和、清波两县地方,均已收复,百姓安堵如常。仍着岑毓英督饬官军,迅图进取,力挫敌锋。所有出力各员弁,即着该督查明保奏,候旨施恩。钦奉慈禧端佑康颐昭豫庄诚皇太后懿旨:着发去内帑银五千两,赏给此次尤为出力兵勇。钦此。该督务当激励将士,同心敌忾,共奏(肤)〔胺〕功,渥膺懋赏。钦此。

此本年十二月十四日谕旨也,见邸钞。

请缨客曰:黑旗自与法人迭次交锋,皆大战,未有借助于他军者。两载以来,虽曰助刘,何尝有同泽同袍之义哉? 独此次为我景军切实援应耳。渊亭所部,始终不过四千,而与法人相持,或数里之近,每战必一日、三日之久;虽胜负互见,以视坐拥二三万人,去敌数百里外,如北宁、谅山诸军,一击即溃者,得不为刘所夷视哉? 然则黑旗以孤军而屡抗强敌,其负盛名固有来也。

彭雪帅来书,有关夷务,摘录:

再,日本兵之在朝鲜者,近月滋事,句通前岁大院君之坏党,围彼王宫,杀戮大臣。幸吴筱轩军门尚留三营华兵在彼,出队救护之。

有旨饬吴清卿京卿前去办理,不卜能解说以理了结否? 该倭夷显助法鬼,故多事,可憾也!

十一月初七日

渊亭来见。

十一月初八日

由中门回隆安坐营。十一(月)〔日〕,拔营亲驻中门总。

十一月十二日

接香帅电,准添两营。乃增一中营,增一炮军营,以都司卢贵为左营管带,文童欧阳萱为中营管带,都司邹培为炮军营管带,都司龚士珩为炮军营副带。即遣欧阳萱、龚士珩率哨官等入关招募。函芷庵先运开花炮出关。

丁统领衡三初九日已到中门总,本日来晤,营未到齐。法人于城外西南角筑一大营,设炮台城内,山巅添建洋楼。

十一月十八日

与丁统领往会渊亭商议军事。丁颇折节渊亭,而渊亭冷落不为礼。彦帅屡属余与丁统领会合刘军,并扎左育截河,不必攻城。无如丁、刘实有不能并处之势,乃陈彦帅有六不可,书曰:

迭奉谕函,并读疏稿,谬蒙推奖,感愧交并! 至并扎左育一议,屡廑芟虑,窃抱不安。然景崧与丁镇,初并不愿刘提督独往截河专任其难也,曾约其合力同逼宣城;而刘提督谓奉有明谕,派伊堵河,以崧与丁镇攻城,理应遵办。数日后,刘提督忽然变计,乃有三军并扎左育之谋。而崧体察情形,再四筹画,不可有六,前函未尽,再缕陈之。

初谓丁与刘尚可调停也。继察刘之于丁,怨毒若不可解,逼处则祸立生。丁镇纵能含容,而部卒岂尽能忍让? 一朝激斗,必有伤折,宫保何以处之?其不可一也。刘军人心不固,迥异曩时。一溃则各军胆寒,相率而败,无可救药。其不可二也。功不可争,而过不可诿。十月初二日小挫,滇将、刘将彼此交推,罚既难施,而不和之机愈甚。其不可三也。堵河无炮,无论铁轮上驶矣,即民船亦非手枪所能击毁。堵河之说,有名无实。其不可四也。助人者必先自立于不败之地。崧部与丁军粮道皆在三江口,距敌巢近而距左育转远。不顾根本,致败可虞。其不可五也。若分军半扎中门,半扎左育,接递粮饷、药弹,而首尾隔五十里,敌巢居我首尾之中,恐被阻遏;且兵分则两处皆单。其不可六也。崧军尚可依刘,曾与之商,如景军往扎左育,后路粮难,彼能调动越民,倘肯代雇夫役或代办糗粮,即可合扎,据覆不能。崧求之且不能,何论于丁?崧不可往,丁更何术可往?崧与刘交深而与丁交浅,夫岂有左右之见存,而公道在人,不得论交情之厚薄。窃以为宫保此际,惟责令崧与丁镇誓取宣光,不必问其为堵为攻,自力筹所以取之之法。若虑刘军独处兵单,不如令其稳扎连山遥为掎角,置彼于不败之地,尤为稳着。伏候钧裁。

十一月二十三日

彦帅钞寄奏稿,内言"提督冯子材久在关外,深得民心;提督苏元春轻财好义,驭兵有术;主事唐景崧奋不顾身,有胆有识,可否邀恩令其多募勇营,可久与敌支持,将不耐烟瘴之勇,撤换入关"等语。盖是时滇军多病,春夏尤甚,其所以迟迟不进者,未尝不因此。

十一月二十四日

令四营挑队夜往袭城,未得手。

二十五日

传檄各营管带,申饬无能。谈敬德愧甚,不敢谒见。

十一月二十七日

为余四十四岁初度。各营官自二十五日斥责后,垂首嗫嚅;恐堕锐气,厨下适烹熊掌,乃召营官开筵畅饮,谈笑尽欢。

十一月二十八日

彦帅来文,以同知潘德继新募三营归我兼统。德继父曰其泰,南宁人,向带果勇,打仗有声,德继固无能也。勇尚未到。

十一月三十日

俸祝卿来营。余亲往城北勘地势,因营在中门总,距城尚七里,拟移垒城下二里,以便攻袭。彦帅进驻馆司。

十二月初一日

饬各管带往城下踏勘立营地。张盛高懦怯,撤退,以参将王宝华接带前营。

十二月初二日

接香帅十一月十七日电:

歌、蒸两电、两手书悉。谈敬德力战捍敌,奋勇可嘉,传语奖勉,当存记,俟再捷从优奏奖。系何官阶? 并示攻城损卒。水当已消,以塞下游为上策。闻夷四轮已退至端雄,确否? 能用地雷否? 刘铜前赏五万,已由百色解云。今又有数万,定计仍从牧马一路解,属刘派队迎提,须劳贵部协护方妥,运费准另销。刘屡有禀来,甚亲切,阁下调护深悉,刘之功即君之功,此不可以常格绳也。岑军所购后门枪五千杆陆续过粤运往,年底可到行营。可属刘俟枪到乞之。贵军幕中部下多病,甚念。才宜多储,勿惜费。贵体安善? 洞。霰。

十二月初三日

芷庵报十一月十八日王朗青军败于丰谷。时楚军扎丰谷,在谅山之左,与谷松为一路。朗青约谷松苏军往攻船头。苏云,俟募到黔勇再进。朗青乃于十七日派两营独逼法垒,战三时,胜负未分,各收队。十八日黎明,法大队骤攻楚营,据山击炮,营毁勇溃,朗青驰前督战,枪中左右,死数人,不肯退,实不支乃退,十营全弃,大败,丧军火无算。退扎车里。苏军未往援。

十二月初四日

四营移垒北城下,去城二里,坐营仍在中门总。丁营到齐,扎城南,距城亦仅二里。彦帅派何秀林云楼带三千六百人往扎左育以助渊亭。渊亭曾执贽云楼门下,取其谊相孚也。云楼乃扎清水沟,在左育、宣城之中。

十二月初五日

接芷庵信,香帅在龙州设冯、王、唐、刘转运局,以知府张赓云为总办,芷庵为帮办;继又设广、桂、滇、越局。于是广东有局,司道主之,曰东转运局;龙州有局,以李臬司主之,曰西转运局;又在南宁设七军转运局,造扒船六十艘备运饷械:规模宏远,不遗馀力矣。

十二月初六日

刘军往扎左育,截堵河干。

十二月初八日

各营移扎,壁垒已齐,丁营亦已扎定,余乃约衡三设法攻城。衡三谓城南有寨,客匪、教民居之以护西南角炮台,须克此寨而后炮台势孤易夺,城乃可攻,余韪其计。丁营近城南,任攻寨,恐敌由东出救,属我军攻东门,并攻西南炮台以掣敌兵,余概应之。

十二月初九日

传各管带密商攻策。谈敬德任攻东门当头敌,以王宝华为接应;派左营卢贵、后营张金泰攻炮台,饬各管带采明进兵之路。

十二月初十日

往丁统领营商明日攻策。何云楼在坐,谓彼营尚未扎定,商缓之,余不可。归营,函衡三,引曹孟德"天下英雄惟使君与操"之语以激衡三。是夕四鼓,左营卢贵、后营张金泰带队潜进炮台后伏土阜下,东门外有庙驻法兵、客匪数百人,河干有小兵轮载炮驻护。是时,西南北三面皆闭城,独东未闭。我营在北,由北过东,不敢傍城下行。谈敬德、王宝华五鼓带队披荆斩草绕别道赴东门,谈敬德与士卒沥血饮酒。余在中门总坐营,传令亲兵五鼓造饭,饭毕亲往督阵。

十二月十一日

五鼓后,丁军袭南寨,乘敌不觉,入据之,纵火;敌开东门往救。谈敬德带亲兵甫至城下,后队未齐,见南门火曰:"丁军得手矣!"鸣角骤进。敌恐我军遂薄其城也,乃不救南门,专击敬德军,城上、山巅、城外船中,枪炮齐举。我军三面受敌,王宝华继至,与敬德伏岸力战。正酣斗间,余与文案吴鼎卿至前营。甫下马,左营哨官丘启标报管带卢贵攻炮台中枪腿折扛回,续报王宝华伤扛回,血如注,臀腿两伤。宝华呼曰:"谈管带亦伤矣!"当是时,枪炮震天,我军不退,敌亦未却,死亡相当。旋报敬德阵亡。丁统领遣弁驰请我军切不可退,因已得南寨,立掘地营,恐我军撤则敌必救南门,丁军据寨不住。而我军四将已亡一人,重伤二人,后营张金泰在炮台后为敌枪截击不能撤,东门两营无主将,哨官邹全鸿、刘泰清亦受伤扶回。乃躬自督战三时许。天雨,将士饥乏,稍退三百步,坐林下小憩。时敌犹未入城,不敢骤撤,恐其突前扑我营垒也。法兵、教民、客匪见我军四面围攻,有仓皇乘竹舟遁者,多为我军击沉。未刻,敌入城,城仍不闭,我军即列队林下,由营送饭,不敢收队。余回右营,痛哭敬德,亲视棺殓。是日,阵前面谕分将刘九如接带右营,以帮带前营萧彤寿代理前营,副将魏云胜代理左营。我军伤亡百馀人,敌亦大挫夺气。

何云楼亦带队来焉，余约衡三勒兵准备夜攻。报彦帅、琴帅、雪帅，电香帅。

请缨客曰：谈克昌，湖南沅江县人，年甫三十，由军功擢参将衔游击。英挺好胜，投徐中丞麾下，带克字营。潘中丞撤之，依方棣生，闲居郁郁。时余养疴龙州，已卸兵柄。克昌曰："公必再起任边事，如用末将，愿效死力！"景军立，遂委为右营营官。粤兵楚将，成军之始，颇患凿枘。克昌气豪迈，议屯、议战，辄请当先，忌者拾其短訾之。余坚谓此人必不负我，愈毁而优礼愈有加焉，克昌亦愈感奋。十月初五日，诸军蹚伏营门，克昌独以百馀人击挫劲敌，景军遂名震关外。后挑战必先诸将，又辄单骑驰城下相度战场，炮弹拂马头而扬鞭顾盼自若也。余屡戒之。克昌又坚请攻城。余曰："肉薄攻坚非计也，必诱敌出挫而困之而后城可得。"奈敌终不出，于是有十一日与云军合攻之计。战前二日，坐诸将于军帐下。克昌曰："末将愿首扑东门。"次日，传诸将密授方略，戒克昌曰："东门三歧埔地狭近城，又紧邻大河，不易进兵，汝进毋猛，伏队半里外，俟丁军起击南寨，敌必启东门往援，大队过尽，汝始尾击。已命谢莅国夜渡河立山巅，瞰敌出，即麾旗，汝不见旗，不可进也。"座上睨克昌，视其神若不在舍。退语吴鼎卿曰："此子太锐，恐终不利。虽然，猛将不当前敌，何爱之为？"克昌退自秣马于军壁下，呼其哨官文蔚林曰："来吾语汝。明日战必恶，吾当效命报统领。不幸死，汝乡人也，其负吾骨归。吾无妻子，死不足忧！"饮酒至五鼓，率亲兵五人，策马先行。抵东城下，见南门火发，疑云军已得城，骤鸣号招队进。而是时敌正齐队，犹未出城，睹我军有夺城势，乃启门，以大队迎击，猛不可当。战三刻，克昌腿中弹，坐地。前营王定庵曰："汝退！吾兼押汝队接战！"克昌曰："统领亲督阵，何敢退！汝其力战！"定庵本克昌哨官，敌枪正紧,不敢稍却,挥刀奋进,弹穿腿过,再扑又伤,痛不可支。亲兵曳回,而克昌旋被炸弹轰裂胯下,殁于阵。亡我健将,痛不可言,泣涕三日。奏入,谕旨轸惜敕部优恤。香涛尚书与余均有赙。克昌聘石氏,未娶,无子。余檄沅江县徐令商诸族人立其犹子谈国琳为嗣,恤项并军中公费集一千四百金,扶柩以归。石氏守贞不嫁,有禀来营,亦奇女子也。

十二月十二日

我军仍列队东门挑战。法虏据城头,枪炮环击。令邹培立小地营于西城下,离城极近,兼制炮台。借云军小炮架击堞虏,堞毁,虏多伤,不敢立堞。

十二月十三日

我军仍列队诱敌,枪炮对击,互有伤亡。赴丁统领营,商必先夺炮台始能攻城。丁统领议用"滚草法",度离炮台数百丈,潜掘土为垛,可蔽数人,即伏垛下开濠。掘濠渐长,容人遂多,人行濠中,可避枪炮。乃缚草把长三尺,计数万束,滚掷而进。草把墙立,人不受枪,草压炮台,即可立破,滇人谓之"滚草龙"。于是丁、何两军任挖濠,我军任缚草。三鼓,与吴鼎卿单骑走西城下,往会丁统领,噤声坐地,离炮台二百丈,督队开濠,送草。五鼓,濠成,长二百丈。我军负草濠行,敌悄无声。天明回营,调队备攻。电香帅连日战情。彦帅、香帅会衔电奏及奉上谕并电旨录后:

十二月二十一日彦帅、香帅会衔电奏:

十二月十一日,粤军唐景崧与云军总兵丁槐谋攻宣光南门外贼寨,寨为贼要路。是日五鼓,槐分军两路攻寨,黎明毁墙而进,云军别营左右抄击。贼开东门大队出扑,粤军当之。景崧身督战,以两营迎击,以两营击南门炮台之贼。敌于山巅、城上、船中三面环施枪炮,云、粤两军无一稍却。丁军夺得贼寨,贼多乘竹舟遁,复被粤军击沉,溺毙无算。云军提督何秀林率营合击,血战一日,杀贼甚多。粤军营官游击谈敬德猛进,炮伤犹不肯却,复中飞炮阵亡,营官卢贵重伤,王宝华受两伤,哨官刘泰清、邹全鸿俱受伤,云军哨官马联桂阵亡,营官谢有功、杨春标俱受伤,两军亡卒百馀。刘永福、黄守忠沿河截援贼,得竹舟二、板船一。十二日,粤军复攻其东门。十三日,云、粤两军滚草进攻,三日内,昼夜苦斗未收队,兵少不能更番休息,实为恶战,击毙甚多,偷渡溺河尤众。敌受此大创,两军俱逼城口,樵汲已断,敌势蹙。惜南门炮台为梗,军无利炮等语。谈敬德最骁勇,极可惜。现饬焚毁城边贼垒,重赏优保,以期速克。请代奏。毓英、之洞同肃。马。

十二月二十四日内阁奉上谕:

岑毓英等奏官军进攻宣光大获胜仗等语。本月十一日,主事唐景崧、总兵丁槐分攻宣光南门敌寨,敌兵大队出城援应。唐景崧督兵迎击,敌兵枪炮三面环施,我军进攻益力,丁槐率军力夺敌寨,敌人乘舟逃遁,复被粤军击沉,溺毙无算。提督何秀林合军助战,毙敌甚多,刘永福督同黄守忠沿河截击敌援,夺其竹舟板船。十二日,粤军复攻东门。十三日,滇、粤两军会合猛攻,迄未休息。血战三日,勇气百倍。现在宣光门外一律肃清,即着岑毓英激励将士,乘此声威,规复北圻各城,同膺懋赏。此次出力兵弁,着查明存记,俟宣光克复,即具奏候旨施恩。其阵亡兵弁,着先行奏请优恤。钦此。

又同日电旨:

岑毓英、张之洞电陈十一至十三胜仗,已悉。本日已将战状降旨宣示。谈敬德阵亡,深堪轸惜,候奏到优恤。唐景崧、丁槐、刘永福等奋勇可嘉,传旨奖励,俟宣光克复奏到,给予优奖。现据龙州电报,宣光城隅山上炮台已得,是否确实? 即电闻。并着迅图进取,规复各城。钦此。

十二月十四日

滚草日夕不绝。

十五日

继滚。辰刻,积草离炮台数丈,将及矣。余伏兵东门,防虏出援,又伏兵炮台侧。午刻,台内法兵骤出,飞奔东门,城上枪炮齐下,丁军哨官都司何天发搴旗抢登台上,中炮,血肉腾空。两军追击逸虏,枯草为红。有自东门乘小舟遁者,均为我景军击沉。生擒法人、西贡鬼、教匪、客匪二百馀人,释去教民数十人,令数人入城招降,散其党羽,馀二百人缚跪诛之,祭我死士。天容惨淡,地血横流,客、教各匪屡招不出,助虏为虐,死固有馀辜也。讯贼供,十一日之战,毙法酋五画一名,四画一名,一画二名,散虏五百人,城中需粮望救维殷。此次夺台,云军开濠最苦,余报捷,称丁统领首功。城外敌垒至是一律荡平。寇负孤城,外援不至,各营俱逼扎城根,开濠伏处,可与城上人对语。客匪多嘉应人,命丘启标、李文忠以乡谈招之,射书入城,约为内应。夜约丁军用梯攻城。彦帅、香帅会衔奏捷,赏我军攻夺炮台将士银一千两。

十二月十六日

令将士稍息。后营管带张金泰患病,左营哨官丘启标、后营哨官李文忠各扎小垒,紧逼西北城下三五丈不等,一垒赏银三百两。右营管带刘九如据东北角一寺,高与堞齐,日夜枪击城中。代理左营魏云胜与邹培并扎,丁军亦紧逼城下。是时,城之西南北三面华兵逼困,仅东门一面临河未能合围。河为刘军所扼,舟楫不通。法人用玻璃匣藏求救洋文,上插小旗,写"拾送端雄法国大营者赏二十元"。以数匣付水流行，为防河刘军拾得，寄递粤东，译出，皆乞救词。香帅来文，谓洋书与军报情形相符，后将译文入奏。盖西人与中国构兵以来未有窘困如此次者也。

十二月十七日

后滇、粤两军均据城外土岭，用枪俯击，城中毙敌极众，瘗东门外。我军被城枪还击，日有伤亡。勇伏地营，开濠送饭。派参将刘仁柏为总查，督开地堑。掘濠必于深夜，乘敌不见始不受枪，然亦时被击伤。丁军议用地雷，遂暂停攻。余每日赴前敌，短衣匹马，行雨弹中。野象极多，蹄陷田圆径尺，甚碍马足。近城即舍骑步行。敌见马上人必击，知为头目也。

十二月二十五日

接芷庵报，本月二十日，法人攻谷松，苏军刘荣珇、梁兰泉失先锋营，陈嘉夺回复失。二十一日，总兵董履高率龙字五营助战，营官刘士和阵亡。二十三日，法人据山开炮，龙营溃，董统领伤，苏军败退威埔，距谅山五十里。王朗青军驻车里，杨云阶军驻观音桥，未往援。王怨苏不救丰谷之败，杨亦忌苏，故皆坐视。广东萃军十营、勤军八营，甫抵龙州，琴帅俱调赴谅山，冯、王不行。琴帅又调朗青、云阶军齐赴谅山。芷庵电香帅，谓自撤藩篱，谅山愈不可守。香帅电朗青、云阶，谓"贵军不撤，敌疑且缓，必不敢深入。且缓退，选精锐千人夜袭之，败可逾山而归，胜则赏士卒二万，大胜倍赏。务望支此危局。洞九顿首"等语。景军将士家室多在龙州，闻信忧惶。彦帅函余与衡三、渊亭，谓我军进退，视谅山存亡，不可泥攻宣光。芷庵旋函报本月二十七日电旨：

潘鼎新电称，苏元春军退回山庄，谅防吃紧等语。法人纠众扑犯，意存狡逞，必须痛加剿办。潘鼎新当力守谅山，严加备御，并饬各军奋勇进剿,不准稍有退缩。冯子材、王孝祺两军,着迅赴前敌接应。王德榜前经挫损,未加谴责,倘仍不奋勇图功,定即严行究办。刻下关外兵力已厚,潘鼎新务宜妥筹调度,严明赏罚,使各营踊跃尽力,不得以时势难支等辞,豫为地步;倘有贻误,恐该抚不能当此重咎!现云军进攻宣光得手,着岑毓英督军克期应援,牵制敌势,庶滇、粤声气联络,速扫敌氛。钦此。

十二月二十六日

我军尽拔东城下竹栅、(本)〔木〕桩,夜薄其城,伤亡十馀人,卒不得手。

十二月二十八日

云军地道成。黎明,发一雷,城未动。景军用竹梯草捆攻北城,自寅至辰,伤亡三十馀人,云军游击何天祥、守备王世兴亦攻城阵亡。连日寒雨苦甚。敌于城市土岭,掘窟树栅,为城破死拒计;客匪调离不近我营,防勾结也。我军攻城必于黑夜,往伏城下,天明攻不入即不能撤回,仍伏城根,而以城外据岭之兵然枪击堞,使虏不得凭堞俯击城下,兵待夜始撤回。盖白昼虏能见我大队开行,则山巅枪炮齐下矣。战士伏城下送饭尝被击,每以布裹饭递掷而前。后因粮少食粥,不能掷,辄饿竟日。

接香帅本月二十一日电:

真、文、元三电悉。三日苦战,阁下勇略,将士劳苦,佩甚念甚!敬德骁猛遽殁,痛惜不已。贼虽蹙,城甚坚,可下令招降,十日不下,城破痛剿,此为要策。并宣示各将,无论云军、粤军,克宣光日,赏银三万,保三提督、五总兵、十副参游、十勇号,请商彦帅,即复。洞。马。并转岑宫保。

十二月二十九日

丁军又发地雷,城崩数丈,虏死拒。丁军遂跨缺口掘地据之。

我军攻北城,颇损士卒。丁军发地雷在西南,每约我军于雷发时攻其北城以制敌救缺口,惟发雷须待天明方窥见缺口所在,以便扑攻。我军竹梯、草捆攻城,利在黑夜,使敌莫测。故待雷发始肉薄奋攻,伤亡辄众。探报敌援三千将到。是时谅山信警,军心惶惑,粮且不继,数米而炊。云军、刘军俱乏粮,食粥。雨露迷蒙,余与衡三督攻及议事,日坐泥潦中,憔悴无人形。辞去潘德继三营。

恭阅本月初二日电旨:

张之洞电奏已悉。冯子材、王孝祺两军,该督策励进发,应需饷械,设法协济。岑毓英、潘鼎新遵迭谕悉力进剿,勿少迁延。闻法用越南本国兵共六千人,该督抚设法解散,或晓谕招徕,以孤其势。越南外列藩封,现在大兵助剿,该国君臣自当督兵民助顺敌忾。着彭玉麟、张之洞会商岑毓英、潘鼎新,传旨切问,责以大义,令其覆陈。钦此。

十二月(1)

香帅、雪帅、豹帅三衔会奏。录后:

奏为分遣广军四枝大举规越,以缓台围而振全局,仰祈圣鉴事:

窃惟法人犯顺扰闽以后,围禁台湾,朝廷指授机宜,保全南峤,各省疆臣渡兵济饷,百计俱施。然以阻隔重洋,艰难殊甚。粤东迭济饷械,派兵往助,俱已陈明,熟筹今日敌情事势。我不能遽逐法虏以去基隆,法亦不能尽破我军而踞台地,惟有力争越南,攻所必救,庶不致率其丑类肆毒孤台,越圻渐恢,台围自解。屡奉谕旨进兵越南,牵制敌势,明见万里,胜算无遗。前经臣之洞电奏,争越南以振全局。复蒙俞旨,饬办钦遵在案。自十月以来,法屡添兵来华,大率赴越者三之二,赴台者三之一。复据西电,法人决意并力,先逐桂军出越,再图上犯滇军,诚以桂近滇远,为彼北宁、河内等处目睫之患。

此时滇军及提督刘永福方攻宣光，未能即时东下。桂军扼守观音桥、谷松、那阳三路，虽获胜两次，为敌所阻，兵力尚薄，必须由东路进兵，使敌首尾兼急，捣虚而入。查前广西提督冯子材现在钦廉本籍，奏办团练。该提督老成宿将，久官粤西，曾征越匪，威望在人，罢兵未久，旧部尚众。派令募勇十营，继因该提督力陈出疆征讨兵力须厚，又准续募八营。计冯子材共统十八营，由钦州上思州，出边入越，趋那阳一路。据报，于十二月初五日到龙州，先遣八营扎思陵隘口之外，惟续运八营军械须中旬始到。又查右江镇总兵王孝祺现在粤省防营，该总兵戎行稳练，派令带本部四营、抽拨省防粤军四营归其，并统计王孝祺共统八营，由梧、浔溯江至龙州，出关入越，趋谅山一路。据报，于十二月十五日到龙州，军装器械二十二日到龙州。又查钦州参将莫善喜素号能军，自请率师图越，意以法虏屡来，窥伺钦境口岸，不如先发制人。因饬就原部二营增募三营，以为冯子材后路策应。又据参将陈荣辉迭次上禀，请出奇兵袭越，因饬率新募习于越情水陆勇一营，并由署雷琼道王之春拟所部两营助之，会合莫善喜，并进由臣玉麟抽省防湘军一营填扎琼防，俟明正冯军深入，相机进兵。计莫善喜共五营，陈荣辉等共三营，由钦州东兴出边趋海阳一路。又查五品卿衔吏部主事唐景崧，前经臣之洞奏派统四营入越，会合刘永福攻剿，嗣于十一月内宣光攻剿吃紧，准添二营。该主事由桂入越，缒幽逾险千二百里，非复人行之境。到防以来，勇略殊常，屡挫强敌。阅岑毓英奏稿，亦赞其奋不顾身，有胆有识。将滇军潘德继三营归其兼统，自宜厚其兵力，以资展布。已饬俟宣光克复，添足十营。计唐景崧现有六营，正攻宣光，攻克后即下趋端雄一路。通计广军规越者，冯子材十八营，王孝祺八营，莫善喜、陈荣辉等并琼军共八营，唐景崧现有六营，共四十营，分为四枝，分道进攻，遥相呼应。会合滇军、桂军、刘军，互为奇正，优悬赏格，申严军律，教民固不可滥诛，法人亦许其归命，断不准骚扰妄杀，驱众资敌。现因谅山各路告警，已电饬冯子材、王孝祺飞速分道往援。俟明年正月以后，各军俱齐，械到饷足，事机当可渐顺。惟军资浩繁，饷固不赀，械尤难购，内防外协日不暇给，即使有饷有械，而上水转运甚迟，关外办粮甚苦，特是权衡时势之缓急，上体宵旰之忧劳，不得不勉为其难。现将藩运各库之存储、军火各局之造办搜罗殆罄，应付边军。幸蒙圣恩准借商款，已奉电旨，俟陆续提到，当可支持。自十月以来，七接密报，法虏将窥伺广东，曾纪泽自英来电亦同。盖深恶广东为台、越各军饷械之所资，力欲犯扰以图牵制。然制敌机要所在，断不能为之动摇。以上各节，均经随时择要电奏。除本省防务随时竭力筹办外，所有广军大举规越缘由，谨合词缮折由驿驰奏。伏祈皇太后、皇上圣鉴。谨奏。

香帅电：十二月十四日，总署来电，本日奉旨："昨据潘鼎新电称，孤拔抵越，调兵由船头进攻，刻下以歼除该酋为第一要义，着岑毓英、潘鼎新一体通饬各营，有能擒斩孤拔者，朝廷破格恩施，优予爵赏，使渠魁授首，以振军威。钦此。"

后闻孤拔实于攻闽时受伤毙命，未至越也。

十二月除夕（2）

停攻。

卷 七

光绪十一年乙酉正月初一日

丁统领短衣泥履来营贺年;景军将弁俱来贺,枯槁无人色。枪炮之声犹不绝于耳。市商渐集,而价极翔贵:银二十两买米百斤,银七钱换豚肉一斤,鲜蔬绝少,日食盐菜而已。骨痛喉肿,勉起巡营。

正月初二、初三日

我军滚草攻城不克。

正月初四日

文童蒋兰誉扶谈克昌枢启行,带队哭送之。至右营所扎寺中,窥城内甚悉。土山对峙,杀气云腾,枪弹拂拂左右。

正月初七日

接芷庵信,报谅山于十二月二十九日为法所据,琴帅先于二十八日退驻南关,各军俱调入关,法兵至文渊州筑炮台。文渊距南关八里。琴帅继退幕府,龙州大震。我军饷械交琴石走南宁运往百色。

恭录正月初三日电旨:

李鸿章转电潘鼎新电称,法众上犯,日夜鏖战等语。谅山军情紧要,潘鼎新身临前敌,王德榜、王孝祺等军均听候调遣,以一事权。冯子材着帮办广西关外军务,所统各营亦归潘鼎新调派。该抚暨该帮办等务当和衷,切切力办,迅速图功。倘各军不遵调度,即严参治罪。陈嘉受伤曾否平复? 殊深廑系。宣光业已得手,着岑毓英严饬丁槐、唐景崧、刘永福等军指日攻克,毋稍松劲。钦此。

又初五日电旨：

闻谅山失事，曷胜愤懑！着潘鼎新将情形迅即电奏。该抚与苏元春、冯子材当督军择要稳扎，激励将士，迅速进取。倘不能振奋图功，贻误大局，自问当得何罪！王德榜军曾否接仗？严饬实力会剿。王孝祺率队赴谅，现抵何处？着催令进兵。前据岑毓英电称，宣光旦夕可拔。近日战事若何？未见电奏。法逆如盘踞谅山，计必分兵救宣，云军垂成之功，恐将掣动。着饬各军急将该城攻克，扫荡而前，以分敌势，一面即行电闻。云、粤各军饷械，张之洞力筹接济，毋任缺乏。钦此。

正月初八日

辰刻，丁军又轰地雷，城崩丈许，法兵奔救。景军据岭上然枪截击，倒毙无数。丁军再发一雷，去初轰之地不远，城再崩，砖石乱飞，压毙法虏十馀人。景军先于五鼓积草北城下，至是众军践草而上。法兵拚死力拒，枪炮齐发，杀声震山。余与丁统领押队督攻，誓不准退，而伤卒纷纷曳下，惨不可言，不得已撤兵。此次系右营哨官赖朝荣、邹全鸿自请奋攻，不克，摘去顶戴。谅山既失，又闻敌援将至，急欲攻拔，以致损我多士，归坐帐中，叹息不已。本日令赖朝荣、邹全鸿在城之西北角土阜扎一小垒，距城二丈，赏银四百两。垒在阜背，掘堑伏兵以避敌枪，准备我军进攻缺口，即据阜巅用枪截击奔救之敌兵，盖此时与敌虽隔一城，竟可交枪而战。彦帅派弁运到大开花炮二尊，轰毁洋楼数座。赏云军四千两、景军二千两犒师。

正月初九日

赖朝荣、邹全鸿被谴愧奋，相约往观雷轰之缺口，请挑队奋攻。余乃约丁统领行地道中，往窥缺口，商进兵之路。每于濠浅处，必鞠躬以行，昂首即受枪；然地道中亦有中弹者，听命而已。赖、邹就本

哨拣得头等先锋三十人，二等先锋五十人，署状，首夺缺口得城，头
等一人赏三百两，二等一人赏二百两，豫给印票，各先赏番银一元，
刑牲煮酒，然炮祭旗，又派右营管带刘九如、前营帮带刘仁柏带队接
应，左后营攻北城以掣敌势。景军为一路攻一缺口，丁军为一路攻
一缺口。三鼓，余与丁统领坐所夺南门炮台下，四鼓，齐队传令，五
鼓，乘暗进攻。而头等勇丁请于赖、邹曰："我等死勇愿一见统领，且
各乞十金。"余笑问打仗携银何为，众叩首曰："先登必凶，愿一见白
镪而死。"奖慰再四，立遣差官回坐营，飞取三百金。往旋十里，适遇
野兽，绕道行。银至而东方渐白，三十人裹银负枪，骤驰去，奔缺口
大呼，跃登城，赖朝荣、邹全鸿督二队五十人继上。敌枪已密，不能
冲进，大队更不能前。先是，丁军约我军齐伏城下，发号一鼓并进。
而我头队不及待发号，猛抢登城，死二十四人，生还六人，邹全鸿两
伤。余闻信，神魂沮丧，问尸何在。众曰，不见尸，当死城中矣。初
十日辰刻，徒步走五里回营，竟夕未卧，惫甚。而龙州飞报，法兵已
及艽封窥牧马，我军后路将断。彦帅函令相机撤师，勿拚孤注。适
奉廷旨，严饬攻拔，且不肯功弃垂成。于是函约丁、何，本夕再攻，传
令奋勇者报名，勇丁敢带队押队者给军功牌。差官伍义廷愿带队，
亲兵什长姚纪昌、覃启发愿押队，尚少一人带队，乃再派赖朝荣选得
头队先锋五十人，二队先锋一百五十人，大队五百人在后接应，赏格
如前，仍各先赏酒肉银一元。带队押队官八元，列队营门，面加奖
励。语队长曰："不得城，毋见我！"约定，我军攻一缺口，何军发地雷
亦任攻一缺口。俟雷发，三路齐进。我军分攻西北门。部署毕，而
营哨官密禀，本日无粮。亟搜厨下，得米二百斤，益以渊亭所馈糯米
百斤给战士晚餐，大队令自觅粮。三鼓，余至丁统领营，仍与坐炮台
下。云楼四鼓至，各军齐队。五鼓，地雷发，声殷殷而城未动。三路

兵奔缺口,城中枪炮齐鸣。余与衡三、云楼督队于炮台下。法虏死拒缺口,我军再进再却,有已登城而坠隉者,有喋血于城下者,后队人密,城枪乱下,被伤尤众,赖朝荣、伍义廷、姚纪昌俱阵亡,覃启发受伤,丁、何两军亦多伤亡。此十一日卯刻攻缺口之情形也。队长四人,亡三伤一,勇丁更不计数。顿足痛憾,洒泪归营。赖朝荣尸夺回,伍义廷、姚纪昌不得尸。夜遣人觅骸城下,获十二具,终不见二人尸。

请缨客曰:明知攻坚兵家下策也,而事急不得不攻,且城垂拔亦不肯松劲。赖朝荣,福建人,与邹全鸿同籍,二人皆好大言,又性暴,故不肯委为营官,而是时军中猛锐无逾二将者。赖朝荣初十日战归,十一日不欲往,众激之行。知必死,托子于我。差官赖姓亦名朝荣者,从容慷慨,与谈克昌皆有烈士风焉。奏入,蒙敕部优恤。家桂林,其族弟某来见,赠金养其家,香涛尚书亦捐廉恤赏。殁后无棺,殓以桥板,缝不掩骸,竟莫能运,兼以仓卒拔归,夫难道险,遂与庞宜甫柩并厝于沾化州城,拟事稍定移归,不料此地转眼为狐兔场矣。疚心至今,负我友将。伍义廷,云南人,本右营勇丁。十二月十一日之战,赏其勇,拔为差官,即夕命带队赴东城下寻死士骸,获一具,赏二十金,伍义廷冒险获五具。后屡傍城下探事。是日慷慨请行,竟死。其家不知有何人也。姚纪昌,广西人,充亲兵最久,行必扶舆。是日事不济,同党劝其退。纪昌曰:"统领有言,城不克毋来见,何敢归营!"中枪堕濠死。

正月十二日

挑队再攻,参将邓有忠、什长汪鼎臣带队,什长覃启发、赵全红押队。置酒营门,延之上坐,勉以此次志在必克,以李文忠、刘仁柏、刘玉贵带领大队在后接应。丁、何新得赏项,所挑奋勇俱畀现银,朱额为志,退后者斩。余三鼓至丁营。何军再发地雷,四鼓齐队。地雷发,城微崩,飞石毙我军数人。赵全红腰伤,仍分三路扑攻缺口,城枪络绎，忽远忽近。我军兼攻北门，呼声震天。丁军后队以为得手，亟呼守营军齐进，而头队在前，力攻不入。战至十三日卯刻，不得不退。大队拥挤地道中，余令箭不得前。邓有忠、刘玉贵、汪鼎臣、覃启发均已伤，不敢退。立久，伤人愈多，邓、覃伤尤重，辰刻始撤下。至是连攻三日矣，折将损兵计已不少。三人议曰，敌援且至，宜少休息，以防敌人生力军。云楼乃命参将马维骐带三营助刘军截河。维时城中粮弹将尽，旦夕可拔，每闻哭声；而城虏终不张皇，更柝寂然，夜以电气灯巡堞数周而已，洵劲敌哉。

正月十三日

电旨：

岑毓英、张之洞电称，云、粤各军力攻宣光，苦战不退等语。官军奋勇进攻，深堪嘉尚！着岑毓英激励各将领，将宣光克日攻拔，迅奏肤功。据探，援敌将到，并闻有太原法兵图犯宣光后路之说，着督军扼扎，严密防范，毋为所乘。前据鲍超奏报，于十二月初二日自川启行，刻下行抵何处？着迅速电闻。钦此。

又旨：

李鸿章转电岑毓英电奏，宣光军情已悉。丁槐、唐景崧等督队猛攻，均属奋勇。仍须稳慎进攻，相机克复，庶不至多伤精锐。至力扼寇援，尤关紧要。着岑毓英督饬刘永福严扼端雄、巨岭一带要路，认真截击，使彼族不能联为一气，攻剿自易得手。钦此。

此正月二十一日电旨也。

正月十四日

接芷庵报，本月初五、初六等日，萃军战法于文渊，苏军、勤军继至，无胜负。又报，初九日，杨云阶军门阵亡于文渊，苏军退守关前隘，法兵入镇南关，轰毁关门旋去。琴帅退驻海村扒船中，苏军退扎幕府。湖北新到六营,道员魏纲统之,名衡胜军。

请缨客曰:杨云阶(爵)军门在滇平回匪起家,荡决纵横,独当一面。潘中丞视若神将,仅界以广武军数千。南皮谓其愤郁以死,有以夫!虽然,云阶死,天下遂无訾云阶短者,竟以一死成勋业完人,岂非奇幸哉!其少妾牛氏亦殉节死。云阶草菅粉黛,乃获此烈女报,更奇。

正月十五日

闻法援兵至端雄。端雄距左育约百里,水路入宣光必由之道,驻有法营。余屡请云军击端雄,则敌援可截。彦帅云,檄总兵覃修纲兵进端雄,尚未拔队。

恭录正月十三日电旨:

潘鼎新迭次电奏谅山失守并法众犯镇南关等语,所请治罪之处,着潘鼎新将详细情形具折驰奏,再降谕旨,并着该抚戴罪图功,督饬各军择要扼扎,实力守御。倘该抚及各统将不能妥筹防剿,再有退挫,致敌踪阑入边境,定即从重法治罪!苏元春连日鏖战获胜,现虽退扎幕府,军势尚可复振,当与潘鼎新扼险驻军,力图堵剿。李秉衡近在龙州,着随同该抚筹办军事。冯子材、王德榜经鼎新飞催不至,可憾已极!着张之洞、潘鼎新传旨严饬援剿,倘再玩延,即照军法从事。潘鼎新前电称马盛治克多福府,续电又称马盛治未克多福府,两歧着查明电奏。钦此。

请缨客曰:谅山失后,苏军溃卒未集,潘督师乃无故奏有巴平之捷;旨称苏元春连日战胜,当据所奏而云然也。谅山吃紧,萃军甫到十营,军装未备,继募八营未齐,势难骤进。勤军八营东来,途次斩一索饷勇丁,众乃哗溃,抵龙州不及二千人,赶募亦不能赴援。王朗青治军严整,而性情骄愎,自负湘中老将,每与督师龃龉。据云,事急时,督师一日间檄五六下,调其所部,倏东倏西,无所适从,并非抗调。朗青初不遵署广西提督之旨，继又败于丰谷，至是被催援不至之劾，遂褫职候察办，所部归苏接统，正在谅山大捷报未入都之际。当是时，主、客各军不能共缓急、图奋取，督师又意气自用，且迹近偏袒苏军，故谷松一败，众军袖手，坐视颠覆而不救，岂真法人之猛悍不可制哉？盖亦我将帅不和之所致也。滇军虽恢复无闻，而将领皆西林旧部，号令专严，稳扎未曾一挫。其攻宣光也，如我景营，无不让丁镇、护刘提，故有七十馀日合力同心之苦战。城虽未克，虏受奇窘。传曰："师克在和"，非千古兵法之要义欤？

正月十六日

丁统领来营借粮，无以应之，皇然去。申刻，忽报法兵大队援宣光，犯左育，已与刘军接仗。刘军地雷轰毙百馀人，枪毙百馀人，敌犹未退。亟派差官谢苉国走探，又令魏云胜带队四百人驰助。未行，旋报刘军已溃，渊亭走浪泊。谢苉国半途折回，探闻法兵冲破吴凤典、李唐营，黄守忠扎对岸，为法兵大队所隔，不能抄救，左育已失。云军尚有在地营者。先是，彦帅屡函余与丁统领，谓法援将至，我军零布城下，苦战力疲，腹背受敌，不能当新寇，宜退扎深山老林，相机而动等语。余心疑之，犹冀渊亭全师扼左育，养锐未战。左育扼定，则宣光坐困可克，未肯遽退。今左育失，则疲军诚不能御生敌，且军中苦粮不继，而龙州、牧马后路岌岌可危，饷械运往百色，又遥遥莫能接应，实有不得不退之势矣。乃函丁、何，询进止，未复。黎明，李文忠报丁军城下各营已撤，请示退否。始令先锋营一律撤退，并归大营。先载伤卒走三江口，回沱化。十七日午刻，自率亲兵陆行，令四营从容拔退。

十八日

遇丁统领于道，席地欷歔。宿北埔。十九日抵沱化，各营续至，仍扎沱化。丁军初扎寒猛，继回中门总。何军在清水沟，尚不得刘军消息。禀彦帅、电香帅,请示进止,云牧马吃紧,与其再攻难得之宣光,不如退保未失之牧马,以捍归顺。渊亭回驻同安总,信来,怨黄守忠包抄不力,坐视不救,禀请彦帅参劾,守忠因是革职。十八日过寒猛,晤守忠。知渊亭此败,必归罪守忠,约其同出牧马。守忠深感愿行。余并约渊亭赴桂边就饷械,整军雪耻。渊亭复书曰然,又以重迁为忧。景军新募中营护饷未到,炮营取道保乐抵那香,仅运到小开花炮二尊,然已费尽气力矣。

正月二十五日

电香帅:

闻南关不驻营,甚骇,中外知有镇南关而不守可乎? 崧请往扎南关,再议后图何如? 祈示。崧。宥。

又电香帅:

十九电调黄归崧,兹再详陈。黄守忠泣诉左育之役,非不顾主将,亦非彼军先失营垒包抄不到,乃为敌后队截住。刘挟嫌诬罪,捏禀彦帅参劾。官不足惜,劣名可着,誓死依崧,图功赎罪;不允,则入山去矣。其死士二百人,俱愿为主雪耻。依刘败散,泣涕求收。查刘、黄久不睦,今不可再合。黄去而之他,恐其党为乱。使功不如使过,乘其急而救之,不敢谓必奏功,决必能苦战。惟用黄当径与刘分,询尚有八百人,月给五千足养之。如蒙曰可,乞檄黄依崧为选锋,径调出,不必防刘怨。崧。宥。

正月二十九日

接彦帅来书,极以我军退保牧马为宜,并已据情入奏。本日先开两营,所有退宣光、旋牧马,香帅电报、电奏及电旨录后:

香帅正月二十六日电:

唐主政:十九电悉。顿足叹恨,天不殄夷,夫复何言! 贵部自以保牧马为是，可与桂军联络，且饷械后路较便，再图后举。惟以后云军、刘军信息均难通，能改筹一路设站否？但更纡远，奈何！黄守忠能招之来牧马尤好，速图之。不知彼须候刘檄否？贵军一切可便宜从事。洞。宥。

又正月二十七日电：

唐州判飞递唐主政，转岑宫保：援至，刘挫，宣围竟解，顿足叹恨！不审尊意如何布置？或再进，或缓攻。云军今扎何处？连日龙电，寇将攻芤封，图牧马。唐军粮弹俱乏，维卿恐后路断，请示防牧马，徐图共举。所虑自是实情。惟前敌洞未深悉，已属请公示。祈飞速酌定饬遵即复。洞。沁。

又二月初一日电：

岑宫保、唐主政：正月二十九日电奏云，'迭据唐景崧报，饷弹缺乏，牧马局徙避铁厂，后路阻绝，请回防牧马等语。查宣光势难再攻，牧马寇所必争。接潘抚电，芤封已有贼踪。前因南关被扰，龙局将唐军饷弹改解百色。此时唐军孤悬沾化，无益后路，饷断弹乏，其军必溃，惟有速回牧马，助桂为妥。已饬速商岑督，但左育既扰，道路难达，并令酌量情形，若事急即速拔回牧马。冯既援廉，唐回助桂，先议守，徐图攻，似为稳便，请代奏。之洞肃。艳。'等语。钞稿寄维卿转彦帅。洞。朔。

正月二十九日电旨：

彭玉麟等电奏，钦廉防务紧要，请急调冯子材率十营回援，钦廉以八营扎上思州隘段，相机策应等语。又据李鸿章电称，接龙州电，闻法进扎扣波，由芤封进窥牧马，欲尽取越境等语。敌势凶狡，粤西兵单，冯子材一军能否调回，着彭玉麟等与潘鼎新会商妥办。前有旨，令鲍超迅由开化便趋保乐，力顾牧马一路，着岑毓英飞咨该提督兼程前进,择要扼防,毋稍延缓。闻法救宣光,刘永福军溃退,丁槐等亦退扎,尚未据岑毓英电报,殊深悬系。着即确查速奏,并饬各统领扼要坚守,与潘鼎新各军力固边疆门户,毋稍疏虞。钦此。

二月初二日电旨:

岑毓英、张之洞电奏已悉,官军攻宣数月,血战多次,将士损伤,卒为援寇所挠,实堪愤恨。现在各营退扎,岑毓英当饬统领等择要扼守,竭力维持整顿,候有机再图进取。张之洞电称,唐景崧军宜速回牧马助桂,着该督等妥筹进止。冯子材军应否调回,亦遵前旨与潘鼎新商办。钦此。

二月初一日

先开两营。

初二日

自率两营由沾化起程。

初四日

至那香,伤卒扶行颇迟。

初九日

抵苏街。中营已来,并炮军共六营,小住。闻法人铁甲船二只到广东北海。电询香帅,前有增足十营之谕,尚准增否。

接香帅正月十九来电:

法闻我南洋五六船将出,分台北六艘将来寻我船并铁甲二。正月初一日,遇我二艘于浙洋石埔,均为彼鱼雷所毁。十五攻三船于镇海,战三刻,招宝山炮台助之,台船中敌五六炮,敌退,我军亡二,贼毙二十七。十七日又来攻炮台,击伤一艘,立退,馀船皆中我炮,亦退。分泊舟山、铜沙、金堂一带,我船无恙。洞。皓。

后闻此电情形不甚确。

又恭阅电报本日上谕：

刘秉璋奏镇海口岸获胜情形一折，正月十五至十九日，敌船屡扑海口岸，经提督欧阳利见督率水陆营勇及轮船管带各员合力轰击，将敌舰迭次击坏败退，尚属壮勇可嘉。着刘秉璋仍饬在事各将领严密防守，毋稍松懈，其尤出力之同知杜冠英、副将费金绶、守备吴杰，受伤之军功周茂训，均着存记，汇案请奖。钦此。

二月初七日

电香帅：

丁槐书来，谓彦帅准刘赴桂增募。彦帅函云，左育溃后，士卒仅存数百，崧访闻近似，故力属入关增募，否则黑旗亡，戎心快。惟此人不用则已，用则宜明定饷章，与官军一律，不可听其自便。不识艰难，全其令名，崧所深愿。崧。

恭录二月初九日上谕：

广西关外各军上年十二月及本年正月迭有挫失，巡抚潘鼎新身为统帅，虽身临前敌并受枪伤，惟未能策励诸将，力图堵御，实属调度乖方。潘鼎新着即行革职。前福建布政使王德榜赴防最早，未立寸功，前在丰谷遇敌挫退，南关失后，又未能迅速赴援，实属惟怯无能。着即革职听候查办。苏元春屡着战功，任事勇往，着督办广西军务，广西巡抚着李秉衡暂行护理。钦此。

又二月十三日上谕：

潘鼎新电奏，各军鏖战，大获胜仗等语。本月初七、初八两日，敌兵在镇南关外分路进攻，冯子材、王孝祺立即迎击，苏元春与蒋宗汉率师驰援，各军合力堵剿，大获胜仗，杀伤千馀名，夺获象马并枪炮多件。当将敌兵击退将士奋勇可嘉着苏元春、李秉衡优给奖赏，以示鼓励。钦此。

同日电旨：

潘鼎新电称初七、初八胜仗，本日已降旨宣示，所获象只准其解京，出力各员苏元春、李秉衡查明请奖。王德榜东路获胜情形，并着查奏。该军已饬苏元春接统，如敌军东犯，各军应如何互相援应，力保岩疆，着苏元春调和将士，悉心布置，毋稍疏虞。钦此。

二月十七日

抵牧马。接芷庵报，南关连日胜仗。又报十三日官军克复谅山，法人大挫，斩擒千有馀人，伤者不计，楚军夺获枪炮、逼码、番银、马匹尤多。冯军追驻观音桥，苏军、楚军相继逐寇驻扎谷松，琴帅出关驻驱驴。是捷也，法人胆落，北宁、河内大震，束装登轮，豫备逃遁。

二月(1)

在牧马。闻龙州电报，澎湖于本月十五日法人攻据之。接香帅电，准增四营，以刘仁柏义臣为副前营管带，丘启标发庭为副左营管带，任定元仲山为副右营管带，李文忠国卿为副后营管带，拟募成扎新街，规取太原。

二月(2)

在牧马。命越官梁俊秀筹粮。太原客勇头目梁正理、何三、谢二等纷请愿随效力为前导。香帅奏以黄守忠归我，得旨允准。飞催黄守忠带队前来。

恭录本月十七日电旨：

据张之洞电陈左育接仗各情，并称黄守忠骁勇等语。黄守忠着准其随同唐景崧助剿。现在谅山已克，法受大创，必图报复。新加坡电报，有法船运水陆兵往东京之信。我军必应稳扎稳守，苏元春等不得恃胜轻进，致有挫失。鲍超由开化趋保乐，着岑毓英、苏元春互相知照，一俟鲍超到防，何路吃紧，即会同援剿。总期彼此策应，自立于不败之地，再图进取。钦此。

二月(3)

在牧马。知丁统领槐于正月简授贵州古州镇总兵。

恭阅邸钞十年十二月二十七日上谕：

前据都察院代递翰林院编修潘炳年等奏张佩纶等偾事情形，给事中万培因奏张佩纶讳败捏奏、滥保徇私各一折，迭谕左宗棠、杨昌浚查办。兹据左宗棠查明具奏，张佩纶尚无弃师潜逃情事，惟调度乖方，以致师船被毁。且该革员于七月初一日接奉电寄谕旨，令其备战。初二日何璟告以所闻，谓明日法人将乘大潮力攻马尾，该革员并未严行戒备，迨初三日败退，往来彭田马尾之间，十五日始回驻船厂。其奏报失事情形，折内辄谓豫饬各船管驾，有初三日法必妄动之语，掩饰取巧，厥咎尤重。张佩纶前因滥保徐延旭，降旨革职。左宗棠等所请交部议处，殊觉情重罚轻，着从重发往军台效力赎罪。何如璋被参乘危盗帑，查无其事。惟以押运银两为词，竟行逃避赴省。所请革职免议之处，不足蔽辜，着从重发往军台效力赎罪。何璟、张兆栋办理防务未能切实布置，业经革职，免其再行置议。提督黄超群、道员方勋，前据张佩纶奏，危险坚持，出奇设伏，截杀多名，是以降旨奖叙，兹据左宗棠等查明，该提督等纪律不严，已可概见。朝廷赏功罚罪，必期允当。黄超群着撤去黄马褂，方勋着撤销勇号，以昭核实。已革游击张成身充轮船营务，并不竭力抵御，竟敢弃船潜逃，虽此次马尾失利不能咎该革员一人，惟该革员有统率各船之责，玩敌怯战，亟应从严惩办。张成着定为斩监候，秋后处决，解交刑部监禁。左宗棠、杨昌浚于奉旨交查要件自应切实详察覆奏，乃所奏各情语多含糊，于张佩纶等处分意存袒护，开脱军事。是非功罪，关系极重，若失事之员惩办轻纵，何以慰死事者之心。左宗棠久资倚畀，凤负人望,何以蹈此恶习? 着与杨昌浚均传旨申饬。嗣后大员查办事件,务当确切查明,据实陈奏,用付朝廷实事求是至意,不得以或查无确证、或事出有因等语依违两可,含糊覆奏,自干咎戾。懔之。钦此。

二月二十日

电香帅:

咸电谨悉。遵飞致渊亭。刘此际以增募自强为主,前劝来牧马,今再促之。桂军乘胜取北宁,崧请往攻太原。越官梁俊秀原籍龙州,系高平、太原之豪,得其助,越民易呼应。须小有津贴,以便从公。多福府金英县民俱请崧往剿,愿筹粮。此外可一橛响应。候示遵。崧。号。

二月二十二日

电香帅:

华人梁正理聚游勇数百,经崧饬安分。据禀,现驻新街,不敢扰民,候调遣。太原民禀,如崧军往,有八十社,每社愿月以十金供正理饷,另供粮。又有何三、谢二,正理愿招集一处。若辈流荡扰民,则官军夫粮为难,抚之便须略有所给方受部勒。往太原,不重克省期。收拾人心,虏自穷。马、陈六营可并苏一路,与苏、冯并规北宁,力乃厚。但太原不复,恐中路终难飞渡而逼北宁,故崧请往太原。崧。养。

又电香帅:

十七日电旨恭悉。承示分别速复。窃意诸军挫虏复城,乘胜进取,民心军心就此大震,此机不可失。但迭次力战不无损折,且虑粮械乏,稳扎再进亦善。前各军奋勇,迫于罪无可逭,路无可退。今局面一更,恐未必历久心志皆齐;当以调和诸将为要义。鲍军自应协滇,若入桂则应往海阳,我多一路兵,敌分一层势。崧得十营,合黄军可独任太原。料理有绪,即拔队。崧。养。

卷　八

二月(1)

在牧马。二十七日四鼓,接芷庵函报香帅二十四日电,已有旨停战撤兵等语,不胜惊讶。亟披衣起,阅电曰:

苏督办、冯帮办、李护抚台、王藩台、王镇台、唐主政、岑宫保、鲍爵帅、云南抚台:顷据总署二十二日来电,本日奉旨:法人请和,于津约外别无要求,业经允其特请。约定越南宣光以东,三月初一日停战,十一日华兵拔队撤回,二十一日齐抵广西边界。宣光以西,三月十一日停战,二十一日华兵拔队撤回,四月二十二日齐抵云南边界。台湾定于三月初一日停战。法国即开各处封口。已由李鸿章分电沿海云、桂各督抚,如约遵行。惟条文未定之前,仍恐彼族要挟背盟,伺隙卒发,不可不严加防范。着传谕沿海各省将军、督抚并云南、广西督抚及各路统兵大臣,督饬防军,随时加意探察,严密整备,毋稍疏懈,是为至要。钦此。着即转电云、桂等语。洞谨转。敬。

二月二十八日

接彦帅来书,知云军于二月初八日与法人战于临洮府,大破之,战情见彦帅二月十二日电奏:

法大股六千上犯临洮府,复分两枝,一北趋珂岭安平,一南趋缅旺猛罗抄我后。英饬李应珍、岑毓宝扼北路,王文山等扼南路,亲督覃修纲扼夏和清波中路,王文山进据缅旺,各路营官在象山梁支燕毛等处遇贼,战,皆有斩获。贼遂并力临洮,二月初七日,贼四千围临洮存洱社,由义埔各营李应珍伏垒坚守,覃修纲以精锐驰援。初八日援至,应珍突出,与韦云清、沙如珩俱负伤,击阵斩五画一、三画二画各二,真法兵千馀贼仍拒,诸军夹攻,战至夜,贼大溃,毙白衣法兵二百馀、红衣法兵四百馀、教匪千馀,获械百馀、皮匣百九十馀、白衣裤四百馀、红白洋帽四百馀,图籍甚多。均解营验令,馘分悬云、越示众。我军亡三十九员弁,勇伤百二十馀,传言战死法公使一、法酋七,尚未探确。现督师进剿,请代奏。毓英肃。文。

此捷在克复谅山之前,时宣围已撤,关外无站,文行内地,捷报入京,已在议和后矣。

二月二十九日

接香帅二十四日电:

岑宫保、唐主政顷接总署二十二日来电,本日奉旨:是日已将停战日期谕知岑毓英矣。现拒撤兵期近,刘永福一军必须妥为安插,将来或在边界屯军,抑或别筹调度,督务须熟思审处,先行奏闻,候旨定夺。钦此。即转电岑督等语。洞谨转。查刘事前接彦帅电并咨,已饬永福赴桂边募勇助剿,电知维卿。现在彦帅如何办法,请电示。鄙意此人万不可弃以快敌,为粤扼边亦甚好。或钦州、或思州、或龙州,皆有用。拟询刘所愿,方为妥协。请彦帅卓裁,即赐复。维卿并即酌复。洞。敬。

同日又接香帅二十五日来电:

岑宫保、苏督办、冯帮办、李护抚台、唐主政、刘提督永福:洞三次电奏谅山暂缓撤兵,严旨不准,贵军即钦遵二十二日电旨,依限撤兵,勿误。洞。宥。

即函渊亭来桂再议,电复香帅。香帅三次电奏录后:

二月二十二日电奏:

顷阅西人密报海防来电,北宁危急,特拨该处军士数百名前往救护。又接法电,新换外部又辞职等语。至法提尼格里毙,洋电久传,现因梧州线阻前敌,自十六后无信来,惟前接冯电,法遁北宁,分军追剿,此必是冯军进攻北宁。冯三次出关,威惠素孚,越官民多为耳目,近大胜后越人必多响应。连日西电俱言法愿就款俱照津约,不知确否。万一实有其事,伏望详酌。总之非有谅山,龙州无险不能守,愚昧沥陈,恭候圣裁。请代奏。之洞肃。养。

又二十三日电奏:

条约未定,万万不可撤兵。臣之洞谨昧死上陈,恳圣明熟思。请代奏。之洞肃。漾。

又同日电奏:

顷北洋电和议已画押,奉旨撤兵。窃谓停战则可,撤兵则不可,撤至边界尤不可。关外兵机方利,法人大震,中法用兵年馀,未有如今日之得势者。我撤敌进,徒中狡谋,悔不可追。桂边必扼谅山外谷松观音桥等处,若弃谅及高平,法必屯兵,沿边无险,无从防守。钦廉亦逼两广,永与法为邻,以后兵力饷力难支。且电线断数日,连日雷雨,忽通忽阻,前敌远难速达。初一停战,断难接到,粮械繁重,十日亦难撤至界。伏望展限详议,令彼撤基隆澎湖之兵,我方可撤,看北宁能否攻克再定。若得手,更易商。边事重大,迫切上陈,伏候圣裁。

再正发电间,接冯十九电,拟于二十一日亲率本部并王孝祺军攻郎甲,绕袭北宁。洞昨闻法调海防兵往助,尚催冯添兵援剿,并饬钦州进兵,欲停不及,只可俟续报战情再请旨。请代奏。之洞肃。漾。

三月初三日

接香帅二月二十五日电:

李护院、苏督办、冯帮办、王镇台、唐主政、岑宫保：总署二十五日来电，本日奉旨：撤兵载列津约。既允照津约两国画押，断难失信。现在桂军复谅，法即惧，苏、冯、王若不乘胜即收，不惟全局败坏，且孤军深入，益无把握，纵再有进步，越南终非我有。而全台隶我版图，援断饷绝，一失难复，彼时和战两难，又将何以为计？且该督前于我军失利时，奏称只可保境坚守，此时得胜，何得不图收束耶？着该督遵旨亟电各营，如电信一到，即发急递飞达，如期停战撤兵。倘有违误，敌生他变，惟该督是问！钦此。即转电云、粤督等因，所有云、粤各军停战撤兵日期，望谨遵二十二日电旨办理，李护院速发急递，飞致苏、冯、王、唐、岑、刘钦遵。接此电后，即赐复为要。洞。宥。

彭雪帅电奏请饬统兵诸臣仍扎原处，二月二十六日奉电旨：

彭玉麟奏请饬统兵诸臣仍扎原处等语。撤兵系照津约，断难失信。已将办理此事全局利害谕知张之洞，着即给与该尚书阅看，自可了然。然自撤兵回界，仍系整军严防彼族，即挟诈背盟，我亦有备无患。该尚书等惟当懔遵前旨，迅速办理。钦此。

香帅二月二十五日电奏：

保、谅不可让法，桂、全边广钦廉二千馀里，皆设防营炮台，断无此力。如初议难改，窃有一策。请敕总署北洋速告法，广州至龙线坏数段，洋匠少，难速修。岑军距龙二十五站，宣光撤围后，云、桂、台站已断，前敌难速达。此本实情。越地停战，宣光东西各展限十日或半月。冯提现率王孝祺军规北宁，冯素得越心，习越地，越人多通消息，此次法人入关，疑冯有内应，以匪教居后、法兵居前，故真法兵将伤独多，遂大溃遁。冯首倡出关，诸军从之，越人响应。今他军尚屯谷松之后，冯军独前进深入，王军肯同冯进，其故可想。闻李扬材之弟现在北宁城内，与冯通信，如此事机，兵势不争可惜。可否特敕冯加以褒奖，如能于十日内攻克北宁，许以爵赏，军士及越官民破格优保重赏，敕苏酌分军助之，敕岑进兵牵敌。万一能克，河内必震，法更馁，可以北宁换保、谅，全局俱振。洞不敢谓必克，特以大局安危，人事宜尽。若蒙天助，或冀成功。区区愚虑血诚，有一线可为，不敢不竭力。伏候圣裁，恳电旨速行。请代奏。之洞肃。有。

恭录二月二十七日电旨：

张之洞电均悉。中国素以信义为重，法已电，孤拔于三月初一日停战，开台湾北海封口，并令在越统领定期停战。若我失信，致生他变，不特兵连祸结，且为各国所不直，嗣后交涉事件益形棘手。电线中断二十五日已由总署告知赫德，以云、桂电信恐难速达，展限二三日，令其电法，断难再与议展。若此时复饬进兵，此等举动岂中国所可为？幸而获胜，尚觉得不偿失，一有蹉跌，更伤国体。该督近接岑毓英电报，是电线已通，正宜迅速传达，务当懔遵，严谕饬令防军如期停战，撤回边界，并仍整兵严备，以防不测，方为正办。倘有违延，朝廷固必严惩，而贻误全局，该督返而自思，谅亦不敢出此。懔之慎之。该督于奉旨钦遵后即电闻。钦此。

恭录三月初一日电旨：

张之洞电奏冯子材探法新兵到，定二十八日大举攻谅，虚实难测，请训示诸将进止机宜等语。停战期前法如进犯，自应尽力堵剿；停战期后如彼前来攻，扑该防营侦探确实，即由将领照会法兵官，告以现已停战，毋再进兵。倘彼置若罔闻，仍来扑犯，即行实力剿办，一面将照会原文即电总署存案，庶不令借口我先开战，别生枝节。钦此。

三月初五日

接丁统领函云，渊亭仍欲恋保胜。并云，刘、黄不睦，久未晤面。

接香帅电：

唐主政：款局虽定，边防难撤。贵部所添四营仍速招，如有愿用良将而在他营者，可向李护院求之，洞已电致矣。黄守忠速调，率所部来，有信否？今筹安插刘永福，洞奏请令屯思、钦一带，统三千人捍边，归冯调遣，粤给饷械，望速催东来。缘此次和议撤兵止于边界，刘若在越，亦必为法并，官军不便援助，惟有附粤属冯为长策，永为国家守边大将，亦甚壮伟。可属渊亭率所部来桂边，募足此数，详议屯扎处所。正发电间，已奉电旨允准，速达岑、刘，即复。洞。歌。

鉴帅三月初五日电奏：

滇、桂、广三省皆与越接壤，滇以互市重，广以海防重，桂以守边重。桂与越界自小镇安、归顺州、下雷、龙英、安平、上下冻、凭祥、思陵、思州各土州，以达龙州、上思，自南至东绵延一千八百馀里，历镇安、太平、南宁三府，所辖计大小隘共一百数十处，犬牙相错。归顺出牧马，镇南关出文渊，思陵出那阳，下冻出尤封，皆近年行军大道。如由上思出十万山，通北海至海阳等类，则又不可悉数。现遵约桂军还扎边界，如将谅山、高平越境悉听法屯兵，则桂防处处可虞，敌或渝盟，瞬息压境，我将何之？似不能不豫筹限防。秉衡博采众论，拟请在谅山、高平一带之地，仿古之瓯脱，两国皆不置兵，听越民杂处，俾我与法隔，既免时起衅端，遇事较可措手。请总署代奏。秉衡谨肃。歌。

香帅电奏，已委州判孙鸿勋赴越，谕云军、刘军撤回界，事毕，委员偕刘入越。盖此时法人惟恐中国电断不能达滇退兵，乃由赫德派洋人吴得禄偕广东委员乘轮赴越，传撤兵之信于云军、刘军也。

三月初六日

接香帅电：

李护院、唐主政、岑宫保、冯帮办：总署初五日来电,本日奉旨:张之洞电奏,拟令刘永福统军屯扎思、钦一带等语,所筹尚是。着该督与岑毓英商办,钦此。转电云督。微。等语。请彦帅妥筹指示办法,并檄刘速来,请维卿速递彦帅善致渊亭。洞。鱼。

香帅三月初二日至二十二日电奏录后:

三月初二日电奏:

两广各军谕旨已到云,亦必达法。又代递臣之洞未敢违延,当蒙圣鉴。惟紧要数端,必应早议。一、我虽撤兵,彼亦不得进兵,宜扎原处。目前游勇甚多,设生事,我难任咎。一、东则谅山、高平、广安,西则保胜,凡与我界近之地,宜作为瓯脱,虽法保护,仍不得屯兵、筑炮台,以免逼近生衅。一、基隆、澎湖宜令即退,以为和好实据。一、津约但言于法商务极有益,宜增为中法商务彼此均有益,以昭平允。一、自去年开仗以后、停战以前,中国毁伤法人物业,应勿庸议,去年粤曾照会法及各国颁事。一、既不碍华体面,须载明听越朝贡。一、刘永福无论安置何处,刘若不攻法,法亦不得寻衅。再论以上七条,请敕北洋赫德速与法议。此乃津约未备,赫德疏漏,与津约并无翻背,理当增补。近体察法领事情形惶急殊甚,急盼停撤税司,言云、桂军虽停战,但恐刘永福进攻。盖永福败衂详情,彼族不知,尤宜护惜,藉以捍敌。务宜早商,尚可补救一二。乘此撤兵限内,我虽守信,彼或虑变,较易商量事半功倍。若我兵已退,彼军渐集,据要养力,更难争论。机不可失,悔不可追。沥恳圣鉴,请代奏。之洞肃。沃。

三月初五日电奏:

接总署电,中法约定撤封口后,彼此勿运赴台兵勇、军火,不胜焦灼疑惑。既禁济军,所谓撤封口何事,若仅通各国商船,与我何涉？连日赴台法船络绎，何一不运，孰能查阻，不过禁我而已。然则赫德所议我撤越军、彼开封口之说，皆属虚妄。台、澎不撤已不平允，今并口亦不开，是中国坐受欺诈，实可痛愤。数月后，台则彼足我耗，越则我退彼进，设有要挟，台既难守，越亦难攻。窃恐基隆终难全还，必有踞炮台、屯水师之谋。恳敕北洋速与法商，令将台口即日认真弛封，以符原约。并令勿添兵来华，告以彼不开口显然背约，越地将帅闻之必皆愤怒，撤兵必不能速。以此为词，及早力争，大局幸甚。请代奏。之洞肃。歌。

同日电奏：

冯二月十七至二十九电，略言自克谅后，客教离散，法匪屡惊，稳守不如速战，令钦军袭广安，令麦风标等逼郎甲，约苏军牵制船头，拟二十五亲往进攻北宁，密布内应，河内亦有布置。郎甲一克，北宁自溃，并以巨金约定西贡内应。又称彼兵不撤，我退彼进，长庆、谅山仍为彼有，缓兵奸谋，前车可鉴。如再被欺，材实不甘，当率三军与之从事等语。李护抚电冯独不愿撤兵，已连函劝之等语。查唐景崧二月十七至二十二电，略言十七到牧马，拟即进驻新街攻太原、高太，剿抚使梁俊秀能呼应，可为助。多福府金英县民俱请往剿，愿供粮。梁正理聚游勇甚多，据太原，请受景崧调遣。太原民八十社愿集饷筹粮供梁军。又有何三、谢二，皆可招。已调黄守忠军，请独任太原一路等语。苏二十七电闻鲍军抵距龙四站之归顺州，已飞请来助等语。查二月以来，桂军捷于东、云军捷于西，唐景崧由中路规太原，官民游勇响应，鲍军已近桂边，钦军已备进剿，刘、黄部众尚强，若乘胜四路进攻，敌援未到，党畔防虚，应接不暇，宁化、太原必有两处得手，诚为历年未有机会。今诸军皆撤，冯朔电亦遵限停撤，鲍军已遵旨电阻，特近日越地军势民心不敢不以上闻，以备议约操纵。请代奏。之洞肃。歌。

三月初六日电奏：

津约第一条,中国南界毗连北圻,法国约明无论遇何机会、或他人侵犯,均应保全护助。查去年此约法人本意指刘永福言,法恐刘为患,欲中国助彼禁刘。洋人所谓保护,皆谓主其政令、用兵攻剿,并非善意。惟既有均应字样,自是中法均可同任保护。然则北圻地方,中国确可与闻,不得专归法保护明矣。洞前奏请作为瓯脱,禁彼勿屯兵、筑炮台,正符前约。务恳敕北洋力争,关系云、粤三省边防甚大。再北洋如能别思一策,令于法人商务别有利益,婉商换回保、谅、高平、广安尤善。换回者,非我占其地也,地仍属越,专归中国保护而已。洋例兵争得者不让人,今谅、高两省及宣光以西馆司沿江以上皆我兵力所取,法兵力所不及,法不应无故占踞。若以此措词而与以他项利益以商换之,或冀就范,亦未可知。津约并无北圻全归法之语,洞所陈皆未稍背原约。至无论遇何机会,语太含糊,必应议妥写明,免后患。若地已暗属法而令我为助敌剿匪,无此情理。巴德诺已赴津,伏望圣明熟思早计,幸甚。再津约三个月后议详款,此次限以几月,仰恳谕示,以便筹备。请代奏。之洞肃。鱼。

三月十一日电奏：

二月初密运洋械到粤,无弹,设法凑垫,共配毛瑟二千、新林明敦千弹二百万,及枪炮药炸药等项。二月二十日委员分解泉、厦、汕,分起零渡。兹接厦回文,二十九到厦,密雇船解等语。惟初四接总署电,约定勿运台械。此械发运到厦,均在署电先,此时必有已行者。连日接台信,晤台员,皆在澎湖先。后云泉州鹿港民船仍可潜渡,若分多起,即或被截,所失有限,与兵勇冒险不同。且发运在前,彼亦难苛责。特署电既言约定,未敢有违,似宜筹一妥法,既免枝节,又备不虞更善。此械是否听其运渡,抑饬勿渡,请旨遵行。再法电新添兵八千,有一半已起程,仍来东京。昨法兵轮一自港赴台,顷廉电初六、初七又来二兵轮,泊北海口,诡计难测,请代奏。之洞肃。真。

三月十三日电奏:

顷北洋电,运械在前,又潜渡即被搜截无妨等语。仰恳圣恩。凡前已发运者,无从追回,听其自然。且有商捐自运者,官无从阻,即生枝节,北洋亦能辩晰。将来基隆恐不全还,若听屯兵,终为法有。台百事不缺,惟缺军火,彼多违约,我不可自困。若不赶运,万一反复,台必不支。他事可让,此事不可让。迫切上陈,请旨遵行。请代奏。之洞肃。元。

同日电奏:

乘胜结束,庙谟宏远,实深钦服。惟谲寇难防,不敢不陈。盖法虏狡险,并不照约:一、原议彼开各口,今台廉仍封。二、冯军郎甲初一退兵,彼开四炮击我。三、禁我济台,彼船不断。四、我撤越兵,彼仍来新兵四千,于廿四号即三月初十起程。查兴化一路岑于二十日后屡大捷,夺关复地,兴化垂克。越民四应,法敛兵保河内。北洋电称,巴接越酋电,诘粤独无寄岑文,惶急谬误如此,兴化之危可知。冯军、唐军虽撤,将士皆怀忠愤,北宁一路越官黄廷金立忠义五大团,及游勇纷纷应冯请为前驱。河内消息已通,客教内畔,至太原一路官民游勇应唐前已奏,军势民心几如破竹,似宜乘此机会,杜彼狡谋。查我所虑者惟台、澎,今我释越,彼不释台,欺诳缓兵,以便要挟,实堪发指。拟请敕北洋作为该大臣意速商法使,言云、桂将帅皆奏请速攻朝廷,不欲改约,但法兵不得进扎一步,俟详约定再议,且立开台口,我亦不遣兵轮渡台。惟官商民船不得搜查,因两国既和,我正屡胜,若我撤、彼进台口不开,显不平允,于中国体面大有碍,必为各国所笑。于鸿章原议之人亦为难,彼如违约,鸿章惟有奏请救越进兵矣。即或仍然决裂,我纵弃孤悬之台,彼不舍接壤之越,我陆战可恃,谅所深知,彼既无越,台焉能踞等语,限法廷即日电覆,乘此越酋惶急、新兵未到,以此为词,此两事必不敢不从。若听则越未全踞,台有接济,彼无所挟,详约易商,再战亦易;即不听亦不过北洋与法商议之词,朝廷大信无损。盖我重台,彼重越,彼经营多年,费财无数,我陆兵易进,又近西贡,故全力谋之。且无越则法兵无根,台不能久攻,津无论也。叠次来兵,越多台少,敌情可见。不然自去秋以来,若兵全赴台,台北危矣。北洋为国家重臣,此大局要关,伏望谕该大臣无论如何为难,亦宜尽力早争。赫德但主调停,不无左袒,不可恃也。洞乃钦遵乘胜结束之意,正欲和局早定,免贻后患。洞屡奏缓台惟有急越,今日事势仍同,若越缓则台终危矣。不惟此也,欲保台惟有权词轻台,夺其所挟,怵其所急,乃可就范。伏祈圣鉴,可否录洞此电发北洋酌办。请代奏。之洞肃。文。

三月十六日电奏:

苏电委员自法营回五画云,求驱越南反贼、禁黑旗滋事回文亦此数语等语。查关外游勇万计,我军入界,越匪岂能代剿,招抚亦无巨赀。洞初二日电奏七条,曾虑及此,刘可调思钦,不愿从者、假名字者,我恐难问。冯电问我军入界,谅山交付何人。洞复以暂谕越官看守。此两事应如何措置,请旨遵行。再各军十一已连环撤退,二十一必入关,李、苏、冯电同吴得禄电十一到河内,十二赴各营。请代奏。之洞肃。谏。

三月十八日电奏:

法酋照会,请我禁黑旗勿滋事驱越南反贼十六已电奏,法慑我军威,非去年可比,但求黑旗不攻法即万幸,无逐刘意。法既无奢望调刘,思钦之说宜暂秘之。刘部久在越,有家属,其众必多。留越黄旗叶成林等与刘若合若离,必不远徙,过众亦难收养。恳敕北洋与法约照,洞初六日电奏,我兵力所及之地,法勿占,安置黑、黄旗馀众及游勇,免无归扰法,但调刘本部附粤,以示格外和好较妥。法所谓越反贼,即游勇义团,乃近助冯军、岑军战及办粮向导者。彼之贼,我之忠义,若不早争,将来责我驱禁,理有不可、力有不能,不敢不先奏闻。请代奏。之洞肃。巧。

同日电奏:

唐景崧电,游勇股数太多,扰边、扰越、扰法,均受累。招抚编营费太巨。或议令在太原、高平开矿自给,但越官禁矿,华民向有强据窃开者等语。查桂边外游勇无算,云边情形当同。又有黑、黄旗近云境,矿尤多,此诚善策,不惟栖流,兼可捍边兴利。越官尚易谕遵,目前须略筹费兼筹箝束之方法。据越必窥云、桂,边防终可忧,将此辈设头目、受约束,资以军火,有变可用,不然游勇即为我患。已与李、岑商请敕北洋商法宽留瓯脱,此事方能办。请代奏。之洞肃。巧。

三月二十日电奏:

入三月来,法船自港运煤粮兵衣赴台者多起。十二日,法兵船连运陆营帐棚八十副、水桶三百六十具赴基隆。十八日,法兵船渣刁埃壬载兵数百、马三百匹赴澎湖。十三日,法船载兵四百到海防。冯帮办电,十一日我兵退后,探知郎甲船头坑下各法营俱修台添炮。廉电法船二现仍封口,至来华新兵三月初十仍起程者四千。前已奏法禁我调兵、运械、筑炮台、济粮米,彼种种违约,虞有他变。谨奏闻,请敕北洋诘问,并敕台、闽、云、桂诸军勿弛备。请代奏。之洞肃。号。

三月二十二日电奏：

西贡报，平安轮被掳，弁勇除分置各船外，发至西贡者二百二十四员名，留西贡官弁十五人，馀发往普鲁堪作工等语。前据冯电，越地义团多领冯军旗号助战，或挑浆饭向导，或分道进攻。今军退，恐为法害，深可悯惜等语。顷龙探冯入关，越民从之者千馀人，佥称冯扎龙随来龙，扎钦同往钦，因其反教助军，法人好杀，必被害等语。洞属冯善言抚慰，酌赏遣之，谕以我即告法勿害。查龙州获法酋五，皆善待，无凌虐。请敕北洋告法：一、令将平安船人善待，勿远遣，将来彼此换回；一、约明以前越人从法者我未诛，越人助云、桂官军者彼亦无害。洞为恤军士、系民心起见，是否有当，恭候圣裁。请代奏。之洞肃。养。

三月初八日

开四营赴归顺守边。

三月十五日

在牧马祭随征死亡将士，班师入关。时各军俱撤入关，苏军扎镇南关中路，萃军、勤军扎平而关、彬桥一带，在关之右，楚军扎油隘，在关之左。

三月十六日

闻琴帅将起程。念琴帅之待余也，初小不洽，余适沉病，遂有假归之请。嗣起领景军，琴帅借饷、借枪，函信往来，亦颇投合。今失意去，不能恝然，乃遣倅祝卿赍函送行。琴帅手自复书曰：

龙州握手，驰念至今，小住河干，忽蒙惠翰，拳拳厚意，感不能忘。我公锐志勋名，备历艰险，孤军独立，百折不回，景佩之馀，益深系念。新一载徒劳，无裨时局。琼山一役，得失分明，朝廷仅予罢归,俾得生还故土,天恩高厚,图报无由。毁誉听之于人,是非断之于己,悠悠之口,何与身心? 惟祝我公立志精进,宏此远谟,为书生吐气,是则江上闲人所日夕盼祷者也。小舟草此留别,不尽欲言。

三月十九日

抵龙州。芷庵率同广东派到景军差遣委员中书科中书周其璇、知县曹星佐、常寿龄、举人王勋臣、府经陈启鸿、县丞龚瑞时、州判张炳荣、巡检李廉、从九李大受、盐大使衔李生花、翻译石绍祖五里郊迎。

接香帅电,景军万不可扎归顺,以近龙州为要,乃守计扎下冻。新四营募成。芷庵耐苦多才,性高志洁,忌者毁之。办我景军后路,纤巨躬亲,公私并理,深感不忘。当时萃军、勤军、刘军、香帅皆倚其一手经理,措置裕如。以谅山之捷,保花翎知州。本日电香帅:

密晧。开矿安置游勇,梁俊秀一力承当,以为可行。崧虽不遽信,未敢恝置之。再,今日要义,在将帅有远谟宏量,任大事勿让,遇小节勿争;反是,不足济非常之变,可忧不仅在游勇。崧晧。

三月(1)

在龙州。李护院、苏督办、冯帮办、尹仰衡、蔡仲岐、李兰生、张缦卿、许天倬、钟西耘、赵汉甫时相往来。西耘于正月抵龙州,与琴帅颇合。鉴帅护抚篆,意气参商,奏请军务就平,回京供职。仰衡博学清才,刊有《抱膝山房诗文稿》行世,亦留心时务,举人,官广东同知,保知府。天倬,叔文年丈之子,副榜,年少才美,窃心爱之。

三月(2)

在龙州。接京寓来电,惊闻季弟禹卿病殁,痛不可言。禹卿一字元颖,十五岁入学,十七岁中乡试,二十四岁入翰林,聪颖绝伦,跌宕有识,议论常出人意表。仲弟春卿同官翰林,二人怡怡读书。春卿专攻经史,禹卿则泛览群籍,讲求时事,余在都搜访越南情形,半得禹卿力也。有志无寿,仅分校顺天乡试一次,殁时仅三十二岁。癸未拟有集款兴屯之奏。未上,寄稿来营,附记于后:

奏为集款兴屯、裕边持久、敬陈管见,仰祈圣鉴事。

窃越南乱离日甚,仰赖天朝救护,筹兵筹饷,劳费不赀。近日越事愈棘,王亡国破,谈边务者率以多增兵饷为言。第值国计维艰,偏灾屡见,动须筹款,岂属易易?伏念皇太后、皇上盰宵廑系,南顾殷忧,苟有一得之愚,谨当披沥上陈,以备采择。

查越南地广人稀,北圻如谅山、太原、高平、兴化、宣光等省,极多沃土,尤宜谷性,天气暄和,四时可种。该国人民既少,兼习于游惰,芜秽不治,遂成弃地。华人在彼开垦,获利甚巨。其受田之法,向该国地方官承领,给以地券,约十馀年后酌议升科,赋税亦薄,历来办理具有成例。该地一岁恒再熟、三熟,计一人耕可获十馀人之食,数千人耕即可获数万人之食,利源甚大。若兴屯政,即农即兵,除自给外,尚有羡馀可佐军需及开田工本之利。惟是创办伊始,则有田器、牛畜、籽种及给予工食各费;农训为兵,则有军火、器械、及头目薪水、犒赏、伤恤各费,诸非筹款不办。

公款难筹,请筹私款,大宗莫如招股。查中国招商局久夺洋人之利,亦由众擎易举,数十百万,咄嗟可办。然近日开煤铁矿招股,亦觉稍难,则华商之力绌也。惟华商之在外洋贸易者招股犹易。南洋各埠,如新嘉坡、槟榔屿等处,华商富者极众。前广东举人温宗彦曾充招商局员,到彼招股,并办直隶账捐,集资甚巨。他如花旗之金山,日本之横滨,暹罗之滨角,皆属华商聚集,招股必属易成。是在办理得人,则去其害而全其利,人自乐从。招股宜择地设局。凡出入各款,详细造册,刊刻成书,年终概行给阅,以示至公。其摊股较巨者,即令入局司事,大致仿招商局办理。此外如有官绅入股,亦可照办。

屯务关系边防至重。现值度支告匮,庙算忧劳之日,必有勉力输将者。况并非一出无入,尤应乐于从事。此筹集私款之大概情形也。

招募屯军,宜用边关附近之人,既悉地形,更服水土。流民散勇,健者即可充役,编以卒伍,束以号令。无事则为农,有事则为兵。考前代备边,代兴屯政:汉屯广武,卒破先零;魏屯淮上,遂困吴国;隋屯朔方,而突厥、吐谷浑不敢窥边;元屯粤徼,而蛮寇以靖。所谓无劳费之苦,有守御之备,坐困强虏,明效可征。其馀营田积谷,顿致富强,尤为史不绝书。或行之有弊者,缘名在而实亡,而固非屯之无益也。

今法夷蓄志南藩,军事断难遽止。中原坐耗,讵有穷期? 在朝廷轸念藩邦,勤求边计,原不惜重费以赡军赀。第遭际时艰,续济之款方穷,持久之谋愈绌,惟亟兴屯务,则足食足兵,节省实多,战守兼资,商民交利,洵筹边之要务,经国之远图也。顾兴利而不究其害,必有虞滞碍难行者,臣请剖而言之。

或谓开垦致扰越境,越人或未必从。不知设屯即以设防也。现滇、粤防军仰食该地,将毋悉索敝赋? 我自种之而自食之,彼既不劳于供亿,更能倍入以租粮。地界清而争土无虞,税额定而逃征弗苦,是则善于经理则诸善弊可除,何虑不从?

或谓越南战事方殷,孰肯以有用之财,掷诸可危之地? 则招股难。不知谅山、太原、高平、兴化、宣光等省,近在边隅,无异内地。现滇、粤防军所驻山西、北宁等省,远包于外,该各省尚在其内,为夷人足迹所不到。且平原沃衍,亦非用武之区。屯务一兴,人实其地,且耕且守,尤属外侮无虞,则非孤注一掷可比也。

或谓商人重利,岂以有馀之息,急公义而济军储? 不知夷埠保护商民兵饷,其费多取于商。屯军为国家捍御,亦即为商民捍御也。取诸商仍用诸商,为公计则有急上好义之名,为私计则有谋利守财之实,一举两得,激劝易施。前代屯边,若汉之输财,明之易盐,均有藉诸商力者。目今中外互市,商务尤盛,仿而行之,事必倍易。

或谓开田有费,饷军有费,则本大而利微,招股亦难。不知该国自谅山西北迤逦达于兴化、宣光等省,沿边殆千馀里,扩而充之,如附近山西、北宁及东南滨海之广安、海阳各省,又不下千馀里,除深山密箐该国民人自垦之地外,约得地数千顷。臣谓一人耕可获十馀人之食者,犹从其少而言也。论其一岁屡熟,荒地倍收,计万金之费,可垦二十馀顷之田,一顷岁收五百石,二十馀顷约岁收万馀石,子母兼权,几盈倍蓰,饷军而外,饶有馀息,可以照股均分,当较招商局获息为尤旺。是贵长于综核,则汰冗费以植利源,获益自巨。待扩至数千顷,边计不足忧矣。

或谓垦荒为熟,训农为兵,都无速效。不知功以积渐而成,事以并行而易。即垦即耕,农随地可获也;即耕即屯,兵随时可练也。一事有一事之效,一时有一时之效,积小致大,势有必然。且及今而为,犹虞已迟;及今不为,更将何望? 与其耗无穷之国帑,而接续为难,何若裕不竭之军储,而迟回终就。所谓河海起于一勺,泰岱基于寸壤也。

惟是招商一节,似招商局可办,而招商局员或未能办。自非晓然于公家利益所在,因善用其激劝者,难望有成。屯田一节,尤虞办理不善,致扰越境,滋生事端。若二者统归于边关将吏,则招股既恐无人,而耕获训练事务繁多,目前戎马倥偬,断难兼顾。若数事分派数员,则节目不相联属,措置必难裕如。非专员董办之不可。古昔屯田,多设专官,应仿而行之,略如船政之制,名曰屯政。虽系招商,然究属国家公事,无不可派员之理也。

窃意此举一行,不费丝毫国用,而兵强饷裕,可支长久,夷虏不足却,边患不足平矣。臣为裕边持久起见,恭折沥陈,伏乞皇太后、皇上圣鉴训示。

亡弟此疏,拟于山西、北宁未失之前寄商可否。维时边事日紧,止其缓陈,遂不果上。其议若行之五年前,诚为善策,边防有资。盖越圻旷土实多,游民且众,而集商股设专官尤为认真举办之要术,非此则仍苟且而无实际也。越难甫兴,粤西即议办屯田以收游勇而裕军储,于是停边营夫价,拟集为开垦之费,因军务紧而不暇行。惟今日中外用兵,有异于古,以农为兵,诚不易言。亡弟心神旷远,立志匡时,阅历再深,自必益有见地。录存此稿,略志一斑而已。

三月二十五日

接香帅电:

岑宫保、鲍爵帅、李护院、冯督办、苏督办、唐主政:总署二十四日来电,本日奉旨:彭玉麟、张之洞十九日电陈各节,均悉。前因苏元春屡着战功,张之洞亦称为良将,特派督办广西军务,其时冯子材一军先经彭玉麟等请调钦廉办防,本未令归苏元春调度。冯子材威望素孚,即着督办钦、廉一带防务,苏元春着仍督办广西边务。至一切善后事宜,着李秉衡与冯子材、苏元春会商妥筹,奏明办理。数月来云、桂各军,奋勇打仗,迭获大胜,深堪嘉尚。岑毓英仍当督率各营,严申儆备,勿稍松懈。其粤东西各军,着张之洞调和将帅,以资得力;如有龃龉贻误等情,惟张之洞是问!刘永福一军,着即调扎思、钦一带。该军到防后,人数饷数,张之洞酌定具奏。越地义民,岑毓英、李秉衡随宜措置，朝廷不为遥制。鲍超一军，着暂在马白关扎营训练，以备不虞，俟岑毓英撤兵时，一同入关，届时作何调遣，听候谕旨。钦此。转电岑、李、冯、苏敬等语，即请转咨各处，并摘"刘永福至具奏"一段，飞速行知刘提督。洞转。宥。

请缨客曰：冯萃亭军门曾督办广西关外军务，今为帮办，分亚于苏，尝悒悒，与苏不合。彭、张两公奏闻，不知作何语，而冯遂有督办钦、廉之命。勋臣老将，上劳宸虑调停，能不令人鼓舞而颂圣明之世哉！冯得旨次日，即拔队赴廉州。谅山克后，诸将争功，至是南皮乃确采战情，会彭、倪入奏，最为详核，录后：

奏为广军援桂规越，会合桂省主客各军力战破敌，保全南关，连克文渊州、谅山省、长庆府、观音桥各城垒，及遵旨撤兵回界，严防各缘由，恭折详陈仰祈圣鉴事。

窃惟广东奏派冯子材、王孝祺两军入越协剿，当于上年十二月奏明在案。至本年正、二月间，诸军保关复谅，大挫凶锋。当经前广西抚臣潘鼎新随时电奏，臣等仅于桂电所不及者间有奏陈。惟来电与各路禀报颇多异同，深恐或有参差绽漏，即不足以服将士之心，现在款议粗成，边防尤亟。谨将详实战状上为皇太后、皇上陈之。

查上年十二月，法夷大股自船头来犯。十九日攻谷松。二十九日陷谅山。本年正月初九日，入镇南关，桂军将领杨玉科战殁，董履高战伤，诸军多溃，惟苏元春所部及陈嘉六营尚完。于是法据谅山，于关外十里之文渊州筑台安炮，为坚守计。龙州为全军后路，商民惊徙，游勇肆掠，逃军、难民蔽江而下，广西全省大震。自太平、南宁以达浔、梧，皆电报所通、水路所达，纷纷告急请兵，桂林空虚，侄偬筹备。先是，帮办军务前广西提督臣冯子材暨广西右江镇总兵王孝祺于腊月先后抵龙，而募军未足，装械未齐，王孝祺率数营驰援出关，而谅已溃。冯子材原有之八营尚在，东路仅带中军两营驻龙州。元旦闻警，乃留一营弹压根本，亲率一营赴南关，与王孝祺军拦截溃勇。一面调八营来关晤商。抚臣潘鼎新告以守关无须该军，令仍顾东路，遂以所部全扎关外派站亲往督剿。初九日，南关告警，复檄西援。十二日，闻信折回，时法已于十一日焚关自退。冯子材素有威惠，为桂、越人心所向，还入关，众心稍定。乃建议于关内十里之内前隘跨东西两岭间，督所部筑长墙三里馀，外掘深堑，为扼守计。谓桂军宜稍养锐自任，以所部萃军守之营于岭半，令王孝祺勤军屯于其后半里许为掎角。当是时，帮办军务署广西提督臣苏元春毅新军、陈嘉镇南军俱屯幕府，在关前隘之后五里。蒋宗汉广武军、方友升亲军俱屯凭祥，在幕府后三十里。潘鼎新率鼎军屯海村，在幕府后六十里。魏纲鄂军屯艾瓦防艽封，在关西百里。王德榜定边军屯油隘，专备抄截，兼防入关旁路，在关外东三十里，独广军两枝当中路。前敌时值北海封口，西电皆谓法将由钦廉攻南宁，断桂军后路，而廉州并无统将，臣等因桂军渐集，拟调冯军回顾钦廉，又恐难于移动，当经电奏调廉，仍令冯子材酌度进退缓急。一面询商该帮办，或全移，或只调两营，或全不移动，但声言即日东援，以定众心，听其斟酌。因潘鼎新屡电不以冯军为得力，必不肯言留，故令该帮办自酌，知其力任大局，必有权度。旋接潘鼎新覆电，谓苏元春自艽封调回，即令冯军回廉。冯子材覆电则言该军吃重，两营亦难移调。当即电复，令其专顾桂防，不必援廉。此正月中旬以后广军布置扼守前敌之实在情形也。

　　于时冯部全军已成，桂军休息渐定，越人密报，法将出扣波、袭艽封、攻牧马，绕出南关以北，且断唐景崧、马盛治两军归路。苏元春率军暨魏纲军趋艽封以待，冯子材遣五营扼扣波以邀之。二十七日,法数十骑率教匪至尢封,官军先在,惊走,扼扣波之冯军突出奋击,败遁,获其驮军火大象一,擒匪党二。二月初二日,法又争扣波,遇冯军,脱洋衣洋帽挂林木而窜尢封,即长定府,法以越官长定府知府给己杀其子,遂无西犯意。冯子材请于潘鼎新调苏军还中路,法扬言将以初八九日犯关,冯子材料法必于初七日礼拜一出兵,决计先发制敌。群议多不欲战,潘鼎新以士气未复止之。冯子材力争,率王孝祺军于初五夜出关袭敌。山有贼垒三,安巨炮,我军已入街心,自五鼓战至初六日午刻,贼益盛,王孝祺马中炮毙,易骑战,率死士由山后攀崖而上,破其二垒,毙贼甚多。贼败走,我军伤亡亦多。未刻,我军饥疲,乃还。此二月初五、初六两日广军倡议出关力战破垒之实在情形也。初七日,法果悉起谅山之众,并力入关,直扑关前隘长墙攻广军营垒。冯子材告诸军曰:法再入关,有何面目见粤民?何以生为? 王孝祺以淮军为龙州人所诟病,诸军多轻之,愤甚,皆誓与长墙俱死。法以开花炮队循东、西两岭进,向下轰击,以枪队扑中路。法谓粤人皆冯内应,自以真法兵居前,黑兵次之,西贡洋匪又次之,教匪客匪在后,炮声震天,远闻七八十里外,山谷皆鸣,弹壳积阵前厚者至寸许。我军殊死战,伤亡甚多。东岭新筑五垒未成,为敌攻据其三。王孝祺自率小队抄敌后仰攻,敌稍却。战至申刻,苏元春援军至,合力拒战,诸军竟日不食,至夜仍未收队。是日王德榜自油隘出军夹击,据文渊之对山与敌鏖斗数时,互有伤亡。遇贼运军火干粮之驮马无数,逐之皆反走,法粮械遂不得入关。初八日清晨复大战,贼来益众,炮益紧,冯子材居中,苏元春助之,王孝祺当右,陈嘉、蒋宗汉当左。左路即东岭,敌炮最猛,冯子材与诸统领约,有退者无论何将遇何军皆诛之。复于各路设卡以截杀逃者。冯子材、王孝祺各刃退卒数十人,贼势狂悍致死,已薄长墙,或已越入。冯子材年将七旬，短衣草履，持矛大呼，跃出长墙，率其两子冯相荣、冯相华搏战，将士齐开栅门涌出，诸军睹冯子材如此，无不感奋，关外游勇客民千馀，闻冯子材亲出阵，皆自来助战，伺便随处狙击。冯军扣波五营自关外西路来夹击其背，于是诸军合力死斗，短兵火器杂进。王孝祺部将潘瀛率选锋祖臂裸体，冲入敌阵，故所部勤勇伤亡最多。陈嘉争东岭三垒，蒋宗汉继之，七上七下，陈嘉受四伤不退。至酉末，王孝祺已将西路贼击败，亲率军由西岭抄敌后，与陈嘉等合击。而王德榜之军亦自关外夹击东岭之背，遂将三垒全数夺回。是日王德榜自清晨出军甫谷待敌援贼至，率队冲之，贼截为二，援贼因回枪击德榜军，我军奋击，大胜。部将张春发、萧得龙战最勇，毙法酋法匪甚多，馀众败走，获其骡马五十馀匹，所驮皆枪炮弹、面饼、洋银之属。德榜遂自外夹击东岭，夺还三垒。法鏖战两日，炮弹已尽，而后队军火被截，惶惧无措，顷刻间炮声顿息，遂大溃。我军任意斩杀，贼翻岩越涧而窜，教匪路熟先逸，法兵多歼。此战所毙真法兵、黑兵千馀，法酋数十，客匪、教匪数百，逐出关十里而还。是日，冯子材、王孝祺身畔屡有开花炮子坠落，未炸我军。曩与法战，被挫之时，率皆阴雨雾雾，独是日大开晴雾，风日光明。此初七、初八两日广军会合桂省主客各军血战大捷之实在情形也。

　　初十日，冯子材亲率十营出关攻文渊州，法匪望风溃遁，追击毙红衣法酋一，遂复文渊。法以越官文渊州知州通款，剖其腹杀之而去。十二日，诸军三路攻谅，法据谅城固守，并扼对河北岸之驱驴墟。墟有王德榜旧垒，甚固。黎明，王德榜进攻之士卒多伤，毙其六画兵总一。午后，诸军至王德榜与王孝祺两军，战尤力，伤亦多。孝祺部将潘瀛执旗先登，诸军并进克之。法涉水而逃，并守谅城。十三日五鼓，冯子材军杨瑞山、刘汝奇潜渡河攻谅，辰刻克之，获其军械粮米无算，皆纳之于官，军无私焉。诸军大至，法悉众遁，分兵追剿，桂军、楚军追中路，广军追西路。十五日，陈嘉攻谷松，贼势仍悍，王德榜力援克之，斩三画法酋一。冯子材军追贼至观音桥，破其巢，同日克复屯梅。屯梅即长庆府。生擒五画法酋一、斩三画法酋一，遂进军拉木，逼攻郎甲。郎甲即谅江府。王孝祺进军贵门关，连日诸军追杀搜获法兵极多，尽复去年官军所驻边界。此初十日至十五日广军会同诸军克谅后分兵追剿获胜复界之实在情形也。

越人久苦法虐，闻冯子材此次起家治兵，欣若望岁，越官越民多来入关通款，当即密布间谍，宣慰招徕。及克谅后，遂慨然画扫荡北圻之计。越官北宁总督黄廷金纠集各路义民，立忠义五大团，二万余人，皆建冯军旗号，供粮米，作向导，或分攻，或助战。北宁城内逃溃大半，李扬才之弟在北宁来报，官军破郎甲，彼即率众内应。冯子材各许官赏，分给旗械。河内、海阳、太原等处皆密受约信，纷纷畔法，西贡亦以重金购线通款。已令莫善喜一军由钦州袭广安。时唐景崧一军亦由牧马进规太原，冯子材已定于二十五日亲率全军进规北宁，并率勤军同进，适奉停战撤兵之旨乃止。前军冯绍珠、麦凤标等于二十九日尚攻郎甲，是夜前军闻旨乃还。自三月十四五日起，广、桂、楚、鄂诸军连环卷扎，至二十日皆撤入边。冯子材之军分屯樟山、平而关等处，王孝祺军屯彬桥。此二月十六日以后、三月二十日以前广军进规北宁遵旨凯撤还界屯防关内之实在情形也。

窃惟法虏自去秋败盟以来，扰闽围台，增兵据越，攻犯桂军。谅陷关失以后，大局岌岌。此战若再不利，则南太将危钦廉，隔绝两粤，事体大难措手。幸赖国家威福宏远，诏令严明，将士同心，士卒效命，遂获大捷，克复越南一省、一府、一州，擒斩法酋六画至一画数十，法提督尼格里重伤，法之精锐尽歼，客教离散，全越惊扰，法虏自谓入中国以来未有如此次之受巨创者。时滇军亦获大捷,于是法都震慑天威,举国嗟怨,将其外部花利罢黜,仓卒乞款。皇上宽仁,不欲究武,俯允其请,休兵息民,是此战胜负之所关实非浅鲜。在前敌亲见战事者,佥言法二次犯关,非有生力大军,难遽言战。非冯子材创筑长墙与王孝祺合军死守,则诸军无所依倚,更无战守之法。当初六、七广军苦战两日之后,非苏元春军往援,陈嘉、蒋宗汉力拒东岭,则冯军亦将不支;非王孝祺军叠次肉薄陷阵,横冲敌坚,则冯、苏诸军亦不能取胜;非王德榜截其后路,断其军火,关内外夹攻,则亦不能如此大溃;然非冯子材之素得人心,忠勇奋发,镇边安民,戢掠收溃,设险倡战,料敌情,散贼党,广援应,则法亦不至如此摧破瓦解,惶骇远遁。故诸将皆有功,而尤以该帮办为功首。然非李秉衡之廉劲公诚,坚镇龙州,力持危局,上匡抚臣,下调诸将,吊死恤伤、多方慰劳以抚残军,苦心捭节、悉力供赏以励勇士,粮饷军火不分主客,随宜接济,则诸将亦不能成功。该护抚臣之揹挂挽回,其功不细。凡此皆参考各路电报禀函、采访关内外军民舆论,并询访自龙来粤人员公论确情,俱出一辙。其广军屡次出力,伤亡员弁勇丁已由臣之洞咨照苏元春、李秉衡汇同各军奏请奖恤,不致虑有淹没。圣主明见万里,优奖戎行,其应如何特颁懋赏,朝廷自有权衡。惟是敌情军势、将略民心,臣等既考察详实,不敢不详晰上陈。不惟知以前之战状,亦可以筹后日之边防。所有广军会合诸军保关克谅遵旨凯撤入边各缘由,谨缮折合词具奏。伏祈皇太后、皇上圣鉴。谨奏。

请缨客曰:是役也,朝廷威灵,将帅勋略,均应表暴,为千秋论世者之征。当是时,敌锋猛甚,关内之战,诸军稍有不支,岂独龙州不可问也哉?广西之邕、梧,广东之钦、廉,势必相继蹂躏,不可收拾,边事大坏。我虽欲和而有所不得,更无论赔偿兵费矣。赖国家之福,转败为捷于瞬息间。虽曰师武臣力,此中岂无天意哉?失谅以来,诸将多被严旨。寇已入关,无可再退,故誓死血战,而奏此捷。非仗庙谟严切及皇太后独断之懿旨,何克臻此!法人经此挫折,立即就范,不索兵费,俯首行成,盖亦气尽力索,而不敢再以兵戎向我矣。第自南关陷后,几无人敢驻垒关前;非南皮尚书预筹冯、王协桂之师,则桂军势不能骤振。然则南皮实为功首也。此疏所陈,均系确情。惜谅山既克,彼族亟浼英人赫德以和款我,且以不索兵费悦我,朝廷念台、澎万紧之际,遂允撤兵。全越有可复之机,而一旦下停战之诏,三军扼腕,五利滋疑。然以一隅论,则越圻弃城可惜,以全局论,则台湾为我内地,越南为我外藩,得失轻重,庙堂固有至当之权衡也。

三月二十六日

电香帅:

崧军在东路,亦自树一帜,当轴必以客礼待,崧亦敬事诸公,各军独崧与人无尤。谅山、牧马不作为瓯脱,此后沿边竟须长驻兵,主客军酌留几何?桂军协饷有着之款几何?龙州宜筑城,各隘宜筑炮台,皆不可缓。崧。寝。

四月初一日

接香帅电:

李护院、冯督办、唐主政:刘渊亭已奏准调屯思、钦,请萃帅、鉴帅、维卿均作函檄飞催速来。本部有用者愿来者务须带来,少则数百,多则二千俱可,但须核实数,遵营规,将来点验,照章给饷,广东供饷械,归洞及冯督办调度,驻扎处所,到后酌定,大约在上思州一带。得宜将弁,如吴凤典、李唐等,务须劝谕随来,洞为奏恳圣恩,各授实缺,渊亭更不待言。中华一镇,远胜越南三宣矣。此时和议已定,若仍在越,法必不相容,云亦不能庇,早来越境,上建捍边报国之功,下有衣锦还乡之乐,旧垒不必恋,机会不可失。若防后患,洞敢保之,不必疑虑迟回。黄守忠亦请鉴帅、维卿再调率本部来,不容迟缓。万一有变,此枝可当选锋。请照办,并希分别赐复。洞。朔。

四月初二日

函催黄守忠。接香帅三月二十一日照会并粘抄电奏,录后:

照得本部堂于光绪十一年三月十一日电奏:云、越各军宣光攻战出力缘由,今于三月十四日准总署十三日来电,本日奉旨:张之洞奏沥陈边军出力情形,官军围攻宣光虽未克复,而叠次奋勇进剿,劳绩足录。着岑毓英仍遵前旨,将十一月初五之捷出力员弁查明保奏,并将云粤各军宣光攻战出力者与临洮胜仗案一同保奏,候旨施恩。钦此。即转电岑等因到本部堂承准此。查去年秋间奉旨,饬令滇桂进兵,本部堂因岑部堂督率云军已将循江东下,适刘提督永福奉旨录用,特奏派贵主政统率粤军远涉越疆,间道往会,联络黑旗以助滇军。自八月间率营出关,由牧马以达宣光,间关崎岖,千有馀里,皆行无人之地,山箐险恶,不见天日,虎蛭纵横,人马颠陨,缒幽凿险,艰苦异常。而地方幽僻,办粮极难,非远到数百里外无从采购。其转运粮米以及军装器械尤为累重艰辛,至于沿途耗损需费繁多,尚不足论。嗣又创立台站,设法觅丁驰递,各路军情赖以通达。到防以后,会合云军、刘军,遂有十一月初五之捷。以后复偕诸军围攻宣光,岑部堂调度精密,号令严明,而诸军亦俱能奉承指挥,踊跃用命,和衷协力,联络救应,先歼援贼,继夺炮台,血战数月,歼毙法酋法兵无算,教匪更不待言。力攻缺口,肉薄先登,我军死伤如积,毫无退沮,法虏号泣技穷,伏匿待毙,实为法入中国被围穷蹙之始。其时法已粮尽援绝,克在旦夕,若非谅山失陷,敌兵分援,宣光早拔。今战事已定,回念诸军鏖战之苦,似未可以坚城未下没其前功。至刘提督永福虽经败挫,其部下数月死战,亦有足录之劳。且十一月初五之役,曾奉明旨保奏。兹复钦奉前因,除业经恭录转电云贵督部堂钦遵外,合就恭录,并抄电奏照会,为此照会贵主政,烦为钦遵查照,将围攻宣光历次出力各员弁核实开单,就近呈送岑部堂覆核保奏,并具报本部堂衙门备查。望切施行。计粘单三月十一日电奏一纸。云粤各军攻围宣光自去秋至今,正血战最苦、歼寇极多。去年十一月初五日,唐景崧等截剿获胜,已奉十二月二十四日谕旨,令岑督保奏施恩,懿旨颁赏。其时云军尚未到齐,嗣后各军攻战愈力,叠奉电旨褒嘉,俟克后给予优奖,并饬存记。徒因谅失援众,刘军不支,未竟其功。然诸将仍守旧营,粤军以牧马危急调防,咎不在围城之军。谅若不陷,宣已早克。查历次皆法犯官军,其被我围攻危蹙,自宣光始,非此次力挫其锋,法早扰馆司以上矣。攻城最艰,较之去年桂军诸战,难易悬绝。云军截获法酋求救书洋文及东京法人新闻纸,皆译出,可据言华兵勇敢异常,围攻形势布置极善,甚合欧州所教习者。法游击茂连拿厘阵毙,真法兵毙三分之一,馀伤过半,皆匿地窟,再过七日,必无一生者。今事渐定,攻宣之军但有伤亡,未闻奏奖;粤军行无人之地千馀里,涉险裹粮,往会云军;刘军攻剿,死伤如积,尤为艰苦。刘虽败,其部下功不可没,以后尚须用其力、结其心,外则绥越,内则安边。可否仰恳圣恩敕岑督仍遵前旨,将十一月初五之捷保奏并将云粤各军宣光攻战出力者与临洮胜仗案一同保奖,以免向隅。请代奏。之洞肃。真。

四月初四日

香帅三电录后:

唐主政:沁电悉。贵部与萃军相联络极是。法复至谅残杀,此本意中事,阁下怪其无信义,何异责牛马以衣冠乎?吴凤典、李唐两人才具性情,速详示。渊亭近日确情,并示。洞。支。

苏督办、李护院、唐主政:中国岂利越土?惟必留瓯脱,庶纾后患,且保义民耳。然不乘胜兵压境而议之,彼岂肯听?去冬赫德即出调停和议,彼兵力胜不允。至二月初八日,云、桂两军同时大捷,桂趋北宁,云趋兴化,虏之精锐已尽,新兵未来,客教畔散响应官军,法举国惶惧,归咎外部花利,勒令辞职,急浼赫德乞和,草草定议。赫德急发电至法都立草约,限定撤兵还界期,令其党金登干在法画押,而款议成矣。详约皆赫德往来传达,闻亦将定,瓯脱无望矣。廷议因澎失台急,俯从法请。不知台、越互相劫制,我重台,彼尤重越。去年洞屡陈缓台在急越,又云河内急则台湾解,又云半年法不能踞全台。今谅山克而法已请和,若北宁、兴化克,台北虽失,亦必还我,况不失乎?撤兵而后议约,悔之晚矣!洞。支。

唐主政:密。阁下解人也!安得人人如维卿哉?接此电后,即复。洞。支。

四月初五日

电香帅:

吴、李到龙,即止其募。奉朔电,所示适符。刘与虏不两立,然不命之战亦不敢妄逞;其恋越者,因辎重、田园在保胜耳。崧再四函劝。据吴、李云,必从所属。论者谓不如仍留保胜,可以蔽滇。但今昔不同:一则法必不容,必逼中国迁之;二则虏以全力攻保胜,刘无助,岂能久支?滇不足蔽,适以陷刘。前劝刘赴桂,即筹庇法。崧。微。

四月(1)

在龙州。催渊亭入关赴桂,书曰:

吴督带、李、胡两管带,晤于龙州,两接惠书,一切览悉。已付吴、李银一千两矣。招募一节,令其暂缓,俟执事到时,再议。香帅来电亦同。现已派弁送伯涛于十五日起程赴东,进谒香帅,面禀情形。

来书所云存亡弁勇家属零丁孤苦各情,弟已一一电陈。今接香帅复电,钞录寄览。香帅为执事谋者至优且详,来电许给二万金,则弁勇眷属自可成行。若再恋恋保胜,必遭不测。

来书所云与法人声明以兴化为限不可上犯之语,执事细思法人能如此守约不背乎?何其观理不明?并鄙人迭催赴桂之意,均不省悟?香帅奏调执事赴桂驻防,具有深意,无非为执事妥筹之至计,并非逼其迁籍,何乃误会?倘再徘徊保胜,不独负香帅与鄙人一片周全之苦衷,实亦拙于自谋。大丈夫感恩知己,即令赴汤蹈火亦有所不辞,何况劝驾东来,实为执事一身起见?

昨接彦帅来函,谓尊处乞请路费,业已允行。是彦帅亦并非薄待,岂可一味执性违拗?

总之,速速赴桂为是。即一时难于启行,亦必遵旨按限先撤入云南境内,至要至要!

弟与执事性命相依,二人万死一生,幸保骸骨,所代为谋,断无不是之处。设再不听鄙言,则此后一切,弟必不能照料,幸勿自误,后悔不及。金石之言,千万详度。临颖不胜驰系之至。

四月初八日

约钟西耘、尹仰衡、南宁钟孝廉游紫霞洞。洞去龙州五十里,山在河干,两洞毗连,跨山之半有楼、有亭、有半月廊,龙州同知蔡仲岐所修葺也。数年从事鞍马,日居卑湿帐中,几忘世间有栋宇几榻之乐,至此精神为之一健。窗外碧桃一株,虬枝拂槛,客袖皆绿。晚酌毕，披襟坐山门风月下，俯听河流淙淙有声。道士为言晓山抚军被逮时，舟行过此，游眺竟日而去，不觉边关情事枨触心头。体不耐凉，先归楼卧，四人联榻谈至四鼓。

初九晨起，游洞参佛，观音莲台凿石粲粲，壁镌擘窠大书，皆祷神俗语，惜玷佳境。午后舟旋，有诗二章：

绛天新卷汉旗回，更看江霞江上来。极目重关谁锁钥，置身百尺有楼台。绿窗桃叶迎人笑，白石莲花抱佛开。赖有君谟最风雅，甘棠留种水云隈。

匡时抗疏奏明光，西耘、仰衡与余在都俱有时务奏疏。星象珠联聚一方。如此风云迟遇合，揭来林壑觅清凉。重游赤壁言犹在，是日李兰生、许天倬不至，有约再游。一宿曹溪去太忙。何必勋名比铜柱，千秋诗碣镇炎荒。

同游者皆有诗，仅记西耘一联云："世间不信无风马，眼底何曾识海鸥。"属李兰生绘《游紫霞图》。西耘继有诗来，造语拔俗，录之：

昨日从紫霞，握手得君语。劻勷趋穷边，斗胆斁扞圉。我马初欲西，旁看足踌躇。重山起蔽日，无路上欹岖。藤箐阴结蟠，云雾气如痗。日夕无人烟，行者胸捣杵。笞兵走其间，徒步仗腰膂。掬水慰饥卒，安敢意炊黍。回头路三百，谈齿发酸醋。恩穷以威通，此亦天覆处。魑魅今纵横，有责实在御。孤军军其城，天地易寒暑。雨铁杂寝饭，雷电相尔汝。男儿须奇功，磔此牛角鼠。鬼章不就禽，时事遽如许。吾尝闻之君，兵策岂豪举。迹粗功用神，后孙祖先吕。瞋目语海难，万众眇蝈螈。君今遇真知，缚虎绳以苣。登坛易转烛，俦子固邾莒。策马登南关，吾肩想艰巨。谁居梗中逵，心止听枕敔。得时奋龙木，退可拥牛篆。英雄不相惜，谁与策岛屿。其诸同心人，有味入尊俎。世方挟喜怒，扪腹较迎拒。吾当推吾心，泼雪瓶可煮。

世方挟恩威,颠倒售酤醁。吾当公吾心,拔茅且及菇。我真愚无知,口舌受龃龉。礛硪抱枝干,固未学刻楮。已决袖手归,长啸返林墅。气焰不足多,安问长吴楚。蛟龙翻沧溟,何争一洲渚。重屋排云霄,负荷必柱础。遇我君独深,卣馥酲古柜。拂衣行当东,倾心尽筐筥。

四月初九日

香帅电:

总署初八日来电,本日奉旨:岑毓英奏停战撤师仍严密整备一折,览奏均悉。阮光碧等情殷效顺,实属深明大义。现在详约未定,着岑毓英设法维系其心,倘有驱策之处,仍可得力。所奏请赏刁文撑等宣抚、土司之职,分界现未定议,且属国地方官员向不由中朝除授,应毋庸议。刁文撑等如果情深内附,该督当查明实系情切,尤为出力者,令其随同入关,妥筹安插,请旨遵行。其仍留越境者,应俟定界奏明,分别办理。刘永福仍遵前旨,饬赴钦州,归张之洞调遣。钦此。

四月初十日

查取各营宣光打仗出力文武员弁职名,申请彦帅、香帅、豹帅奏请奖励,并称景崧事不偿愿,无功足录,不敢仰邀保奖。

四月十二日

黄守忠来见,自带三百馀人,营官农耕贵带五百馀人,未到,馀队不愿入关者留在河阳。编其军为景军忠字左右两营,守忠仍为督带。越官梁俊秀专人入关求借军火,畀洋枪二百杆。

四月十三日

香帅电奏:

越留二员、归二员。携岑督咨,师当如期撤,惟刘永福安置未定。越义民未得所。勃出示不日派兵讨逆贼,即指刘与助军义民。

师一撤,法必与战。胜,法必疑我;不胜,越民必求入关。纳之,法有词;拒之,非恤藩失向义心。属代电奏请旨等语。刘禀,感天恩,遵来粤,求带旧部三千人,又部下孤寡十馀家,收养多年,须筹安置。又军械、辎重甚多,须迁移免资敌。又历年战事,求奖恤。又请留其子通判刘成良在保胜,候示遵等语。吴得禄禀,刘军恐一两月未能全撤。勃意只在刘移,虽入关稍迟,法当允等语。委员孙鸿勋回称,勃言岑撤一步,法即进一步。岑咨刘禀俱实情等语。洞查刘在越根蒂深,不带本部,刘不能来。洞前许带二千,当可听。安部眷可给资,迁辎重可宽期,奖恤仰求恩准。可否由洞奏请。留子在越已驳。窃谓从容商办,中法均宜。若法进太速,逼刘过甚,必生衅。至法残桂边义民,洞已奏,云边义民请敕岑遵办,并敕总署、北洋商法慎办,务求妥善,勿以急遽误事,边疆幸甚! 祈代奏,请旨遵行。之洞肃。元。

四月十四日

香帅电奏:

顷探得确信,法毁澎湖房屋,分三街建兵房,作铁炮台,三月内共掳民船十六七,勒船客作工。询左同。又接左电,台湾录孤拔告示,基、澎由法兵暂行驻守,华所得东京地,由华兵暂行驻守,详约定即退。是法并不责我先撤。赫德欺蒙朝廷,愚华助法,撤兵而后定约,已中诡计。岑因路滞,抵界稍缓,刘因累重,内徙难速,乃是实情,非不撤。似可援孤拔此示以折法,免过促难办。越员禀,在越确知法畏刘。勃及法兵官谆探刘撤否。趁岑、刘尚在越,详约较易商。洞已屡调刘矣,请代奏。之洞肃。愿。

同日雪帅、香帅会衔电奏:

详约闻将画押,大计数端,务宜详慎:一、云、桂界越,宜留瓯脱;

一、桂边通商不可轻许,边防无长策;一、刘永福能调而不能速,急则恐生枝节;一、台、澎万不可令屯兵,法现修澎炮台,宜阻;一、英、法最亲,赫德英人,处处助法愚我,诡谋显著,法若得利,他国均沾,断不可信,望敕枢臣总署全权详核,并电敕沿海沿边疆臣筹复再定,画押以后挽救无及;一、闻金登干在法立草约,系与斐礼画押,其时斐礼已黜,法甚诧异。查斐礼狠狡好兵,与孤拔为党,力主攻华吞越之人,因谅败,众攻去位。请商法都,另派大臣定议画押,责斐礼历年办理不善,以伐敌谋、杜后患。不然因越用兵,兵胜而越仍弃;因台许和,和成而台终危。与法立约,约成而各国得志,恐贻国家无穷之悔。臣等深忧,不避冒渎,求圣主熟思大计,幸甚!前五条,臣之洞已奏,未悉是否允议,兹将画押,敬敢申恳,末条似尤要,谨电奏请旨,请代奏。玉麟、之洞同肃。愿。

同日电香帅:

密。梁俊秀专差入关,求假军火。拟借以大吉枪数百杆,助彼守土,即为我捍边,不与恐失其心,有事不能再用。闻游勇于二月击毙从法之越官丁观珍,获火器甚多。谅、牧、山、北义民,昔黄、赵屡给枪械不克收回,似应报总署与法言明此事,嗣后游勇越民有火器与法斗,不得咎我暗助,豫杜借口。崧。寒。

四月(2)

在龙州。派魏云胜督带景字正前左右后四营,王宝华督带副前左右后四营,炮军营在牧马,已改派龚士珩管带,欧阳萱仍带中营,合黄守忠两营共十二营,分扎下冻及水口关、崽隘一带,在龙州之右,余坐营在下冻关帝庙。

四月十九日

香帅电:

总署十八日来电,本日奉旨:李鸿章奏法电吴税司,言云督不肯退兵回界,谓须奉旨全退方可钦遵等语。其言固不足据,但撤师之期,早经约定,且云军路远,已议展十日,现在条款不日画押,爽约之衅岂可自我而开?岑毓英惟当懔遵迭次谕旨,将全军按期速撤至界,并与张之洞催刘永福一军如期撤回云界,再赴思、钦。中外交涉,惟以信义为重,况中旨屡降,大计攸关,在远疆臣,自未能深悉情形,何得于事及垂成,再生异议?将来设有贻误,再蹈十年覆辙,该督等岂能当此重咎耶?岑毓英接奉此旨后,即将启程及何时抵界日期,速行电闻。钦此。

四月二十五日

香帅来文节录:

查中法款议已定,滇、桂各军撤守边界。刘提督所部在越,非主非客,于义未安;且法人既与刘军为仇,越地久归法人保护,岂能留弹丸之保胜,供士马之饱腾?应钦遵迭次谕旨,速带得力旧部一两千人,由刘提督自行酌量,贵精不贵多,并刘提督亲丁眷属,一并起程离越,先入滇境,转至龙州,再行募足全军,听候指定,或思或钦,屯扎调遣为要。至其馀历年部众家属,越地辎重资产,应由刘提督随宜斟酌,妥为安置。除照会刘提督办理并分别咨行外,相应照会贵主政,烦为查照,选觅熟识刘军将弁,赍文加函,飞速移知刘提督遵照办理施行。

四月二十七日

催李兰生绘《游紫霞洞图》。初,兰生倚琴帅得意,今李护抚恶将劾之,因藉催画讽以诗曰:"深山深处如人世,幻尽朱霞与白云。已过清和好时节,画图迟了李将军。"后终被劾。本日接李燕伯同年三月二十六日来书,书曰:

每闻捷音，辄一起舞。吾粤三百年来未闻以儒将著者，泰西通商五六十年来亦无如此次受我折挫者。兄以管敬仲有为之才，当陈同甫无聊之境，凭此血诚，上达天听，遇奇而功伟。回思初到广州，踌躇进退之时，至不得已而欲以逋臣自居，泪随声下，彤窃为扼腕叹息者数矣。此种苦心，所谓至诚未有不动者耶？惟是有一日通商，即有一日边事。如执事者，何可多得！才难变巨，忧喟实深。彤耳之所闻，目之所见，以及早夜所思，读书阅历之所得，无不极力推求，亦欲获有用于世。第仕宦不可以求而得，知遇不可以干谒而来。兹无论其大者远者，即一官一邑，尚未假手；而徒蒿目时艰，杞忧在抱，此身何益人间？近惟读书，思取古今掌故与时事合者稍为纂述。再则薄有诗文几卷，山花自开，谷鸟自鸣，藉以消遣壮志，无他长足以告慰二十载之知交也。并寄诗五首为景军铙歌。

四月二十八日

探闻法人由船头修路至威埔，惨役越民，奸淫妇女。游勇头目苏二、何三在芜封五百人，谢二在州咘三百人，邓宾权、黄二、冯满在新街一千人，李逢春在大社三百人，王大朋在怕拉二百人，亚来何三在燕雄四百人，梁正理在山西二千人，又带越民三千，王太忠在太原三百人，黄廷金募华勇千人，士勇不计数，皆通函于我乞济军火，愿复越圻，听候指挥。余权为维系之。

四月二十九日

香帅电：

李护院、唐主政：总署二十四日来电，本日奉旨：李鸿章电奏，林椿来言，法约定一月内退澎湖；如刘永福不退保胜，澎湖亦须迟退等语。现在详约将定，中外交涉惟重信义，刘永福一军亟应如期撤回。着岑毓英、张之洞懔遵十八日电旨，严催该提督即率所部迅回云界，再赴思、钦,不准稍有迟延,致令借口。其起程抵云日期,仍速电闻。钦此。法以澎湖为质,刘一日不离越,中国海防一日不能结局,断无展缓之策。即请维卿恭录此旨,并加切函,晓以祸福,速派妥弁兼程飞递刘提钦遵。此员由何道前往,岑帅必已遵限入关,应到岑营探明刘驻处往探,似可由归顺往,不必由越到彼。约须几日,此弁何日起程,即示复。如维卿无员弁可委,请鉴帅酌派员弁,听维卿差遣,并请鉴帅恭录咨岑帅。洞。艳。

余旋派游击周荣春、都司刘光明给予路费百两,准于初一日兼程前往,取道归顺入开化府,恭录谕旨,并致切函,交两弁赍投。书曰:

飞启者:四月二十三日,曾由岑宫保处转寄一函,计尚在途,阁下现在何处?务恳飞速示知。其函即送宫保营,转递来龙甚速。兹承香帅电寄上谕一道,恭录,派弁赍投。麾下得此信后,已入云界,固好;如尚羁留保胜,务望遵旨立即拔队离开保胜,速进云南。切不可再流连越地,致令法人借口,不肯退出澎湖,贻误大局。此阁下前程之所系,香帅之所切属,鄙人之所急劝。倘再违延,祸将立至。时事业已至此,吾兄自揣力量,如无人助饷银、军火,岂能久据保胜而无恐?如敢不遵严旨退入云界、换出澎湖,谁又敢助贵营饷银、军火耶?大丈夫明哲保身,再看将来机会。违旨身且不保,更何有于保胜?切切三思!速速拔退!望即将离越入云日期,飞速函知。

请缨客曰:余岂欲刘离保胜哉?盖至是不得不为刘计矣。南望伤心,惟自知之。

四月(3)

朱曼伯观察来龙州总办西转运局,赠余六朝碑拓。边关获此,如希世珍矣。蜀人廖光,号蜀樵,少年清品,赠诗笺书画,俱秀逸。

卷　九

五月初三日

赴下冻坐营，距龙州五十里。边防无事，重理书籍。亲友宗族，纷纷来营，编竹而居。香帅、彦帅先后寄到保荐微名折片录后：

香帅奏疏：

奏为唐景崧一军越境会剿历次攻战情形，及遵旨撤兵还界各缘由，恭折补奏，仰祈圣鉴事。

窃查五品卿衔、四品顶戴、吏部主事唐景崧，于上年秋间，派令出关，会合滇军及提督刘永福之军进攻宣光，为规越广军四枝之一，历经奏报在案。

查该军行抵牧马，值桂军郎甲挫溃。前西抚臣潘鼎新令暂留防守牧马；云贵督臣岑毓英来函，虑道阻难达，属其绕道入滇。唐景崧以进军宜速，不愿迁延时日于无用之地，仍由牧马分起前进。山路险恶，粮运艰难，十月初旬抵宣光西北之三江口。宣光系石城，城内一山，法筑炮台下瞰。

十一月初五日，法攻刘永福部将吴凤典营，势甚危急。该主事亲督将士，力援获胜，毙贼甚多，于是先率所部进薄城外。宣光一带，荒僻无路，但随象迹以行。野象百十为群，夜行触之则毙。该军随处开修，始渐能与各军来往。复创设台站，自龙州达于馆司，千数百里，设法分段驰递，滇、桂之气始通。

十二月十一日，与滇将提督何秀林、总兵丁槐等合力进攻。滇军争南门外贼寨，约该军截东门外援贼，刘永福、黄守忠截沿河援贼。贼大股自东门出，专击粤军，于山巅、城上、船中三面环施枪炮。营官游击谈敬德已伤复进，再中炮，殁于阵，营官都司卢贵重伤，参将王宝华两伤。军不少却，贼不得过南门，滇军遂夺得寨。该军击沉舟中逸贼甚夥，刘军夺贼舟三，贼多溺。自此贼伏不出。自十一日至十三日，昼夜攻击，未曾收队。十五日，该军生擒逸贼二百馀。会滇军猛攻，滚草填壕而进，夺获城外炮台，贼溃，死伤无算。城上枪炮密如骤雨，该军逼城而垒，以草捆蔽身，冲弹运锄，悬炮西北隅山巅，轰击洋楼，城堞多毁。刘军亦来助击，贼纷窜，又生擒数十。据获匪供，十一日之战，毙五画法酋一、四画一、一画二，法及教匪数百。自十七、二十二、二十六、二十八、二十九至本年正月初二、初三等日，俱有战事，尽拔城外竹栅、木桩，以云梯草捆进攻。该军据城北土阜俯击，以乡音诱客、教匪投出百馀，皆释去，偷渡者任其逸。嗣闻援贼将至，逼攻愈急。初八、初十、十一、十三等日，滇军以地雷轰塌缺口三处，贼于缺口立木栅、土垒，排列开花炮，伏地窟以守。该军与滇军屡冲缺口，悬赏募士，肉薄先登，前者伤亡，后者继进，裹创血战，雨夜不休。望见城内之贼，纷纷倒毙。该军入城而战死者甚多，带队游击赖朝荣于十一日冒弹登城殒于城上，参将邹全鸿于初十两伤，参将邓有忠于十三日重伤。通计数月来，营官带队战殁者二人，重伤四人，哨弁以下更难悉数。城中樵汲已断，粮亦垂尽，教匪大半窜逸，贼势危蹙，伏匿待毙。法自入中国以来，皆系扑犯官军，独宣光为受攻被困之始。于上年十二月十一、十五、二十四等日，本年正月十三、二十一日迭奉谕旨褒嘉，懿旨颁赏。乃以桂军失谅，移寇西援。刘永福十六、七等日左育扼战，力竭败退。援贼与城贼通连，恐致腹背受敌，遂与何秀林、丁槐等商，暂撤先锋营，稳扎缓攻。时值法入南关，将窥牧马，牧马即高平省，该军后路饷弹俱缺，虑被截断，臣与岑毓英均令回防牧马。该主事抵牧马后，越官高太剿抚使梁俊秀愿结北圻义民助战，太原金英县民亦来请兵，游勇渠魁梁正理、何三、谢二等拥众甚多，皆来就抚，愿受约束，助军攻剿，越民自愿集八十社，按月供梁军粮饷。黄守忠所部约千人已檄令东来，唐景崧各加抚励部勒，自任攻太原一路。方欲进讨，适已奉旨撤兵。现于三月二十日以前，将该军撤入边界，分扎龙州之下冻一带，与广、桂各军联络屯防，均经电奏在案。

当围急时，法虏以玻璃瓶盛求救书，顺流放下，上插小旗，书"拾送端雄法营者给银二十元"，被官军截得数具，解送臣处，当经译出，自言日夜攻击，势在垂危，不日将陷。又译出，西人自河内来洋信暨东京法人新闻纸所言略同，盛称宣光华军力战甚勇，攻围有法。游击茂连拿厘伤毙，再过七日，则城内无一生者。述左育之战，则言法攻东京以援宣一役为最难，黑旗勇敢无匹，真法歼毙四百馀人，兵官二十五人，黑兵、教匪不与焉。盖永福虽败退，而法人守城与援宣之兵受创过甚，力敝气沮，故仅解宣光之围，不能上犯馆司，其震怖之情，露于楮墨，至今法人犹深畏忌。

查该主事以文学书生亲率偏师，越疆会剿，行无人之地千馀里，山箐幽险，不见天日，夜堕深堑，昼逢猛虎，马蝗盈尺，噬人立毙，人马颠陨不可数计，购粮运械尤为难苦。其人数比之滇军、刘军不及其半，其后路之远近难易则又倍之。至于临战赴援，攻城夺垒，其摧锋斩获，每与诸军相埒，将士致果效命，伤亡多于他军。每有攻战，该主事皆亲履前行，其为力能用众，勇能克敌，已可概见。此军以之防边，可期得力。除宣光历次攻战获胜，云、粤、刘三军已奏奉恩准咨照岑毓英遵旨保奖并随时奏恤外，合将截获宣光法匪求救书暨西人河内来信,东京法人新闻纸译出,缮单恭呈御览。所有唐景崧一军越境会剿,遵旨还界屯防各缘由,理合恭折补奏,伏祈皇太后、皇上圣鉴。谨奏。

谨将截获宣光法人求救书,暨西人河内来信,东京法人新闻纸译出,缮单恭呈御览。

译光绪十年十二月官军截获宣光法人玻璃瓶求救书

函面写:"即交沿途所遇法营炮队官。如不遇炮队官,即速投递驻扎宣泰统领。"函背写:"安南人能将此文飞递宣泰者获重赏,切速切速。"函内写:"本处被华兵围困,其数甚众,日夜攻击,势在垂危。四围九百码之外皆华兵所驻,密迩相逼,我军不得不弃外垒而退守内城。惟南面一方,距华兵尤近,相去仅二百码,华军由此掘挖地道,工程甚速,不日将陷我城。复于污沃道上,建筑土垒,坚壁固守。此处即刘永福所驻,有黑旗二千人在此。谨此急报大营统领察照。由宣光法营发。火速!火速!火速!"另洋文一分,辞意相同。

译正月二十四日西人河内来信

法攻东京,以援宣一役为最难。然与刘军接仗,未尝有易事也。宣光一城,在克来河旁之山谷中,距城百丈许,有山临之,易于被击。去岁九月间,华兵围之,至月杪鏖战一次,围始解。后法留新兵守之,援兵仍回河内。越四日,华兵复围之。至十二月初间,奋勇迎扑,城垣被毁三处。法苦不支,告急于河内。华人跨城数次,虽被击退,而法兵死伤者亦甚多。其时法已据谅山,统兵官即调前营副将几阿樊你之兵趋援宣光。计法兵二营,一真法兵,一越南土著,又有大炮一队,哈乞开士炮一队,由古来河沿流而上。水程甚远,直至正月十六日始见黑旗,有炮台在都约地方,距宣城约六英里,形势甚佳。台设山上,绕以矮树,船炮既不能及,陆炮亦难击中。共有小台八座,内联濠沟,外筑短垣,上开炮眼,下挖地道,垣以外有竹杆三重,枪队护垣一道。再前十五丈,树木尽芟,刘军伏垣内地道,既得地利,复善策应。法人连攻四次不克,进至第五次,始攻入第一重垣,死伤甚众。黑旗勇敢无匹,败退时,仍以药筒、药包、石块、小刀掷击法人。忽见法之黑兵从左边攻入,有一华人自知逃避不及,即焚火药房,轰法兵四十人。是日下午,法攻第二重土垒,华人相持不若前次之坚,法营大炮又可翼助其步兵。至黄昏后,华人尚保存土垒数座,夜间出围法人,旋被击退。次日军心稍懈,未刻宣围始解。华人所开地道,距宣光城垣仅三丈。垣上有五缺口,皆填满华尸,可见华人攻城之勇,又可见哈乞开士炮及开花炮近攻之利。是役,法守宣城之兵死者一百五十,其馀受伤过半。法兵穴地而居以避枪码,已阅三十六日,设再迟七日,援兵不至,必俱死矣。法之官报载援兵死者四百六十七,其中二十五均系员弁,大约不止此数,向来土著之兵死者,法人从未计及。观河内医院受伤者之多,几无安置处,法之失利已可概见。其援兵现扎宣城,华军离城仅二英里。法之不敢迎击者,盖自知其力有不及,欲待援兵至然后图之。闻日内有法兵五千来越,现已有到河内者,俟其全到,将由红河以取保胜。法人亦自知欲到保胜,非数月不可,或须延至今冬。可见法人在越,不甚得手,所谓增兵者,不过补阵亡病故之缺而已。四十日以来,法兵之受伤病故者已有二千名。现在法军第二队驻守谅山,粮运艰难,未能得力。其在宣光之第一队,只可固守城池,冀不为华军攻陷已耳。目下情形如此,和议无期,殊非法人之幸。旁观者始以为去冬之战,和局可复;及睹现在情形,觉战事终未易了,不禁为之太息。下月酷暑炎蒸,进兵不易,其新到之兵,尤不堪其苦。去年四月,法人多受瘴毙命。一交六月,湿痢症又将继而发矣。

译东京法人新闻纸

华十二月初旬,法军闻华人欲夺回宣光之护城炮台。若攻夺宣光与太原,则广西、云南两处之兵可进而联守,云南兵勇又足拒越南兵之镇守地名得及黑河者。法将军方带兵二队前往谅山,即闻云南官军围绕宣光城。华十二月十一日,华军即攻击此城。观华军围攻形势,布置极善,想华人必有曾往欧洲军政书院练习战法者。华军趁河水干浅之时,多人携带军械,望城垣前往,即向墙边洞穿窟穴,埋以地雷。华十二月二十八日侵晨,华军然发地雷多具,轻击城墙,即行倾塌,遂乘势奋攻,竟被法军击逐,并毙多人。是时,法总兵率兵丁在城内,日夜急筑土垒。幸华军不能进城。华人又闻法人救兵将到,愈欲速夺护城炮台。于华正月初八日,再用地雷三具攻塌炮台之墙,倾卸甚阔。镇守此炮台之法兵,又将华兵驱逐。是日法游击茂连拿厘者阵毙,又有兵官二人受伤,法兵毙命十二人。

又译东京法人新闻纸

以今日之华军较二十五年前大相悬绝。此次中法交战,华兵勇敢异常,又有兵官善于管带,围宣光城之法甚合欧洲军政书院所教习者,放枪炮均有准的,且储备弹子甚多。法军毙命不少,其死伤实数尚未知确。正月十六、十七两日,法军死伤者约三百人,内兵官二十五人;另镇守宣光之法兵六百人,已有三分之二在阵死伤。中国交战时,法国浅水小轮船亦然炮助击,惟河水太浅,炮船不能驶进。

再,五品卿衔、四品顶戴、吏部主事唐景崧,前奉朝命,经越入滇,崎岖蛮荒,经营调护。去年黄桂兰溃退后,该主事接统残军,支持败局,扼守观音桥,最当前敌,为人所不肯为。此次越境出师,首击宣光,屡挫强敌,躬冒炮火,备尝瘴厉。岑毓英前奏,言唐景崧奋不顾身,有胆有识,致臣书亦同。臣察其为人,既能亲临行阵,深悉洋战利病、越地情形，又能筹画大局，抚驭民夷，条理井井。如此人才，实不易得，洵属可任兵事，无愧边才之选。现因奉旨保奏宣光出力各军，该主事禀称，事不偿愿，无功可录，不敢仰邀保奖等语。其应如何奖励之处，应请俟岑毓英奏到，恭候圣明裁度，出自逾格鸿慈。理合附陈，伏祈圣鉴。谨奏。

彦帅附片：

再，四品顶戴、五品卿衔、主事唐景崧，于上年十一月初五日，贼围提督刘永福部将吴凤典营，该主事率兵同提督刘永福、游击张世荣三面夹击，大挫凶锋。嗣后围攻宣光，该主事会同丁槐、何秀林逼城而垒，力攻三十六昼夜，轰城穴隧，肉薄相当。贼死已数千，驰书求援，亦自谓华兵猛厉，城中有坐毙之势。设非刘团左育一溃，已告成功。伏念滇军随臣百战之馀，加以训练，杀敌致果，势所不难。该主事以一书生，招募新集之勇，随同攻坚陷阵，不少退却，使非有胆有识，报国情殷，何能如此奋勇？查该主事率营出关之时，正值宣光、太原路梗。该主事以会剿为急，攀绝壁，逾深溪，间关崎岖，逾越圻千有馀里，竟达滇营。其经过之路，地当幽僻，无粮可办，往往远至一二百里外采买，而军资、军火迢遥转运尤难。该主事身临前敌，复顾后路，节节设站，处处留兵，其筹画精详，人所不及。且选锋陷阵，精锐伤亡如积，该主事气不少挫，激励戎行，促攻愈紧。营官哨弁，奋不顾身，其笼络驾驭，尤属有方。臣毓英与臣之洞，往返函商，均以该主事值辛苦艰难之会，独能竭力国事，奋迅图功，洵属明体达用，艰巨堪膺。应如何破格擢用，以收效得人之处，出自逾格鸿慈。现在该主事已回驻龙州防所。除将该主事开呈围攻宣光尤为出力员弁十三员名缮单请奖，并饬该主事仍查明出力人员，暨此次接应出力之人开报到时，再行缮单续请奖叙外，臣谨会同两广督臣张之洞,合词附片具陈,伏乞圣鉴。谨奏。

五月二十五日奉旨:"唐景崧着赏戴花翎,并交军机处存记,候旨简用。钦此。"

同日奉上谕:"岑毓英查明宣光、临洮获胜出力人员分案请奖开单呈览一折。钦奉慈禧端佑康颐昭豫庄诚皇太后懿旨,所有云南官军及唐景崧、刘永福等所部各军尤为出力兵勇,着共赏给内帑银一万两,由岑毓英分别发给,以示鼓励。钦此。"

云军、景军、福军将士均蒙奖进秩有差:彦帅敕部优叙,并加一云骑尉世职。刘渊亭军门赏依博德恩巴图鲁名号、三代一品封典。同时桂边奏捷,香帅赏戴花翎。冯萃亭军门赏太子少保衔、三等轻车都尉世职。苏子熙军门赏三等轻车都尉世职,并赏给额尔法蒙额巴图鲁名号。王福臣军门赏给云骑尉世职。王朗青方伯开复原官原衔翎枝勇号,与王军门均蒙珍赏。陈军门嘉、方军门友升、蒋军门宗汉均赏头品顶戴,并荷珍赏,陈军门又赏云骑尉世职。李鉴堂护抚,敕部优叙。在事文武员弁均进秩有差。又奉懿旨发内帑银一万两,赏苏部五千两,冯部二千两,勤军、定边军共三千两。此次独余微名不在开单拟奖之列。嗣因续保宣光胜仗,蒙恩赏给霍伽春巴图鲁名号,并加二品衔,则在已授台湾道勘界之时也。

五月初五日

接丁统领函云,彦帅拟驻蒙自县。

初六日

梁正理驰报,越领兵陈止与已阵亡河内领兵官阮秋河之妻妾率义兵会合正理兵,于四月十三日乘法不备袭入北宁城,戮法人甚众。十七日,法大股来争,独涌球一路越兵不敌,城复失。游勇头目刘翰华来见,假以军火。翰华名焕棠,后据保乐州。

香帅行知北洋大臣与法使商办详细条约画押事竣奏稿条约。
录后：

光绪十一年五月十八日，准北洋大臣李咨开为照本大臣于光绪
十一年四月二十七日在天津行馆会同刑部尚书锡、鸿胪寺卿邓由驿
具奏，与法国使臣商办详细条约画押竣事一折，除俟奉到谕旨，另行
恭录咨达外，相应钞折咨行查照，计粘钞奏稿条约。同日又准咨开
为照本大臣于光绪十一年四月二十七日在天津行馆由驿附奏照会
法国使臣，将前次拿获平安轮船官兵全数释回。法使请将广西生擒
法国弁兵交还，并将因案牵涉之张志瀛等宽免查究一片，除俟奉到
谕旨，另行恭录咨行外，相应钞片咨会查照，计粘钞片稿并往复照会
稿。十九日，又准咨开为照本大臣于本年四月二十七日在天津行馆
会同刑部尚书锡、鸿胪寺卿邓由驿具奏，与法国使臣商办详细条约
画押竣事一折，业经钞稿咨行在案，兹于四月三十日准兵部火票递
回原折后，开军机大臣奉旨依议。钦此。相应恭录咨会查照。同日
又准咨开为照本大臣于本年四月二十七日在天津行馆由驿附奏，照
会法国使臣将前次拿获平安轮船官兵全数释回，法使请将广西生擒
法国弁兵交还，并将因案牵涉之张志瀛等宽免查究一片，业经钞稿
咨行在案。旋于二十八日准总理衙门来电，本日奉旨，李鸿章电称，
中法详约业经画押，法使巴德纳允将前掳平安轮船弁勇七百馀人全
数交还，请将桂军擒获法国弁兵释回等语，着李鸿章迅派妥员前赴
澎湖会商。法兵官约定日期将掳去弁勇王仁和等七百馀人妥为收
回，其中如有被害者，必须与之理论。至由西贡载回者，酌给船费，
均由该督妥办，并着将约定日期电知李秉衡。将前获法弁兵九人届
期派员送交越境法兵官收回，至降将阿麦里，仍遵前旨，饬令随营效
力，如何妥为安置，着李秉衡酌度，奏明办理。钦此。转电护桂抚李

等因。同日又准来电,本日奉旨,李鸿章电奏,法使巴德纳允将前掳平安轮船弁勇七百馀人全数交还,请将张志瀛等宽究等语。中法详约现已画押,所有因案牵涉之张志瀛及前获卖给法船食物之民人等,准其宽免追究,一俟平安轮船弁勇送回时,即行释放,着曾国荃、卫荣光遵照办理。钦此。即转电南洋苏抚等因。业经本大臣分电在案。兹于三十日准兵部火票递回原片后,开军机大臣奉旨,已有旨。钦此。相应恭录咨会,钦遵查照各等因。到本部堂准此为此照会,贵主政烦为查照施行。计粘钞原折片稿条约并照会共一纸。

奏为与法国使臣商办详细条约画押竣事,仰祈圣鉴事。

窃臣等钦奉三月初六日上谕,本日已有旨:派李鸿章为全权大臣,与法国使臣办理详细条约事务,并派锡珍、邓承修前往天津会同商办。法使巴德纳不日到津,所有应议事宜关系重大,李鸿章务当与锡珍、邓承修会同详细妥筹,临机因应,与法使据理辩论,毋得意存迁就,总期无伤国体,不贻后患。仍随时奏明,请旨遵行等因。钦此。仰见圣谟闳远,训示周详,曷任钦悚。臣锡珍、臣承修陛辞后,于三月初十日抵津,会晤臣鸿章,密商详细条约,业经由总理衙门王大臣饬总税务司赫德与巴黎法外部电商办理。巴德纳至津,彼此拜晤,初未谈及公事。三月十六日,接奉醇亲王、礼亲王、庆郡王公函,以赫德面交法所拟详约十条,皆本上年津约之意,略有出入,现酌改数处,属臣等再行酌度具覆。臣等当据管见胪陈,去后嗣迭准庆郡王等密函,历次删改辩论之处甚多,均随时进呈御览,遵旨酌办。三月二十九日,先将第一、三、四、七、八、九共六条,彼此均允照办。四月初三、初六等日,复将第五、六条核订先后钞交臣等,与巴德纳督同中法翻译官详确考究,讲解文义,间有不符,复函请王大臣与赫德、丁韪良等妥细校正,寄由臣等与巴德纳面定。仍请总理衙门随时奏进,请旨遵行。四月十九日,第二、第十两条亦经法电遵改,巴德纳译送臣等,又缄请庆郡王令赫德、丁韪良另译进呈。二十三日奉电旨:此次议约往返电商各条,均尚得体。本日披览,改定第二、第十两条,亦最妥协。着李鸿章等再将各条详加核对,如意义相符、并无参错,即着定期画押等因。钦此。臣等复与巴德纳面商,覆加核定,随即电奏在案。该使屡催克期画押,订于四月二十七日齐集公所,将中法文四分会同校对无讹,均各画押钤印竣事,彼此各存正、副本二分。窃惟中法两国为越事战争数年,胜负互见,今乘谅山大捷之后,皇威震慑,薄海同钦,法都既有悔过之诚,中土亦可藉收戢兵之益。仰蒙皇太后、皇上坚持定见,杜要求之诡谋,扩怀柔之大度,诸王大臣和衷匡弼,实力赞襄。自本年正月迄今,往复辩析,煞费经营,遂得定艰危于俄顷,跻举世于平康,实天下臣民之福。臣等从事其间,禀承庙谟,随机因应,幸无陨越,断不敢稍有草率,致贻后悔。此后惟冀总理衙门暨滇、粤各督抚臣恪遵条约,分晰筹办,慎固封守,联络邦交,庶可防患于未萌,相安于无事耳。谨将条约正本封送军机处呈进,恭候批准,以便届时互换。其副本咨送总理衙门查核。臣鸿章原奉全权大臣谕旨,一道敬谨咨缴军机处备查。所有商办法国详细条约画押竣事缘由,谨缮折由驿驰奏。伏乞皇太后、皇上圣鉴训示施行。再臣锡珍、臣邓承修即日起程回京复命,合并声明。谨奏。

照录与法国巴使会议改定条款

大清国大皇帝

大法民主国大伯理玺天德

前因两国同时有事于越南,渐致龃龉,今彼此愿为了结,并欲修明两国交好通商之旧议,订立新约,期于两国均有利益。即于光绪十年四月十七日在天津商订简明条约,光绪十一年二月二十八日奉旨允准,着作为底本。为此两国特派全权大臣会商办理。

　　大清国大皇帝钦差全权大臣、文华殿大学士、太子太傅、北洋通商大臣、直隶总督、一等肃毅伯爵李

　　钦差总理各国事务大臣、刑部尚书、管理户部三库、左翼世职官学事务、镶黄旗汉军都统锡

　　钦差总理各国事务大臣鸿胪寺卿邓

　　大法民主国大理伯玺天德钦差全权大臣、赏给佩带四等荣光宝星并瑞典国头等北斗宝星、驻扎中国京都总理本国事务巴德纳

　　各将所奉全权文凭互相校阅,均属妥协,立定条约如左:

　　第一款

　　一、越南诸省与中国边界毗连者,其境内法国约明,自行弭乱安抚,其扰害百姓之匪党及无业流氓,悉由法国妥为设法,或应解散,或当驱逐出境。并禁其复聚为乱。惟无论遇有何事,法兵永不得过北圻与中国边界。法国并约明,必不自侵此界,且保他人必不犯之。其中国与北圻交界各省境内,凡遇匪党逃匿,即由中国设法,或应解散,或当驱逐出境。倘有匪党在中国境内会合,意图往扰法国所保护之民者,亦由中国设法解散。法国既担保边界无事,中国约明亦不派兵前赴北圻。至于中国与越南如何互交逃犯之事,中法两国应另行议定专条。凡中国侨居人民及散勇等在越南安分守业者,无论农夫工匠商贾,若无可责备之处,其身家产业得均安稳,与法国所保护之人无异。

　　第二款

　　一、中国既订明于法国所办弭乱安抚各事无所掣肘,凡有法国与越南自立之条约章程,或已定者、或续立者,现时并日后均听办

理。至中越往来言明必不致有碍中国威望体面,不致有违此次之约。

第三款

〔一、〕自此次订约画押之后,起限六个月,期内应由中法两国各派官员亲赴中国与北圻交界处所,会同勘定界限。倘或于界限难于辨认之处,即于其地设立标记,以明界限之所在。若因立标处所或因北圻现在之界稍有改正,以期两国公同有益。如彼此意见不合,应各请示于本国。

第四款

一、边界勘定之后,凡有法国人民及法国所保护人民与别国居住北圻人等,欲行过界入中国者,须俟法国官员请中国边界官员发给护照,方得执持前往。倘由北圻入中国者系中国人民,只由中国边界官员自发凭单可也。至有中国人民欲从陆路由中国入北圻者,应由中国官请法国官发给护照,以便执持前往。

第五款

一、中国与北圻陆路交界,允准法国商人及法国保护之商人并中国商人运货进出,其贸易定限若干处及在何处,俟日后体察两国生意多寡及往来道路定夺,须照中国向地现有章程酌核办理。总之通商处所在中国边界者,应指定两处,一在保胜以上,一在谅山以北。法国商人均可在此居住,应得利益应遵章程均与通商各口无异。中国应在此设关收税。法国亦得在此设立领事官,其领事官应得权利与法国在通商各口之领事官无异。中国亦得与法国商酌,在北圻各大城镇拣派领事官驻扎。

第六款

一、北圻与中国之云南、广西、广东各省陆路通商章程,应于此约画押后三个月内，两国派员会议，另定条款，附在本约之后。所运货物进出云南、广西边界应纳各税，照现在通商税则较减。惟由陆路运过北圻及广东边界者，不得照此减轻税则，纳税其减轻，税则亦与现在通商各口无涉。其贩运枪炮、军械、军粮、军火等物，各照两国界内所行之章程办理。至洋药进口出口一事，应于通商章程内定一专条。其中越海路通商亦应议定专条，此条未定之先，仍照现章办理。

第七款

一、中法现立此约，其意系为邻邦敦和睦，推广互市。现欲善体此意，由法国在北圻一带开辟道路，鼓励建设铁路，彼此言明，日后若中国酌拟创造铁路时，中国自向法国业此之人商办，其招募人工，法国无不尽力劝助。惟彼此言明，不得视此条系为法国一国独受之利益。

第八款

一、此次所订之条约内所载之通商各款以及所订各项章程，应俟换约后十年之期满方可续修。若期将满六个月以前，议约之两国彼此不豫先将拟欲修约之意声明，则通商各条约章程仍应遵照行之，以十年为期，以后仿此。

第九款

一、此约一经彼此画押，法军立即奉命退出基隆，并除去在海面搜查等事。画押后一个月内，法兵必当从台湾、澎湖全行退尽。

第十款

一、中法两国前立各条约章程，除由现议更张外，其馀仍应一体遵守。此次条约现由大清国大皇帝批准及大法国大理伯玺天德批准后即在中国京都互换。

光绪十一年四月二十六日

西历一千八百八十五年六月初八日

大清国钦差全权大臣李　押

钦差总理各国事务大臣锡　押

钦差总理各国事务大臣邓　押

大法民主钦差全权大臣巴　押

再臣鸿章前准左宗棠、杨昌浚电称,本年二月二十六日,法国兵船在台湾琅峤洋面截夺平安轮船,将所载杨岳斌干勇七百馀人带往澎湖,闻已分送西贡安置,请向法使追索等语。臣面商巴德纳,该使谓此事尚在两国未停战以前,西国战例,凡彼此损伤人货均不赔补,若俘获兵民可互交还,但须和约定后再议。闻广西军营亦有擒获法国官兵数人,应恳发还互换。又苏州提讯卖给法船食物之人并被控之法馆幕友张志瀛等,均请释放,以敦睦谊等情。臣查两国和局既定,在交战时掳获弁兵及因战事查拿之人,一体释放,皆系万国公法所应行。臣因于详约画押之先,备具照会,属将拿获平安轮船之官兵全数释回,其携往西贡者即交便船载回澎湖,由闽浙督臣派员往澎湖领取。该使照复允办,并请将中国军营拿获法国弁兵一律释回,其意即指春间桂军生擒者。又称所有无论何国何色之人与前衅有涉者,乞恩宽免究追,其意即指上海张志瀛等案也。相应请旨饬下。左宗棠、杨昌浚等即派妥干大员赴澎湖会商法国兵官,索还前次截掳之弁勇,其由西贡载回弁勇船费若干,如该兵官求补,可由闽省筹给,并请旨饬下。护广西抚臣李秉衡将前此生擒法国弁兵照数押交越境法国兵官查收。仍恳恩饬两江督臣江苏抚臣将前此因案牵涉之张志瀛等一并宽免追究,以广皇仁而示大信。以上各节可否,均由电报转达,俾得迅速。谨照钞臣与巴德纳往复照会稿咨送军机处备查。伏祈圣鉴训示施行。谨附片具奏。

照录给法国巴使照会为照会事：

照得本年二月二十六日贵国兵船在台湾琅㻒洋面截夺平安轮船，将该船所载中国弁兵七百馀人带往澎湖，闻已分半载送西贡安置等情。查各国公法，凡战时所俘获兵士，俟和议定后仍即交还。兹中法和约业经订定，应请贵大臣笃念友谊，转致贵水师提督，即将前次拿获平安轮船之官兵七百馀人全数释回，其有携往西贡者，亦即交便船载回澎湖。本大臣当咨会闽、浙督部堂杨就近派员前往澎湖领取，谅贵国必能体彼此和好之忱，迅速施行。相应照会贵大臣，请烦查照见覆须至照会者。光绪十一年四月二十六日。

照录法国巴使照覆为照覆事：

接准贵大臣光绪十一年四月二十六日照会，内开法国兵船截夺平安轮船所载中国弁兵应请转致释回等因前来。查我国家想中国内地若遇有擒获法国弁兵等，则贵国必定一律释回，即已达致，无不应允所请。惟愿于互交拿获弁兵之馀，按照各国公法，一面亦由贵国将所有无论何国何色之人与前衅有涉者一体宽免究追，谅贵国必愿我两国前此参差日后无留遗迹，即能体量此和好之忱，亦乐而施行。希即见覆可也。为此照覆须至照会者。光绪十一年四月二十六日，西历一千八百八十五年六月初八日。

五月初七日

越南谢现来见。询四月十三日越兵袭入北宁事，据云甚确。阮秋河两妇，不知外氏，妻年三十二，妾年二十六，起义兵报夫雠。前寓北宁文江县，今移太原富平府，联络游勇，一府供粮。该总阮桂主军粮，妻掌兵符，妾能临阵。谢现流离琐尾，忠义可矜，无法慰之。

五月十二日

闻黄廷金避疠于保隆，遣人往视之，并赏以翡翠搬指、绸缎等物。

五月十三日

接香帅五月初八日来电："北洋电，据巴使云，孤拔于四月晦在澎湖毙。或云因伤发，或云部众积怨毒杀之。特奉闻。"

五月二十一日

黄廷金禀报，四月初一日与法战于观音桥，颇有斩获，终虑难支，拟以眷属居下冻。允之。

五月（1）

香帅遣委员孙鸿勋、陈文堉赴滇照料渊亭赴桂，并送去统领及各管带关防，又送渊亭妻黄氏冠服、簪珥、缎匹，盖闻渊亭信黄氏言故也。两委员先至下冻。

五月（2）

香帅遣材官于四月初三日赍赠各军礼物，馈余雷葛、台席、香料等件，并有书云：

迭接电函，知经营善后，布置边防甚备。方今以安插游勇为第一义，此辈区处得所，为我捍蔽，胜于十万师矣。独是汲汲目前惜费畏事者，语以宏谟远略，辄谢置不讲。如阁下者，其可多得乎哉？宣光数月战事，奏恳优奖，已奉俞允，交云督查奏，当即钞电咨达，并照会尊处，谅登台览。惟是执事出关半岁，跋涉数千里，备历劳瘁。现始分军屯处，凡属将士，俱极可念。边关春戍，征衣未偏于同袍；帐下健儿，椎飨尚期诸异日。谨具菲物数种，聊致区区，祈哂入。

余即日函谢，并电云：

赐件并函谨登，另禀交原差带呈。东来者皆言公忧劳过甚，尝废寝食。公肩天下巨任，处今日时势，固不能不烦苶念，而爱国爱身，理乃一贯，敢请珍摄。尝惜公迟生五十年，致中外成此巨变。然赖自今以往,经营补救,犹不甚迟。祈览鬓发而念朝野。

五月(3)

往阅水口关、叓隘各处防营。李鉴帅巡视边营。闻张朗斋军门简授广西巡抚。

五月(4)

营门演戏数日,酬神享士。芷庵、天倬来营。天倬欲注《晋书》,接裴松之注《三国志》后。仲弟春卿适欲注《唐书》,不谋而合。

恭录五月二十二日电旨:

前迭谕岑毓英将云军及刘永福营一律撤回边界,迄今未据复。法已退出基隆,并将掳去弁勇悉数交回。我军亟应如约迅撤,以昭大信。着张之洞速咨岑毓英懔遵迭谕,赶速办理。现闻电线中断,应如何设法急递,并苏元春派赴谅山弹压之兵,何时撤回,着迅速电闻。钦此。

香帅五月二十四日代彦帅四月三十日电奏:

奉十六日电旨:着岑毓英将起程抵界日期电闻。毓英于三月十七日自馆司起程,四月十七日过文盘州,均经奏报在案。兹于四月二十六日抵界,计五月朔可抵蒙自县驻扎。所有云军三万馀人,已撤回二万三千馀人,均抵开化、临安边界各处。又,三四百里,路遥兵众,道路崎岖,船马稀少,辎重未能尽行。且越民畏法,又恐别生衅端,因留粤勇七千馀在后弹压,当陆续撤回,并无不肯退兵回界之说。吴税司到营时,临洮、广威、不拔、枚支关各营撤回馆司,该税司眼见,辄敢捏造是非,上烦圣廑,可恨!刘永福现在保胜料理,定五月中赴广西,请代奏。毓英肃。

五月二十四日

探报法攻黄廷金山寨,破其两岩,至其三岩,廷金包抄,大胜之。

五月二十八日

接渊亭在保胜本月十五日来书,谓本月移辎重家属入云界六十里之南溪,自稍缓行,事毕亦决不恋保胜矣。

五月二十九日

接香帅本月十七日电:

李护院、苏督办、唐主政:顷接北洋电,称巴使照会,称北圻元帅顾来电:闻谅山一带忽到中国官军三队,请飞知总督,如何设法撤去。华兵若仍留驻北圻,与前言之约不符。法兵已撤退回北,并将俘获华兵交还,中国当一律照办等语。并据巴面言,澎湖本拟照约克期撤尽,迭闻此信,不无疑虑,求转电粤西查明。如有此事,即速查撤回,以示大信。希即电复,以便转复巴使。鸿。谏。等语。日来线梗一面排递,请即刻电复,切祷。洞。霰。

卷　十

六月初三日

香帅来电,和约已定。景军裁六营,留四营,并黄守忠二营。是时勤军、萃军俱裁,香帅皆捐赏银两,景军裁六营,赏三千两,悯其苦战也。

六月(1)

香帅寄到与总署往来电信及电奏与所奉电旨,录后:

总署五月二十五日电香帅:

法使已到京会约,据称彼国领事及商人、教士等拟即赴粤,希饬地方官于法人到时,照常接待保护,以敦和好。有。

香帅六月初五日电总署:

前奉署电,法商、教欲入粤,即告各将领及地方官。皆不愿,金称宜稍缓。粤正裁勇,又值水灾,澎湖未退,闽尚未有法人入口,教士骤入,必滋事,保护难周,难当重咎。当令税司贺璧理转致法领事暂缓,俟晓谕军民妥贴,再属贺知会。渠欲先修领事署,允之。既归和好,宜求相安。钧署自未便拒其所请。以外省形情不便为词,彼当释然。之洞肃。歌。

总署六月初七日电香帅:

歌电悉。进呈和议定后,法一切遵约,其教士赴粤未便阻止。希即出示晓谕,解释群疑,严申约束,勿以不能保护等语授人口实。遵旨电达。阳。

总署六月初八日电香帅：

阳电想已达。昨准巴使照称，两广尚未照行，与上年七月谕旨相背。主教缓期八日，实难再展等语。即照阳电妥办，迅速出示晓谕，勿再阻止，务于八日内将教堂、教民房产去封归还，勿延，别生枝节。并电复。齐。

香帅六月初九日电奏：

法教入内，总以中国海面无法船为断。今澎湖未退，闽省未令法入，军民皆知，众怒未息。法商、教遽欲入粤，似非定约本意。目前裁勇数十营，被水灾民数万，教士骤到，各属必易生事，教入粤西尤多不便。商之文武僚属将弁，皆曰不可。英领事贺璧理，目击情形，亦深谓缓来为宜。前托税司商法领事缓入以期安稳，意似相信，允缓八日。年来体察洋情，若由外省办，较易商量，不止一端。彼不过姑耸巴使向总署妄求，以图尝试。若以外省难办谢之，臣之洞当属税司或他国领事婉致熟商，务求妥善，上纾宸廑。总之，法人气馁力敝，沿海及各国皆知，断不敢再生枝节。粤省法并无商，传教何争此数日？此乃得步进步！若彼兵船尚据我地，遽令教士入口，流弊太多，且中国示弱太甚，转为各国所轻。伏恳圣明熟思，并垂询北洋，救其妥筹，必能商办。臣之洞为防患息事起见，实无与去年谕旨相背之处。请代奏。之洞肃。佳。

六月十一日电旨：

张之洞奏法教入粤流弊太多，示弱太甚等语。传教载在条约，上年七月降旨用兵，当谕令保护法国教民。现在基隆已退，被虏弁兵均已收回，法使业已到京，教士照约入口，有何示弱？澎湖尚未退出，正以云督撤兵稽迟为借口。若再因阻教入粤，别添枝节，以致澎湖久踞不退，其为示弱不更甚耶？此等紧要关键，岂能轻听僚属将弁之言,有意阻挠? 如地方莠民藉端滋闹,全在该督严饬弹压,果能实力奉行,何至生事? 贺璧理致法领事信,有法商、教入粤,粤省不愿等语。何以向该督言,亦谓缓来为宜? 恐不足据。张之洞速即出示晓谕,准令教士入口,以昭大信,勿得再存意见,转启群疑。设有偾事,惟该督是问! 钦此。

香帅六月十二日电总署:

遵旨即日出示,准教法入,果能即退澎湖,惟恐入粤不速耳。之洞肃。文。

香帅六月十四日电奏:

已遵旨出示,令法教入口。前据英领事嘉托玛、税司贺璧理商法领事,已复允缓十日。旋接吴宏洛自澎湖电,澎湖法船十一日辰初全退,闽电亦以退告。今澎湖既退,其来迟早自可听之,亦不拘定十日。请代奏。之洞肃。愿。

香帅六月十四日电奏:

刘永福离保胜,中国事事如约。北洋电,林椿函告巴使,谓越民内乱由粤帅主使,谬妄太甚。粤为调刘,劳费无算,以后甚费筹画。彼力不足以服越,节外生枝。越服法、拒法,皆非中国所能使。岑奏越众据垒,此实情。黑、黄旗馀众陆东环、王玉珠、汤宗政、朱冰清、刘文谦、刘志雄、黄俊芳、梁茂林、谢炳安及叶成林等头目十馀,今皆弃刘自雄。岑五月朔电甚详。刘四月电声明,诸人现扎红花江一带,与该提督无涉。证以岑电可信。本月初六,洞已驿奏。在越法兵多病殁,拒法者西路宣、兴以西十馀股,越官阮光碧等、越民王梅孝等、游勇陆叶等约两万;东路谅、平以南七八股,越官黄廷金等、越民阮秋河之妻等、游勇梁正理等,约六七千。四月内,阮民在北宁获胜,入其郭。五月内,汤五在丹凤获胜。越回委员云函桂探甚晰,皆与云、粤、刘无涉。谨详陈以备法再生波,总署可与驳辩。总之,法船退澎湖而不回国,仍分泊中国海面,不过无聊缠扰,仍为越事。望朝廷察其计狡而力窘,其技自穷。请代奏。之洞肃。

六月十四日

接彦帅书,谓越民二万人与法战于临洮,大捷。

六月十五日

香帅电:

总署六月十二日来电,奉旨:岑毓英电奏,刘永福已抵文山县料理赴粤等语。法人在澎专候云省撤兵消息,现在刘永福已将赴粤,云军亦概入云界,法人自不能以此借口,办理尚合机宜。前据张之洞电奏,有已许刘永福带二千人,可任安置之语。目下该军旧部不满五百,着于遣营游勇内添募合成二千人,饬令迅赴思、钦一带,由张之洞妥为布置,毋任在云逗留,以免别生枝节。钦此。

六月(2)

香帅寄到本月初六日奏稿录后:

奏为提督刘永福一军,遵旨饬令内徙,历次筹办,现在饬催各情形,恭折奏祈圣鉴事。

窃臣于二月二十三日钦奉二十二日电旨:法人现来请和,于津约外别无要求,业经允其所请等因。钦此。同日又奉电旨:刘永福一军,必须妥为安插等因。钦此。

臣查津约第一条有"无论何人侵犯北圻,中国均应保全护助"之语。法人此条之意,即指刘永福而言。法与永福雠衅山积,永福不去越,则法人必不相容。中国既不能违约而助永福,然永福曾经授职统军,为国宣力,亦断无代法人剪除之理。惟有令其去越,则葛藤自解,既可结束款局,兼可保全猛将。其时适接云贵督臣岑毓英咨电,谓永福遣弁来粤募勇,意欲东来就饷。该督词意甚以永福离滇赴粤为喜。此臣调屯思、钦之议所由来也。

嗣经委员孙鸿勋等赍文赴越,传达停战撤兵谕旨。该员亲见永福,剀切宣谕。据永福面称,感激天恩,深愿内徙;惟在越年久,部多累重,但求妥为措置,俾得成行。委员带回一禀,内有请示数条:一、求带旧部三千人入关;一、请给木质关防,以资统率;一、历年军士战殁者,家属皆加收养,约有数千家,义难弃之,此项丁口求为安置;一、历年出力伤亡将士,乞臣之洞奏请奖恤;一、积年炮械甚多,乞为设法运致;一、备言保胜险要,拟令其子通判刘成良留守其地,以固滇防等语。臣体察情形,若不许其统带数营,则心不自安,又似置之闲散,必不乐于内附;多带越众,则其部下不尽驯谨,恐日后转为永福之累。因岑毓英咨有"刘部并招回黄部不过二千人"之语,故许其带一二千人;如得力旧部不多,数百亦可,不必勉强凑数,以少为佳。入关后,必令募足五营,关防许其入边发给。其馀众丁口,则令给资留越安业谋生。奖恤则允为上请。器械则告以精者酌带,粗者禀商岑毓英酌办,内地精械甚多,毋庸搬运劳费。至其子刘成良留越一节,则驳饬不准。以前饷项、目前取费,则咨照岑毓英于解到刘饷从宽发给。当经逐条批答,并咨岑毓英转饬酌办,兼令唐景崧加函催促各在案。奖恤一条,当经电奏,仰蒙俞允。由臣奏请,种种招徕,无非欲其速入边关,早定款局。复派总兵马宗骏、州判孙鸿勋等再往敦趣。乃接岑毓英函答,但云五月中启行;唐景崧接四月二十七日来信,亦无准期。而法人方且坐踞澎湖,以待保胜之退。严旨屡下,西顾忧劳,若再迁延相持,成何事体?

查永福征战越境二十馀年,根深柢固,一旦尽弃故垒,重觅新巢,实非容易。自法攻北圻以来,越官率多依附永福,闻其内调,咸诣委员请留。今滇军已撤，越人纠众拒法者甚多，更必藉永福以为固。虽永福左育败后部众多离，而其积威虚声，尚足悚动法越。法酋勃里也及五画以外兵官，日向委员探问永福之去否。以臣揣之，大抵永福一人甚愿内徙，而难免不为部将所累、越人所留。不来则惧负朝恩，来则重弃故土，是以动多牵制，大有进退维谷之情。

昨据永福二月遣来募勇之营官刘正兴面称，接永福信，知已将资产陆续变卖、迁移。如因道远累重，猝难赴粤，亦必让出保胜，就近先移滇境等语。惟是广、越相去二千馀里，该军实情殊难遥度；岑毓英近在咫尺，其抚驭机宜，可以随方因应，宣慰操纵，似尚非难。臣又严檄永福，令其迅速启程，遵旨先入云境，再拟东行。一切措置之法，迭次函檄批禀，俱已周详。其有未尽事宜，变通办法，令其就近禀商岑毓英酌办，不得以听候粤批为词，亦毋庸俟委员到彼致稽行期。并函致岑毓英，永福应带若干人，先到何处屯扎，馀众若何安置，轻重炮械若何运致，或竟难赴粤，只肯稍移至滇边地界，悉请该督就近裁酌。并属察其是否果能离越，如实有为难之处，亦令其切实禀复，飞速奏达，上听圣裁。所有催调刘永福近日情形，除随时电奏外，理合缮折具奏。如有谕饬办理之处，仰恳先由电旨传达，俾臣早得奉到遵行。伏祈皇太后、皇上圣鉴。谨奏。

再，顷接刘永福五月初一日来禀，据称现已检点杂物，挑选三千五百人，整队待发，专待前禀批示，请派员设法搬运军火。并称岑毓英拟启程日给银一万，到粤后给银二万；如此时能发三万两，则路费有资，否则颇难措办，遽难起程等语。旋接岑毓英五月初八日咨，据刘永福禀称，束装以待，决无再延，纵或偶有稽迟，亦必先行移驻南溪，用践入关之约。请发给关防，并咨行两粤沿途州县，庶无阻滞，均已批准等语。查屡次滇咨，俱称收存刘饷六万，已付三万两，尚存三万,核计粤解刘饷由滇军转交者,尚不止此数。无论后批到否,此项固已足数,岑毓英两起分给之说当系以此坚其行意。臣已电属宽给。其人数多少,滇电力言只可带数百人,多则恐沿途滋扰。至搬运军火,陆运太费、水路经由法境亦多窒碍两节,臣均复以听岑毓英酌度。惟是两文相距数日,饷项则滇给少而所望者多,人数则所请多而许带者少,炮械一节未经议及。据刘禀则所待尚奢,据滇咨则行计已决,情事参差,窃恐仍非定议。或系永福未敢久延,而诸多未定,故姑迁至南溪,以俟后命,亦未可知。查南溪在保胜西南,隔江七十里,地属滇境。果能先移此地,徐图安置,亦可免法人借口,较之远徙,尚可从速。至此地是否相宜,应请敕下岑毓英妥筹饬办。理合附陈,伏祈圣鉴。谨奏。

再,据刘永福四月间禀称,该提督旧部员弁营官黄俊芳、谢炳安、陆东环、刘文谦、朱冰清、梁三、刘志雄、练忠和、王玉珠、韦高魁、邓遇霖、梁茂林等十二人,哨弁黄爵元等十人,均系另投别军,现扎越南红花江一带。此项旧部随别营不同进关者,日后有无事故,与永福无涉等语。又接岑毓英五月初一日电称,刘团自左育溃后,逃归阮光碧、王玉珠、汤宗政三处不下千人,朱冰清、刘文谦、刘志雄等带归何元凤六百人,又黄俊芳、梁茂林、陆东环、谢炳安等各带各部归覃修纲、张世荣又千馀人,所存不过数百人,谬为大言,该督过保胜诘之等语。体察永福来禀之意,殆深怨黄俊芳等各树一帜,不肯附从,知其散处越地,将来必为法梗,意在声明已投他军,以免后累。岑毓英此电之意,盖力斥永福之非,谓其不应大言部众多人,求索重饷。然电、禀互证,是以上诸人现不在永福部下,尚属可信。

查近日越地游勇、义民结营拒法者蜂起,谅、平一带华、越约六七千人,宣、兴以上华、越约二万馀人。大率越人自知必遭法虐,又已习见法兵伎俩,故连结游勇,供给粮米,与法为难,恐非法人一时所能安戢,亦非中国之力所能措处。永福能速离越人滇,中国即已践言,此外只可付之不问。故永福之部众渐离,在永福则为失势,而在中国则甚为有益。诚恐法人强指为永福部下,借口刁难,谨先陈明以备总署辩论驳折。理合附陈,伏祈圣鉴。谨奏。

六月(3)

余函电香帅,陈边防事宜。香帅复电:

函电并悉,足下志甚壮、心甚深,惜其时非也。朝廷果欲攻法定越,广、桂兵食合为一家,统计盈绌,汰驽留良,号令一,赏罚平,诸君谋之,鄙人赞之,尽收北圻,期以一年,中国虽贫,尚可支,鄙人虽劣,不敢辞也。今中枢坚持和局,想暂无败盟决战之事。久远戍守,势不能多宿重兵。洞大为饷所困,僚属诋之,粤绅怨之,司农憎之。省事、省钱便好,此时只可相题行文。饷已饬运局筹措,望妥办。

七月(1)

记名提督贵州安义镇总兵陈嘉卒于龙州。陈嘉号庆馀,广西人,苏军门部将,骁勇敢战,桂边诸军无与匹者。劳伤病死,关内外莫不惜之。

七月二十日

内阁奉上谕:

着派鸿胪寺卿邓承修驰驿前往广西,会同张之洞、倪文蔚、李秉衡办理中越勘界事宜,并着广东督粮道王之春、直隶候补道李兴锐随同办理,与邓承修随带司员,一体驰驿前往。钦此。

同日奉上谕:

着派内阁学士周德润驰驿前往云南,会同岑毓英、张凯嵩办理中越勘界事宜,并着五品卿衔吏部主事唐景崧、江苏试用道叶廷眷随同办理,与周德润随带司员一并驰驿前往。钦此。

七月二十五日

母寿,电信叩祝,将士制锦称觞为寿。

闻李护院授广西布政使。

七月二十六日

接香帅二十四日电:"军火东易西难,王镇军火可概留付唐主政,无论前后膛枪弹药,俱不必带赴高州,以陆运劳费。切要。"香帅此举,具有深意。后李护院尼之,乃缴归西运局。

七月二十八日

电香帅,议赴滇事宜。

八月二十一日

香帅电奏:

唐景崧奉派随勘云界。查景崧带六营防下冻、土州一带,当高平冲。高平、太原游勇方盛,议界必多棘手,内衅亦甚可虑。若景崧入云,所部无统,且保胜定界断难速办。景崧前攻宣光,乃在越境,虽会云军,距云境尚十馀站。景崧习桂、越事,在桂界似更有益。可否改派景崧随勘桂界,其云界另派他员,伏候圣裁。洞为边将难离起见,谨请旨请代奏。之洞肃。马。

八月二十二日

奉电旨:

张之洞电奏已悉。唐景崧着仍遵前旨,赴云南,随同周德润办理界务。其所带六营,着张之洞派员暂行统带。所请改派该员随勘桂界,着毋庸议。钦此。

八月二十六日

电香帅,商起程部署防营事宜。香帅复电:"勘界尚早,云界尤早,尚有要事,烦阁下且缓行"等语。

九月十七日

接王佑遐京中来书,娓娓千言,虽寻常酬应,而气息隽雅,爱而录之,书曰:

别来四载,靡日不思。执事指麾旗鼓,威振殊俗,奏绩边庭,凡天下有血性男子,莫不仰望声威,思亲丰采而不可得。运何人,乃荷执事,于训练馀闲,远承垂注,迭赐手书,荣幸何极。自古豪杰之兴,未始不由人事。即如麾下间关绝域之始,天时人事未识何如,卒能出万死不顾一生之计,使黠者驯、强者詟。当其始事在麾下,固知其必然,旁观者莫不动心拤舌,然后叹向者觅句堂中从容文酒,其相期许者不过作数十篇绝好诗古文词,附昭代文人之列,其为知足下者可谓微乎微者也。吾家右丞有言:贱日岂殊众,贵来方悟稀。其在素习且然,信乎知己之难言也。罢战安边,庙谟深远,然老貔当道,自足夺岛夷觊觎之心。来谕谓为国体计,为桑梓计,具服公忠伟抱,度越时贤,倾听下风,为之一王。周生霖阁部奉命临边,运欲从游,一以快壮游,一以习边事,所尤深愿者,可以藉亲丰度,敬拜军容,伸数年来积思之切。乃言之较晚,不克成行,其为怅惘,殊未可言喻。天涯翘首,握晤尚遥,麾下掉厉于长途,贱子委蛇于寮底,云泥之感,纵未敢言,参商之路,何时可并。运自客冬入都,闭门息景,游乐全非,回首旧欢,了不可续。不敢谓长安城里绝少名贤,只以忧患之馀,神形都索,即间一展卷,亦不知于意云何。意兴如斯,尚敢于酒国诗城少为驰骋耶?春卿丈相去咫尺,往还尚稀,他可知矣。同署畴丈、鹤老皆老健如昔,偻直之暇,时一谈艺。同乡则近延左幼鹤课读犹子阿龙,朝夕聚首,子石见过时多。李子和先生公子文石,名葆愃,少年英俊,博雅能文;为近年新交中畏友,不可不告君知之。朋友之乐止此。松琴缄札时通,月二三次,襟抱似尚宽阔。昨邮寄手书许氏《说文》,至为精美。欲肆力箸书,规模已具者,为《经史地理韵编》,造端宏大,观成自尚需时。前有书来,约运共为小词奉题执事《请缨图》,渠亦有《长城饮马图》,拟求大笔。嗟乎!同是图也,其境地相去为何如耶?又岂当年觅句堂促膝时所能逆睹者耶?而运从宦则无功,箸书则无学,饥餐倦卧,年复一年,镜里尘容,渐非青鬓,不惟抱惭,知己思之亦极难为怀。加以唇鼻之患迄今五年,未尝见愈。盛夏差可,秋风渐厉,故态即萌,与药裹为缘者已将二千日。室人病体顽劣,日甚往时,悠悠不识内助之谓何,近始知日用饮食之细,真有非内莫助者。弱息已长,尚未相攸。前年在汴,仲培家兄以其第三子名瑞周者为运嗣,年已十七,童心未化,复性不能读。人生只此哀乐,所处若斯,怀抱可想,足下知我,毋俟赘言也。故乡水患为五百年来所无,桑梓松楸,关怀曷极。京门秋燥万分,棚阴帘底尚嫌逭暑无方,翘首旌麾,日劳劳于瘴乡风雨间,何以耐此。二十五日,师母荣庆,春丈豫日称觞,酒歌竟夕。运以久病断酒,是夕亦为尽醉。当酒酣耳热时,又不禁南望蛮云,为君脯鞠也。是日得读执事电音,亦是一快。禹卿之变,痛骇良深。同侪中学问官阶,俱为首出,中途蹉折,不仅为执事伤弱一个而已。舍间弟侄辈应南北闱试共有五人,如能得一,则明岁春官之试决不再为冯妇人生。即无他长,亦安能终身逐逐作逢时伎俩,与乳臭小儿较量得失也。仲兄居汴,伯兄居江西,宦况平平,粗能自给。长安薪桂,视昔蓓蓰,但祝两家兄佳境日臻,或者乞米太仓,不饥臣朔耳。夜窗草此,凌杂无端,聊当昔年篝灯对语观可也。鹏运顿首。

　　余有髫年聘王氏为佑遐胞叔祖之女,未娶而殀,王氏在桂林曰燕怀堂,科第辈出,先大夫课读其家者十年,佑遐尤为乌衣佳子弟也。惜有鼻病，然盲左腐迁，名雄千古，况鼻也，何害？将以此慰励佑遐。

九月初五日

香帅电：

李护院、唐主政：维卿在桂边，大有益。洞奏请改派勘桂界，未蒙允准。惟保胜难通，云界难勘，至速亦须半年后，事竣无期。景军无人统率，粤饷十分艰难，万口诟病。暂将景军裁三营，留一营并亲军百名，哨官有得力者准留十名差委，俱支哨官薪水，姓名开报。赴云宜带亲军往，各营装械仍存勿缴。他日差竣，如朝廷仍倚以边事，增兵不难。黄守忠两营留。计景军本部、黄部共三营，暂请李护院节制调遣，并令唐牧镜沅照料。前函底营法甚善。所留即分为两营，管带官姓名电示。洞。歌。

九月初六日

香帅电：

李护院、苏督办、唐主政：洞前奏令刘屯琼州，旨令见刘后察看再酌。刘未有定所，未便遽令率众来东。兹令留军于邕。该提督轻骑赴龙，欲请鉴帅及子熙、维卿察看筹商，距南宁数十里有便于暂屯营处否？即示复。洞。鱼。

九月十七日

香帅电奏：

委员孙鸿勋等禀，刘永福在南溪待粤员到详谕一切，八月初四日始启行，分队三起入桂，约九月半到南宁。饬刘部暂驻南宁，永福轻骑赴龙，见李、苏详察商办。唐景崧与刘契，拟请饬唐暂留龙月馀，与刘筹商，庶可周妥。刘新入关，部下颇杂，必令情通心安，乃能相处。周大臣到云界尚早，约十月底，法领事亦言云界恐难速勘，或

先办桂界。云事既缓,唐晤刘再行,必不至误勘界。抚刘甚有关系,
不敢不详慎请旨遵行。请代奏。之洞肃。霰。

本日奉电旨:

张之洞奏拟饬唐景崧留龙月馀,与刘永福筹商等语,着依议行。
商定后即速赴云南,随同勘界。钦此。

九月十八日

香帅电:

李护院、苏督办、唐主政:处刘之道,留越不问,上也;滇边,次
也;思、钦、归顺则邻越,南宁则内地,皆不宜,不得已乃思屯琼,又其
次也。留越法不许,屯滇岑不许,处粤边必生衅,处腹地必累刘,洞
皆不敢允,处琼内意又多虑。如何而可? 望筹示。思、钦之议,乃洞
争瓯脱阻桂商时语。中法既邻,时势迥别,现委方道长华赴邕经理
该军营务,以资钤束谕导。洞。巧。

九月二十五日

电复香帅:

安刘之策,腹地则拥兵无名,近法则虑召祸,惟归顺稍宜。地僻
未必通商。且牧马现有游勇,法难即至,又距越境两日程,令刘屯城
外数十里,名曰防边,而不与法邻。否则仰饷于东,径调东亦长久
策。祈决定一处,示以必往,实毋庸查看,无可筹商也。陈文玶函
称,刘抵百色,执意不赴龙。设彼竟不来,不独崧在龙坐候无谓,且
刘冒跋扈名,则处刘之道愈难。不如崧取道南宁与晤,妥筹安置,顺
道赴滇。实则鉴帅亦不望其来龙。若必欲其谒苏、李,面劝或可行。
崧。径。

本日香帅来电:

南宁电,刘部于二十四日已到,遵扎石埠,甚规矩,刘亦将到。

电请阁下筹安刘处,未复,望速酌示大约。刘及所部可随宜安置,其孤寡老弱家口惟有处之桂境,无各处携带之理。刘电不欲赴龙,已复电促之,阁下可电致开导。洞。有。

九月二十六日

电复香帅:

有电谨悉。细思安刘策,上思州亦好,是其本乡,距越界亦远,其孤寡老弱可安置于此。然刘部终不如调东,若在桂边,则归顺与上思无疑义矣。已两函促其来龙。昨请赴邕相晤,深虑其不来,更滋物议,欲面劝之,祈示可否。不然,则派员往促之。崧。寝。

本日香帅来电:

鄙意令镇琼,屡电言之。中旨谓琼孤悬,宜慎,令到后察看,再审度。朝廷未允,鄙人如何敢定。尊意谓琼妥否? 即复。上思、归顺,护院皆不允。总之,刘必调东。如琼必不可,或屯廉以备由廉袭邕陆路,庶免虚糜。总须奏准乃能定。由邕赴廉较便,免大队到广州徒劳扰也。刘是否肯赴龙? 姑俟复电再计。阁下就见亦是一策。其孤寡家口皆桂人,留西为便。并酌复。洞。寝。

九月二十七日

电复香帅:

琼孤悬,刘难当一面,且番舶生来,地恐不宜。廉亦太近海。刘部现无多,不如决计先调赴广州,再酌地处之。孤寡老弱,应留桂,第不知鉴帅意又如何? 崧。感。

九月二十八日

越南翰林院侍讲学士黄如珠来见,谈越事甚详。见上香帅书,书曰:

昨奉电谕,敕准留龙月馀,应即钦遵,候办刘事。界务苍茫,诚不卜何时办结,令人闷损。关外蛮触相争,正未有艾。顷接见越官黄如珠,赍有国王密诏,号召北圻,其言法越战事甚详,录陈钧览。

据称,五月二十二日,法驶四大兵艘泊顺化口,要国王出议事。王不出,乃索辅政大臣宗室阮说出。阮说谓王曰:"王出,不测;不出,则要求亦靡有已。宗社危在旦夕,不如战。战而存,幸也;不胜亦亡而已矣。"乃绐法人,迟一日王出见。遂集兵突击之,战一昼夜,杀伤相当。法折数酋,继以十四小轮进,越兵不支,阮说乃以三千人奉王夜遁于广治省之甘露地方,而故王阮福时八旬太妃及其妃犹在宫中也。法入都,焚毁宫庭,胁阮福时妃书召王,仍以保护为辞,曰:"王不来,妃当死。"妃潜函王勉力复雠,不可归,我死无憾。王谋走清化,法以重兵截于乂安。乂安民麋集勤王。六月二十七日,与法大战,越死万人,法毙二千有奇,横尸山积,路为不通。王仍驻甘露,法亦夺气。而法所立各省官,已群起刃之。王欲赴牧马,因闻谅、牧有豪杰足用,且近可仰庇于天朝。惜法兵截兴化江不得渡,他处愈不可行等语。又云:"越南王印被毁,王遣员呈报云南、广西督抚,请旨另颁。"

该国君臣颠沛流离,不肯甘心俯首于腥膻之下,闻之伤心,想公亦必南望而咨嗟也。越人辄以军火为请,而虑者防闲甚至,怵以危言。岂知景军区区粗笨之器,即全举而畀之,又岂在彼虏目中!既自予之,有咎则自当之,又何肯累及他人?岂非过虑耶?

请缨客曰:阮说闻有胆识,敢任事,为阮氏宗室之最贤者。自奉王出走,遂率兵三千人、从臣数十员、银三十万,间关千里,避于三猛山中。三猛与云南接壤,阮说于光绪十二年七、八月间抵河阳。时华人刘焕棠拥众万人据保乐州,阮说檄之来,授以宣光布政使,并给金钱三百枚犒赏部卒。入马白关谒岑宫保。余适在河口汛勘界,不得见。阮说致书曰："久闻恩公大名,前者驾莅下都,惜未获晤。恩公为我下国谋者至矣尽矣,下国君臣同深感泣。说不肖,不能保守都城,爰奉幼君流离琐尾,至于荒漠,冒险入关,叩乞天朝垂恤下藩,惟云南岑宫保、广东张督堂及恩公能筹所以救之"云云。岑宫保畀以路费三千金入粤。

十月初一日

香帅电寄筹边设奏大略,属为参酌。略曰:

一、建阃。西提移驻龙州,新设龙州关道亦驻龙,辖太平府;增柳州镇备腹地,酌拨数营隶之。

一、留兵。除腹地外,边防留勇二十营,饷照桂章,并军火各费月需饷五万,勿改绿营染习。

一、汰卒。桂多伏莽,旧勇难裁。

一、防所。中五路屯营十二:凭祥中中营三,南关中前营五,宁明中后营一,油隘中左营二,下冻中右营一。东三路屯营五:思陵东右营三,思州东中营一,上思东左营一。西三路屯营三:下雷西左营一,归顺西中营一,小镇安西右营一。归镇营少为险僻,两思州营少为近东省,思宁吃重,为扼那阳来路。

一、筹饷。除本省厘金外,请部拨饷三十八万,考成照西征例,炮台军火另奏请款,商务通后,防饷即于关税坐支。

附馀论八条:

一、洋寇行兵专用火队,必开车路。近水道少来。法虏有事仍不过水攻北海,陆犯南关。北海袭邑为近海防,陆寇窥龙为通船头,两广之防专驻此两路可矣,断无崎岖而过龙州之理。今春景军西归,便屯牧马,意在规取太原,非常格也。

一、开关必设关道,兼理饷需,省局员。

一、龙为前敌最冲，移镇不如移提，能统诸路。

一、防洋寇与内匪异。方今时局不能先发，专恃炮台、炮垒，必设专营戍守，以便守台练勇，豫造地营，不能仓卒旋募。

一、廷旨语意似在增制兵。绿营积习，縻饷无用。

一、洞前奏十万买炮，专为龙言，所指三路皆中路也。今通筹全边之路，炮似不敷，须另筹。

一、桂关既开，桂厘必减，然关税必可相敌。

一、此次勘界，派往绘图好手颇多。趁此令用西法详绘边防全图，测算须准，不可率舛。

以上愚虑如此，未必有当，姑以备采。

请缨客曰：广西提督向驻柳州府，今移驻龙州，柳府设镇，龙州设太平归顺道兼理商务，边勇隶于提督，皆本南皮此议而奏请垂为定制者也。惟协饷岁为数几何，考成能否照西征例，炮台能否筹费，密置未得其详。此议于桂边形势简括无遗，一览了然，防费亦不甚巨，洵为简当经久之策。特录之，为留心边务者有所稽考焉。筹边奏疏当必更详，惜未得见，然繄要已备于此矣。

十月初二日

电香帅，议起程屯营事宜。先是，香帅奏留勘桂界，得旨不允，因议再裁三营，留一营并黄守忠两营。初议黄两营调扎廉州，继议扎思陵，另一营移扎龙州。余思驻龙无谓，请仍屯下冻或并扎思陵，交唐芷庵照料。电香帅曰：

下冻至龙五十里，龙至思陵二百四十里，相距太远，彼此难顾，一也。守忠愚直，前见景军仅留一营，渠部两营仍旧，意不自安，坚请裁撤。且恐崧从此远离，渠另寄人篱下，泣涕一日，愿卸兵独随入滇。再四开导，他省可随往，滇独不宜。若黄屯思陵，而底营留龙，黄疑有外彼意,二也。崧已束装,移营匪易,仍屯下冻亦是一策。本日读留勘桂界电奏,言下冻关系颇切,营若移廉,有无未便？黄移思陵,近广界,或犹有说。然底营宜同扎一处,以便唐牧照料,而慰黄心。请示移否？若底营移龙,不独无地可屯,且举动令人不解,不宜行。崧肃复。冬。

十月初三日

香帅来电：

唐主政、唐牧镜沅：奏留阁下不赴滇者,为其可系越人之心兼防游匪也。游匪已为我化,何能为我患乎？设义民竟复北圻,安用边防乎？今留桂之请不行,接济又多讹言,是天不兴越,鄙人一腔热血已成画饼。然则留三营于崎岖荒僻之下冻,徒看斥堠耳,有何取义？以此羁黄已不值,羁阁下更无谓矣。东省议又以东饷久供西戍,不愿,故拟移黄思陵以通东气。阁下既以底营付镜沅,渠管龙局,势不能离,欲移底营于龙者,以就镜沅也。不肯令镜沅离龙者,恐桂营、龙局全撤,从此与南关隔绝,并与越中消息不通,以后无从经营也。此意他人或不解,阁下亦不解乎？若底营可并移思陵,镜沅能照料更妙,自当令并黄同屯。即酌复。至下冻应请桂军填扎。阁下既赴滇,主将去则军情迥别。且冯营所存无多,移东军捍东境,措词尚不难。速复。唐牧如有所见,亦准电陈。洞。江。

请缨客曰：昔胡文忠尝笑叶昆臣为两广总督而忘广西,何耕云为两江总督而忘安徽。大抵督臣只知经营于所驻之地,而于兼辖省分或往往略焉。南皮于津约已成、桂边初定之后,犹有每饭不忘巨鹿之意。观此电虽寻常问答,而悲天悯人,往复缠绵之意,流露行间,有心人阅之能不怆然涕下乎？余电复,三营并扎思陵,从之。

十月初六日

由下冻起程。随营亲友员弁多遣回乡。带亲兵百名,差弁十人,另带文员数人,本日抵龙州。

十月初七日

由龙州起程。李护院率文武各员送行河干,乘船赴邕。

十月十七日

抵南宁。晤渊亭及镇道府县各官。是时香帅从余所议,檄渊亭率部赴广州候调遣,并以五千金购大宅,属渊亭挈眷赴东。渊亭请置家属于宾州,不欲俱东。其妻,宾州人也。

十月十九日

香帅电报:

十八日上谕:福建台湾道兼按察使衔着唐景崧补授。钦此。

十月二十四日

渊亭赴宾州,令其半月回邕,余在舟候之。时周阁学生霖已过南宁入滇境,勘桂界使臣邓鸿胪、王、李两观察已抵龙州,法使六人抵谅山。法使议勘桂毕始勘云界。

十一月十六日

香帅会同邓鸿胪、李护抚电奏,留余先办桂界,再往勘云界。十七日奉电旨:

邓承修、张之洞电奏,暂留唐景崧随勘桂界等语。唐景崧留粤则查勘云界少人襄理,且该道熟于云省地方,着仍遵前旨赴云毋迟。钦此。

十一月(1)

渊亭定二十四日拔队东下,所部千人,编为五营,一切筹商已定。余先于二十二日起程入云南,所部景字营在桂边者于十二月俱撤销。

请缨客曰:余以都下闲曹,忽作奇举,请缨而出,万里招刘,为破虏固边之计。而刘则起蹶靡常，余亦飘忽无着，盖至是始有结束焉。刘旋奉命授南澳镇总兵官，仍隶南皮节下，改籍广东钦州，与冯萃亭军门结姻，遂家钦州。余于十二月二十七日抵云南开化府，岑宫保、周大臣与随带司员户部郎中张其浚、户部主事李庆云、工部主事关广槐均驻此。岑、周、李、关皆乡人也，随同勘界，叶顾之观察并在焉。法使未来，闲居以俟。十二年丙戌二月，余与李郁卿出马白关，直至河阳踏看界址，旋开化，督率洋学生绘图。五月，法派狄隆、狄塞尔、达鲁等至保胜会勘。六月初一日，余偕叶顾之赴河口汛，隔河即保胜也。周大臣继至。岑宫保驻八寨、古林箐等处，不愿往见法人。维时沿边越民游勇四面蜂屯，法约我履勘龙膊河，行不及百里，被戕十馀人，不敢行，乃议较图定界。河口瘴疠极盛，兼值伏暑，触疫辄死，叶顾之父子病殁。余适遭疮疾，困顿床蓐，强起理事，每会法使，忍痛而谈，其苦万状。九月二十二日，随周大臣过保胜画押事竣，旋开化，取道两粤。十三年丁亥，乃航海而赴台湾道任。

勘界无日记，且与请缨之始愿不合，尝悒悒焉。故同事皆邀奖，余独辞赏。惟当日所较边图，或亲履其地，或绘图学生往勘，颇极精详。沿边分五图：其自龙膊河以东直至猛人寨接广西界分作四图，自龙膊河以西一图，此段接越南十州三猛界，极荒奇瘴，人迹罕至，彼此图且不符。而我土司猛梭本属越地，滇乱复投入越，至是法使与我争之，遂姑悬此图留待将来补议。嗣经总理各国事务衙门会商驻京法使，以猛梭归越，而以马白关外自小赌咒河起至南丹将近百里地方并都龙在内归于云南。南丹有险可扼，猛梭荒僻难控，则是以无用易有用，极合机宜。其所校图，每一图为一段，附以说，所谓节略是也。附载于后，为天下留心边务者得所稽览焉。两广界务亦于十三年夏间勘定。于是广东之钦州，滇、桂之沿边五千里，紧与法邻,寇在门阃,伸足即入堂奥,西南安枕无日,经世君子其可忽乎哉!

　　滇越勘界节略:

　　第一段节略

　　光绪十二年八月初六日,中法勘界大臣等辨认界务,自龙膊河入红河处所起,至云南新店外与北圻猛康之狗头寨外交界处止,勘得如后。由龙膊河口起,沿红河至保胜南西河口止,以河中为界,此段红河北岸属云南、南岸属北圻。又河内靠北岸之洲属云南,靠南岸之洲属北圻。或有后长之洲,均应各属靠近之岸。由南西河入红河处所起,至坝结河入南西河处所止,此段南西河以河中为界,北岸属云南、南岸属北圻。自坝结河口以上之南西河全河归云南。由坝结河口起,至越村、谷方、华村、哥峰以下侧近止,此段坝结河以河中为界,西岸属云南、东岸属北圻。于谷方、哥峰以下侧近起,界出坝结河,登西岸陆路而经于越村、谷方、华村、哥峰之间,从此向东北至云南新店外,与北圻猛康之狗头寨外交界处止,其界限分别所经图上注明,云南之老凹厂、崖那、芹菜塘、水确房、独木桥、黑山坡、绽塘、新店各地处,北圻之那正谷、甘陇、怀溪、朝南寨谂至龙角坪、荣车、荣佺、狗头寨各地处,并绘明界线,其线以西之地属云南、线以东之地属北圻。以上水陆界地各自注明。此外所有地名、山名、水名未经载入者,在云南界线内属云南、在北圻界线内属北圻。此项节略中法文字各两分,彼此画押,各执中法文各一分,并附辨认明确界图各一分。

　　第二段节略

　　光绪十二年九月初九日,中法勘界大臣等辨认界限,勘得自云南新店外与北圻狗头寨外交界之处起,陆路界线向东入于小赌咒河,向东北至界图注明云南之天生桥,此节界限以河中为界,河以北属云南、河以南属北圻。自云南之天生桥起,向东北至云南之碑亭卡,仍以小赌咒河河中为界,按照界图,分别云南之新窑卡、多罗卡、法支革、大小冷卡、碑亭卡,北圻之聚仁社、马鞍山。自云南碑亭卡河中界限,稍上入于小溪中,_{小溪合流小赌咒河处所以上之小赌咒河,全河归云南。}向东又出小溪南岸,陆路向东至北圻高栈桥处所,界限入于漫冲河中,_{由此以西全河归云南。}顺河中为界,东至云南之漫冲,北圻之漫冲,此节界限按照界图分别云南之新卡木兔底卡、菊花山、兔达、漫冲。北圻之上董亭、聚和社、高栈桥、漫冲,自云南之漫冲、北圻之漫冲河界尽处,登北岸陆路,按照界图,向北小偏西即折向东北,至云南之天生桥,即上藤桥,北圻之孟牙寨,此节界限,分别云南之南亮河、牛羊坪卡、牛羊河、天生桥,_{即上藤桥,以上之盘龙全河归云南。}北圻之南亮寨、小麻栗坡、孟牙寨。自云南之天生桥、上藤桥,北圻之孟牙寨至云南之白营盘卡相对,北圻之赶掌寨处所,按照界图,以大河河中为界,分别云南之中卡、南迷、下藤桥、南丁湾、子寨、三保寨、老崖寨、白营盘卡,北圻之阿棋、赶掌寨。自云南白营盘卡相对北圻赶掌寨大河处所界限,自河中出于北岸,按照界图,向东至牛羊河将入大河之处,_{界线截止之处。}此节界限分别云南之南腊寨、林家寨、滴达坡、南欧卡、苏麻地、马茅、达秧坡、_{云南、北圻在此坡脊分界。}马鹿塘、田冲、石盆水、_{云南、北圻在石盆水地方分界。}芭蕉岭寨、芭蕉岭卡、茅草坪、荒田、猺人寨卡至牛羊河界线截止处,_{以上牛羊全河归云南。}北圻之扒子寨、平夷社、南歪寨、上胜社、新店、吊竹青、达秧坡、_{北圻、云南在此坡脊分界、}石盆水_{北圻、云南在盆水地方分界、}芭蕉岭、湖广寨、下胜社、大杆岭至牛羊河界线截止处。以上均辨认明确,自牛羊河将入大河之处_{牛羊河西界线截止处起,}至北保船头止,中国勘界大臣等查此段大河系以河中为界。又查南洞卡小河之东系以流水洞老隘坎为界,流水碉老隘坎_{云南、北圻各}

有一半界线，出其中向北直至绿水河东崖外，与马白相近之处止。法国勘界大臣等查有未合，此节界限系经于大河之北，公同议定，现时不画界线，俟将来能履勘时，或两国边员、或另派员会勘清楚后，再行画线定界。惟自绿水河东岸外，于云南三文冲、北圻、高马白相对处所起，彼此仍定界线。以上界地各自注明。此外地名、山名、水名未经载入者，在云南界线内属云南，在北圻界线内属北圻。此项节略中法文字各两分，彼此画押，各执中法文各一分，并附界图各一分。

第三段节略

光绪十二年九月初二日，中法勘界大臣等辨认界限。勘得自绿水河之东岸以外，于云南三文冲、北圻、高马白相对处所起界线，向北稍偏东至云南之棒甲、北圻之茅草坡，此段界限分别云南之中寨、温家箐、偏那、棒甲，北圻之慢生、富灵社空江那、龙大冲、茅草坡。自云南之棒甲、北圻之茅草坡界限，按照界图，向东稍偏北至云南之马江、北圻之统勒，此段界限分别云南之达尾那、郎卡那、敦卡、丁郎、龙歪、奎布崖、腊那、呼卡、大卡、扣满、魁因卡、龙恩卡、扣览卡、洒扫卡、普龙卡、茅山卡、统罢、统仰、统拜、普弄小卡、寨小卡、猴子卡、穿洞卡、毛稗卡、马生卡、马江，北圻之那令、崔脚、白石崖、八大山、普劳、普地、寨谷、庄江、苗江、丽小、普龙、统林、统罗、汤莫、普高、同文社、普那、安朗、大陇、普棒、安岭堡、百的社、牡丹社、茶平、统勒。自云南之马江、北圻之统勒界限，按照界图，向东北至普梅河，于云南烂泥沟、北圻龙古寨之间止，此段界限分别云南之马江卡、朋尚、大山、此山为云南北圻各有一半，在山脊分界。马苏、马蚌、龙戛卡、普梅河、卡子寨、木欧卡、烂泥沟，北圻之底定县、马弄、马拉、朋尚大山、此山为云南、北圻各有一半，在山脊分界。龙古寨、龙古寨外，图上绘界线处所以上之普梅全河归云南境。以上界限，各自注明。此外地名、山名、水名未经载入者，在云南界线内属云南，在北圻界线内属北圻。此项节略中法文字各两分，彼此画押各执中法文各一分，并附辨认明确界图各一分。

第四段节略

光绪十二年九月十二日，中法勘界大臣等辨认界限。勘得自云南烂泥沟、北圻龙古寨相对之间起，至云南凉水井、北圻残那相对之间止，以普梅河河中为界，此节界限按照界图分别云南之木杠、木桑、马邦山、马邦塞、簛那寨、簛那卡、谭家坝、簛弄、凉水井卡、凉水井，北圻之簛布、簛邦。自云南凉水井、北圻簛邦相对之河界尽处界限，出河上岸向东将至云南田篷街，转向南至云南沙人寨，外折向东北至云南猴子洞，折向东南至云南猺人寨，对北圻龙兰街止，此节界限按照界图分别云南之石丫口卡、龙哈寨、苗塘子、龙潭、龙哈卡、哈坑寨、哈坑卡、平寨、龙薄、田篷街、沙人寨、桥头寨、黄家湾、小湾、猺人湾、流水坪、猴子洞、干河、达论、田尾、小龙、兰坡门寨、中河卡、麻蒌卡、小卡寨、白藤山、猺人寨，北圻之上渡、上篷、新街、中篷、格簜、麻栏、格浪、下篷、龙兰街。中国勘界大臣等查云南猺人寨、北圻龙兰街均接广西，达省界，由龙兰街及普梅河之下渡以南，查非云南。现界应由中国勘广西界之大臣等与法国勘界大臣等自行会勘。再法国勘界大臣等查，云南与广西交界系在者赖河以东，中国勘界大臣等查此河并不由云南流入北圻，实系由云南流入广西境内，再出广西界入北圻，无关滇越分界之事，今附注入节略。以上界地各自注明。此外地名、山名、水名未经载入者，在云南界线内属云南，在北圻界线内属北圻。此项节略中法文字各两分，彼此画押各执中法文各一分，并附辨认明确界图各一分。

第五段节略

光绪十二年九月十四日，中法勘界大臣等以滇越现在之界，自龙膊河入红河处所起，<small>以上红河全归云南。</small>至云南之猸人寨、北圻之龙兰街止，业经会同辨认，兹公议由龙膊河口起、云南北圻尚未经辨认交界处所一段，较图认辨，彼此意见不合，现因此段边界梗阻，当时不能履勘，故按照本年七月二十九日所立节略第五条已定办法，应各请示于本国，其将来如何勘定，并于何时勘定，应由两国商订。此项节略中法文字各两分，彼此画押，各执中法文各一分。

　　　　　　　　钦差勘界大臣内阁部堂周　押

　　　　　　钦差勘界大臣云贵总督部堂岑　押

　　　　　　钦差同勘界务福建台湾道唐　押

　　　钦差总理勘定边界大臣驻越帮办大臣狄隆　押

　　　　钦差勘定边界事务副将官狄塞尔　押

　　　　钦差勘定边界事务参将官达鲁　押

光绪十二年九月二十二日西历一千八百八十六年十月十九日保胜老街画押。

请缨客曰：近闻通商议在临安府蒙自县，由越南红江船行经保胜直达蛮耗，再陆行百数十里即蒙自。将来滇如有警，寇必专趋蒙自。保胜以上河道虽浅不能行船，而彼由南岸陆行，乃北圻地，我难阻之。寇趋蒙自，则已入我腹地矣，所有河口汛及马白关沿边一带之防营皆落后无所用之。蒙自距省仅十站，故今日滇防以重扼蒙自为要着。桂边要隘，已见南皮所议，然尤以廉州之北海为重。此关两省命脉，地在粤东，而关系粤西更紧，明者当能微会之也。通商议在龙州，李鉴堂力争不可，今竟在龙州。

跋　一

溯自用兵海上，以强敌受我重创，为泰西各国所震慑者，惟越南法兰西一役。癸未、甲申之交，和钧谬参使事，驻日斯巴里亚国。时西报电传法越事无虚日，继载有中国克秘审色克得隶博亚阿夫西位尔阿斐士主画军事，号召联络，所向克捷，译诸英文，盖言有奉使者吏部郎官也。亟走函询曾劼刚星使，始谂公出关谋越大略，深以不获侍行阵、执鞭弭为憾。岁己丑，从事台南，属公左右，获读《请缨日记》十卷，详绎颠末，证以凤闻，窃叹公出关以来，跋涉数千里，无尺寸凭藉，惟以忠义相激发，从容樽俎，指挥大定，安反侧，驭桀骜，拊循慰勉，团结一心，以械钝粮竭之众，转战深入，馘斩精锐，俘获酋虏，不可数计。厥后宣光之役，法军挫衄阽危，全圻震动，驯至告警乞援，法之国会议兵议饷群起交讧，宰执避位。综西报之缕列，实与公是编相表里者也。和钧循览数过，怅触旧怀，谨缀数语，以为曩日军情时事之一证云。光绪己丑七月属吏朱和钧谨识。

跋　二

　　越南为我圣清藩服,恪修职贡二百馀年。今王阮氏,由阮福映传至阮福时,八十馀年矣。咸丰年间,法兰西扰其南六省,战八年,取之,改称西贡。旋即行成,而法踪犹未至北圻也。同治年间,云南提督马如龙购西洋火器,已革同知李玉墀航海取道越南宁海汛入红江达滇境,此番舶入北圻之始。十二年,法兰西借衅破河内,刘永福阵斩其酋,仍即议和,遂以宁海汛为通商口岸,继则代越榷税于东京。越君臣私与立约,不与我中国知之。光绪六、七年间,西贡五画酉李威利觊越屡懦,起意吞灭,并艳我云南之矿利。法院执政犹疑越南为我藩属,碍公法,计未决,且虑劳师。李威利力称全圻一鼓可下,坚主用兵。八年五月十三日,突率五百人攻河内,据其城。当是时,广西防军十二营在镇南关外剿土匪陆之平,记名提督黄桂兰统之,是为左江左路军;候补道赵沃统五营驻归顺小镇安一带,是为左江右路军:雌伏守边,于河内军情未敢过问。滇边向无防军,至是马白关外始屯数营。云南布政使唐炯奉命筹防,驻蒙自县,去河内千有馀里。两省防务,介诸不即不离之间,聊称善策焉。

　　余官京师,于海国情形粗有涉猎,环顾九州,慨然有纵横海外之想。河南才士黄晓甠跳荡负奇气,两人相与于穷庐风雪中,时时以越南为说。晓甠溺死珠江酒艇下,余十五年吏部主事,潦倒文选司中。而越南之难适起,乃伏阙上筹护藩邦之疏。敕下往滇,中书舍人谢子石为绘《万里请缨图》以壮行色。

　　自出都门，日有笔记。是年壬午为第一卷，录副寄京。癸未所记特详，甲申二月，北宁失守，稿弃城中。继驻垒于谅山之巴坛岭，羽书火急之下，抽毫追忆，仅撮大端。养疴龙州，遂尔阁笔。八月，领军出关，复有记。自十二月十一日宣光战后，日夕从事鞭弭，仍废不书。乙酉款议成，遂遵敕班师而入关焉。计南征三载，与西虏旗鼓相当，大小十馀战，未尝不系颈帐下、悬头藁街，而请缨之志终憾未偿。零编断帙，束置于丛残伍籍之中，首尾不完。或曰：中外用兵，盖以此次为最久而接战为最烈也，不可不记；南交忽属泰西，为二千年来未有之大变，不可不记；泰西为我国雠，咸丰庚申后刘永福首起击之，不可不记；书生走万里，驭异域枭将，提一旅偏师，转战三年，目睹兵戎始末，不可不记。于是搜辑军报、编缀旧稿，得十卷，名曰《请缨日记》。虽不免庞芜絓漏之病，而军事之宏纲要迹，始卒兼赅。其中得失是非，足以备鉴来兹，有裨时务，而事必征实，尤可为后世史官得所依据焉。

　　光绪十四年岁次戊子六月，唐景崧识于台湾道署。

跋　三

　　光绪戊子六月编缀日记成，窃念书名请缨，缘谢子石舍人赠图而起，而是图实为龙松琴农部所作，并许题诗，盖觅句堂中交情缱绻，悲欢离合，尝有此种词翰流落人间也。图成而松琴难作，不果加墨，子石倡题一诗，匆匆付余，亦不及征咏。图留京邸，计已无存。及日记缮毕，太夫人乃曰：请缨图早渡海来矣。亟搜以出，展睹如新，纸额签曰："请绘《万里请缨图》为送唐吏部之越南。"松琴墨也。子石诗曰："瀛环以外声华起，神州今有奇男子。材非蹶张气瑰玮，状貌退然文士耳。今之吏部前太史，十年饥索长安米。一旦请缨行万里，万里日南盗如蚁。岛夷交乘危卵累。剥床恐及肤，亡唇终累齿。朝廷南顾忧，兵端戒毋启。君乃蹶然兴，奋笔书长纸。九真吾屏蔽，地匪珠崖比。群盗亦吾民，联之臂使指。见兵取郐支，开屯当戊己。不费一金折一矢，以盗攻夷熊搏兕。书奏天颜喜，皇华奉廷使。韦杜城南秋雨晴，五云回望天尺咫。富良江上瘴烟浓，一肩萧瑟羞行李。吁嗟乎！男儿作健宁顾此，奉君一杯君行矣。"其图为状短衣匹马男子拱别于春明门外，谯楼一角，烟树苍凉，极有易水荆卿不顾而去之概。惜乎匕首不灵，虎狼不死，天乎人乎，有同慨夫！特志原委于此，使后之览者知记外有图，考古流连，馀兴不尽，更当索我于五百年后零缣断楮之中云。癸巳刊成再识于台湾布政使署。

附录一　台湾唐维卿中丞电奏稿

乙未二月二十八日

二十八日午刻澎电断后，南路竟日闻炮声，是我军正力战。敌炮自系攻炮台，炮台似未失。惟百计无从策应，苦兹将士，南望涕零！澎军火较台他处为多，终绌于力，不能甚足，皆微臣之罪也。恒春未闻动静，大约现以全力攻澎。军情如何续奏，请代奏。景崧肃。艳电。

三月初二日

戌刻台南电报，澎弁勇带伤逃渡者称"二十七八日水陆并战，击损倭轮三艘，岸贼驱走，我炮台亦被毁，各亡千馀人。二十九日贼轮前攻，又由他处分登。我军分御血战，统领知府朱上泮身受数伤，疑阵亡；澎湖镇周镇邦、通判陈步梯俱带伤，不知下落。午刻，贼攻入厅城"等语。各述情节，大略如此，愤懑何极！虽孤悬之地，无轮策应，固守为难，以致孤军血战三日，镇、厅统将力战身伤，存亡未卜，地亦随陷。臣罪终无可辞，请将臣交部严议，容再查明员弁下落及西屿情形具折驰奏。再蒙电旨垂询台湾布置能否周密，饬与闽督筹办。伏查台营虽多，分布则少，贼趋旁港，防不胜防。闽省力难添助，现亦就地增募，枪患不足。蒙再饬拨汇丰五十万两，赶招粤勇，并购精枪，但恐难于到台，惟有极力设法。总之，台无兵轮，绝地坐困，所恃者人心固结、生死以之而已。

三月初三日

据各路电报，澎弁勇来云：贼用气球登岸，人执一铁板，聚成炮台,手炮开花弹极猛速。二十八日,统将朱上泮阵亡。贼逼厅城,周镇邦、分统林福喜、通判陈步梯力击,贼退。二十九日,贼以兵轮环攻,使我处处受敌,后登岸攻进东门。周镇邦巷战带伤,左右尽死,传闻登山自尽,俟续查。贼据金龟头炮台,哨官陈得兴、弁勇百馀人力抵,亦俱死。林福喜受伤,不知下落。其军最奋,死亡尤多。陈步梯带乡团助战,亦受伤,不知下落。惟刘忠梁守西屿,是日但见贼发炮,遥望之,尚未查知确耗。三日血战,澎军头目伤亡殆尽。臣明知澎湖孤悬绝地,无兵轮,无术策应,负兹将士,惨痛何极!请代奏。

三月初六日

此电仓卒据各路探报之言,实在情形,全不相同。中国人无识,有专造谣言者,有随口演说者,有人云亦云、一犬吠影百犬吠声者。所遣侦探亦不过传述若辈之言而已,可为痛恨。电中所言"气球",后始悉系在海水浅处用矾布船登岸,一人乘一船,远望之,若"气球"然。后闻总署以"气球"登岸之语行知各处,岂非大笑话?又"人执一铁板,聚成炮台"之说,尚待考,大约亦误认也。

澎失,蒙恩免罪,愈益惶悚。谕旨垂询台营布置。台防分南、北、中三路:守北路,基隆提督张兆连、基隆后路道员林朝栋、沪尾总兵廖得胜、沪尾对岸都司黄宗河、沪尾后路守备李文忠、苏澳参将沈祺山;守南路,刘永福、台湾镇万国本、恒春都司丘启标、嘉义总兵陈罗;守中路,道员杨汝翼;守后山,台东知州胡传。此外小口十馀处,或一二营不等。原设防番各营,不能掣动。杨岐珍往来基、沪,办事和衷,所部扎沪尾,留三营在省备游击。台营虽多,分布则薄。基、沪要口,合前敌、后路不满六千人,此外可知。游击师仅杨岐珍三营,一二仗后无人换替。现赶募,未成军。义勇可调度,惜乏枪与弹,得款后始购新式枪炮,运到必迟。澎文武下落,容确查再奏。

凤、恒昨报轮来复去,闻寇即日大队来犯,已严备。论台之力,办防只能至此。久支强寇无胜算,略可恃者,军民心尚固结耳。请代奏。

三月初六日

电旨悉。停战台湾独否,敌必以全力攻注。孤台当巨寇,其危可知。北方既停战,恳饬所有兵轮悉赴台湾听用。臣一面激励将士,誓以死守。澎湖之失,以无兵轮援应,前车不远,足为寒心。臣不惜死,总期于国事有益。迫切,请代奏。

三月初七日

停战台不在列,洋行得信喧传,台民愤骇,谓:"北停战,台独不停,是任倭以全力攻台。台民何辜,致遭歧视?"向臣暨林绅维源环问,谓:"战则俱战,停则俱停。"众口怨咨,一时军民工商无不失望,义勇尤哗。告以非朝廷之意,乃倭人之意,不能禁不攻台,无如莫从喻解。一处如此,他处可知,情形一至于此! 迫切上陈,请代奏。

三月初七日

台坐困,则乏军火,购者未到,到时恐难运入。闽存无多,江南供应太繁,拨济亦不多。乞旨饬下粤省拣可用后膛枪拨台五千杆,配足子弹。毛瑟弹另拨三百万粒,火药十万磅,交知州唐镜沅设法解运。粤无警,且有机器能制也。请代奏。

三月十一日

奉初八日电旨,钦遵宣示,台民感激天恩,人心大定,士气益奋,足慰宸廑。现赶增土勇二十馀营,愿杀贼者群起,惜械无多,难尽收用。有自备枪与饷者,具征义愤之忱。近日洋面甚静,不测寇意。伏查台防中路近薄,然究非大口,敌倘深入,离船太远,南北夹击,敌在阱中,似不足惧。台南延至四月底涌浪大起,不能停椗,惟台北为精华所萃,臣亲加布置,地营濠堤,水、旱各营尚周密。延至四月,所购军火到、粤勇来齐,战事能有把握,再策复澎。难必成功,而矢志如此。请代奏。

三月十九日

后所购军火并未到台,委员借词延宕、欺骗情形,无人不知,而维帅不能问。六月,维帅到上海,此人送纱罗衣两箱,曲意献媚,而军火事竟弥缝不追问矣。委员所购军火快炮等项,三月间据说已到香港,后又说已到西贡,五月间则又谓尚在新嘉坡,其实并未起运,不知是何弊端?

寇伏澎湖,无甚动静,运路犹可畅行。增集台勇七八千人,次第成军。粤勇亦陆续可到,声势比前壮。台民惟恐倭力索台,愿投效杀贼者远近递禀,日有千数百人,惜不能尽收。江南运枪万杆已到,尚须修理;又搜取抬枪、劈山炮,亦甚得力。台民知洋款未借定,十日内,南、北两路息借银凑集二十馀万。寇在门阃而人心固结如此,臣若不密谋复澎,竭力保台,不独上负圣恩,且无颜对全台百姓。惟增银购械、悬赏等事必放手为之,方能有济。户部前后拨款恐难持久,尚须设法经营。祈代奏。

三月二十日

风声和议将成,不知何款?臣愚以为赔兵费、通商则可,与土地则不可。皇上念列圣创业艰难,岂肯出此?特恐倭奴迫我以不得不从。北辽、南台,二者失一,我将无以立国。外洋谁不生心?宇内亦必解体。战而失地,犹可恢复;和而失地,长此沦陷。委香港与英,乃小岛耳,贻害已甚,况喉咽肩背之地?必不得已,惟仍出于战,以偿彼之费为用兵之费。倭力有限,再与坚持,或易就范。国家大计,岂容海外孤臣闻谣妄议,且臣不能保澎,敢言保台?设割台,臣反得卸仔肩、全性命。然大局利害所关,虽处危地,万死不悔!幸兵力愈厚，人心愈固，非全无可恃。披沥上陈，伏维圣裁。请代奏。

三月二十二日

现招粤中义士、骁将集万人，有自备船械者，拟由粤用渔船航海夺澎。幸得手，即乘胜入倭。因恐漏泄，不敢先奏。十九电奏有"密谋复澎"语，即指此。利钝不可知，而义愤之气可用。部署已定，正电商月内起程。适闻和议成，不知确否？此军出海，无从收回，到澎必战，请示进止。祈代奏。

三月二十三日

"义士"、"骁将"，只就唐镜沅一面之词，遽尔轻信，其实一大骗局耳。事过境迁，念之尚令人发指。先是，上年十一月唐镜沅即有密电与维帅，言访得有一大侠，将来可令多带兵，可以往攻日本，其手下义士、骁将极多云云。维帅初尚秘而不宣，潜令往招。乙未三月，始告余：大侠即吴国华，将倚以复澎湖。余心非之，而不敢尽言，盖其时吴已到台湾矣。复令回粤招勇，将与以重任。其实吴乃一赌博无赖子，后为盗，有司出花红访拿，镜沅遂目为大侠云。

纷传和议已画押，有割台一条，台民汹汹，势将哗变，恐大乱立起。有无其事？祈速示。

三月二十三日

三次电奏、一次询总署和议情形，均未奉复。洋行纷纷传电，割辽、台已画押，倭并派某爵率兵输即日来台。李鸿章希图了事，此约断不可从。必不得已，查外国近来或联二三国为同盟密约，我可急挽英、俄为同盟，许其保辽、保台，即以赔倭之款与英、俄，或请各国从公剖断，不可专从李鸿章办法。割台，臣不敢奉诏。且王灵已去，万民愤骇，势不可遏，奸民并乘此为乱。朝廷已弃之地，臣无可抚驭，无可约束。倭人到台，台民抗战，臣亦不能止。臣忝权台抚，台已属倭,一切檄文仍用"台抚"衔,不独为民笑,并为倭笑,何能办事? 如必割台,惟有吁请迅简大员来台办理。此外有一线可挽回,惟乞圣明熟思。揆今时势,全局犹盛,尚属有为,何至悉如所索? 皇上当思列圣在天之灵,今日何以克安? 臣不胜痛哭待命之至。请代奏。

三月二十五日申刻

敬电谨悉。彼所恫喝,我所畏虑。惟犯京师,辇毂暂出巡行,古所常有。今割辽东,寇在门闼,将来亦应迁都。早晚有此一举,不如翻约与战。只此一着,中国尚有转机。倭得地,势愈强,将来何以应之? 转瞬各国纷起,其危更甚。战而失,人能谅之;径弃与人,天下谁不寒心? 此等非常之变,告示一出,乱民立起。且百馀防营,不裁何待? 一裁则人皆无王法可畏,岂能以空言解之? 外间已汹汹欲变,抚之不可,剿之不能。至台民、将士愿随臣行者,拒之必不放行;挈之内渡,无地处置,无款遣散。泣求皇上于无可如何之中,饬挽各国从公剖断。与其径割与倭,不如与英、俄密商,许以重利,较可从容办理。迫切情形,乞代奏。

三月二十七日子刻

是日辰刻接总署"割台湾"电,大致谓割台系万不得已之举。台湾虽重,比之京师则台湾为轻,倘敌人乘胜直攻大沽,则京师危在旦夕。又台湾孤悬海外,终久不能据守。贵抚前奏,一则曰台营虽多,分布则少,一二仗后即无营接仗,再则曰台无兵轮,绝地坐困,不可因一时义愤遂忘以前所陈种种患害于不顾也云云。又言:交割台湾限两月,余限二十日。百姓愿内渡者听,两年内不内渡者,作为日本人,改衣冠,并令台抚出示晓谕。来电甚长,节录大略如此。惟割台事仅总署一电,并无电旨,故台民于此节尤愤恨也。昨电示传播,台民不服,闭市,绅民拥入署,哭声震天。二百年文物之邦忽沦化外,迁徙谈何容易？其惨自不待言。土勇数十营誓必与战，撤时断不肯缴军装。倭人登岸，民必歼之，崧势不能禁。请设法告倭，不可遽遣人来。来或被戕，官不任咎。此时官难自保，焉能保人？当此万古奇变，祈作设身处地之想，焉能使勿滋事端？非挽各国筹一善处之方，和局恐仍有碍。民急且乱，何事不为？并恐劫他国洋行、杀洋人、毁教堂，横开衅端。此后一日有一日之变矣。迫切待命之至！

前所录总署电，令台抚出示晓谕，下有"交割时须极力保护，并论百姓切勿滋生事端"之语，故此电云云。总署令喻台民不可"滋生事端"，并无一语抚恤，故台湾绅民均愤恨愿入英籍云。

大局败坏至于如此，惟悔约再战，拚孤注以冀转机。否则各国纷起，宇内立见分裂，虽欲苟安而不得。即各国无事，而赔款太巨，何处搜括？要害全失，财穷地蹙，断难自立。臣非故作危言，皇太后、皇上圣明，熟思必能洞鉴。割台之议，不敢遽出示，痴望有一线转机。绅民哭声震天，乱民又起，无可抚慰，无可禁止。臣与各官，惟日以泪洗面，即欲办理收束，为众所劫，无术可施。臣八旬老母，誓共守台。和议成，本可内渡，乃为民遮留，其惨可知。明知屡渎重罪，而为天下计，惟战有生机，割地、赔款实成绝路。敢冒斧质、犯忌讳，再陈。倘稍有变局，伏乞电旨，速固人心。不胜迫切待命之至，请代奏。

三月二十八日亥刻

弃台万众咨嗟，乱民已起，本日午刻省城抢劫，砍毙抚标中军方良元，枪毙平民十馀人。现距交割之期尚远，且未撤营，乱已如此，撤营后必至全台糜烂，官员恐难保全。臣诚不知所措，恐无死所矣。迫切上陈，请代奏。

三月二十八日

台湾为各国入华咽喉，归之日本，不独台民不服，恐各国亦不愿。从此争端无已,涂炭生灵。查浙之舟山、朝鲜之巨文岛,英与各国均有约,大致保全中国之权,不致大伤中国体面,并为息争起见。台湾能仿此办法,不独台民之幸,亦中外大势所关。恳将此电饬下总署与各国使臣从公商断。不胜待命之至,请代奏。

四月初一日

钦奉卅日电旨,近日台湾情形,敬沥陈之。二十五日,台民知台已属倭,台北绅民男妇日入署向臣母及臣环泣,并电知台南、台中各绅士,留臣固守。当将朝廷不忍台民涂炭之意,剀切开导。无如义愤所激,万众一心,无从分解。次日,即鸣锣罢市。适英领事金璋来臣署,绅民环请设法保台,拟以台归英保护,将煤、金两矿并茶、脑、磺各税酬之,恳其转达公使。臣见其情急,莫能禁止。而防营仍未敢撤,莠民遂乘机欲乱,有二十六日劫司库、械局之谋,以有备而止。二十八日,竟在市中抢劫。中军方良元出往弹压,仓卒被戕。乱民闯入臣署,亲兵闭门抵拒,臣与刑部主事俞明震、县丞彭□□亲出喝散。正重恤尸主,严拿凶犯。去后忽闻有各国公论,欢声雷动,安堵如恒,果有转机,不难立定。若仍照前约,军民必立变。现已抗缴厘金,谓台归中国则缴,并禁各盐馆售盐、饷银不准运出,制造局不准停工,皆称应留为军民拒倭之用。臣恐为军民劫留,无死所矣!请代奏。

四月初一日

台地多煤,公家无资开采。不立码头,路远本重,商家裹足。近知基隆、宜兰金矿且多,不仅金砂也。正拟招商承办,以办防中止。如全台许各国为租界,各认地段开矿,我收其税,则利益均沾,全台将益繁盛。而各国有租界,商本萃集,自必互禁侵扰,烟台、上海是其明征。方今中外局势已成,非借西法联络各国,无以自立。必先去我疑忌,且必有利与人,始肯助我及此。各国如肯调停,必须有切实办法。以上所陈,乞备采择。祈代奏。

四月初三日

台民汹汹,屡请代奏,未便渎陈。兹闻各国阻缓换约,谓有机会可乘,劫以不得不奏之势。兹据绅民血书呈称:万民誓不服倭,割亦死,拒亦死,宁先死于乱民手,不愿死于倭人手。现闻各国阻缓换约,皇太后、皇上及众廷臣倘不乘此将割地一条删除,则是安心弃我台民。台民已矣! 朝廷失人心,何以治天下? 查公法第二百八十六章有云:"割地须问居民能顺从与否?"又云"民必顺从,方得视为易主"等语。务求废约,请诸国公议,派兵轮相助。并求皇上一言,以慰众志而遏乱萌。迫切万分,呼号待命。请代奏。

四月初三日

台民不愿归倭,尤虑乱起。朝廷一弃此地,即无王法,不能以"尚未交接"解之。文武各官,不能俟倭人至而后离任。民得自逞,不独良民涂炭,各官亦断难保全。盐为养命之源,无官管理,万民立死,此一事即最难处。现在各署局幕友、书吏、仆役辞散一空,电报、驿站亦将无人,势必不通,无从办事。至撤勇营,尤为难事。愚民惟知留臣与刘永福在此,即可为民作主,不至乱生,刘永福亦慨慷自任。臣虽知不可为,而届时为民劫留,不能自主,有死而已。伏泣沥陈,乞圣训。请代奏。

四月初三日

闻俄、德、法阻止日本占华地,台不在列;三国保辽,台益觖望。台民曾挽沪尾英领事金璋达驻京公使,称全台愿归英保护,恳速派兵轮来台;土地政令仍归中国,以金、煤两矿及茶、脑、矿三项口税酬之。第恐非领事所能办到,请旨饬下总署速商英使,以解倒悬。迫切待命，乞代奏。

四月初四日

台民愤恨，必不服倭，不待去官、撤勇，变乱立起。近闻三国阻约，人心稍定。现距批约之期不远，如无转机，乞速密示，以便筹画。

四月初六日

俄、德、法出阻批约，或云阻割辽西，未阻割台，海外传闻不一。台乱日起，臣无泪可挥，无词再渎。惟反复焦思，中外固强弱迥殊，但能矢志不制地，有此限制，事犹可为。或已失之地力不能复，听其占据，犹属有说；未失而予人，此端一开，各国援以索地，是不动兵而可裂我疆宇，恐大变即在目前！诸臣可苟安，皇上春秋鼎盛，临天下之日甚长，断不可图苟安。今一割地，以后欺陵艰苦之事，惟皇上一人当之，诸臣不复见矣。割台臣可偷生，然天良未泯，甘蹈危机，万死不悔。总之，战而失与割而失，大有不同。战地未必即失耶？至京师固重，重在皇上耳；巡幸而出，彼无恫喝，必不力争京师，即保京师之法。伏乞圣明三思。请代奏。

四月初六日

澎湖现到倭轮二十四只，台湾未奉停战明文，且在未奉批约期内，倭轮近台，惟有开仗。请代奏。

四月初八日

台之存亡，视批约准否。存亡各有办法：购械陆续将到，无台不必运台，有台则宜备战。全台盐务，北路收外来盐、中路领运南盐、南路晒盐，皆在此时备一年之食，成本甚巨。无台则三路均应停办，有台宜趁此时办理。过此风帆不顺，运、购两穷。民变日起，劫抢盐馆、厘金衙署，假名字者不一而足，迁怒于官与洋人：旗台游勇屡枪击英兵输入口舢板，幸未伤人；各国洋人用水师在岸自卫，恐不免杀戮事。正气一泄,邪气全来,再迟时日,虽有台不可救药矣。批约是本月初八日、抑十四日? 务乞密示消息,以便预筹。

四月十三日

闻批约在即,割台一层是否提出另议,防受倭愚? 用特奉询。

四月十五日

闻辽东一带仍归我,和约内删去此条。法有阻台之说,不知确否? 法员未见到,两船来台,恐亦无益。若批约内未将割台一节言明剔开另议,恐奉批后法独力亦难挽回。台民死不服倭,彼此用武,不过涂炭生灵。中、日已和好,可否将台民不服情形,请旨饬下总署,邀同各国公使与日本商一救民之策? 此等惨状,各国当亦见怜。民变在即,迫切待命。

四月十六日

闻和约已换,倭允归辽,随后与三国会商。伏查侵占之地可以让还,岂有完善之区凭空割弃? 法船未来,无从与办,惟恳钧署密约法使迅速派轮、遣员来台会商,迟恐民变,无从挽救。再以法独保台,总不如请各国公保为善。但一法尚邀不至,遑论各国? 是则在总署之设法矣。

四月十六日

有电旨,言法来保台,派四船由西贡装煤起程,并饬台抚出示晓谕军民,言法兵轮来台,系为保台起见,不可念甲申旧隙,致起疑忌云云。四船皆有名,日久忘记矣。

王之春亦有电言此事。后王又有电,言事已成,为龚星使照瑷所阻,恐未确也。香帅电亦如此说。皆王一面之词也。

台营增多,台事未定,勇不能撤。留与撤均需饷,定购军火亦须给价,请旨饬户部拨饷二百万两,以备急需。但有一线可图,誓必存台另开局面，不敢屡求部筹。而目前急无可筹，仍仗朝廷。台将亡矣，赏畀此款，藉慰万民悲愤之忱。二百年养育天恩，亦遂从此尽。伏乞恩准。请代奏。

四月十九日

总署代奏后，奉旨拨百万，先由上海拨五十万交台湾转运局。台亡后，尚存二十万，系洋行票子，维帅持交香师；其馀三十万，似尚未全行运赴台湾。惟闻交广东唐镜沅十万赶办军火，其馀赖耘芝处当有报销。内渡后，此类事余皆不与闻矣。广东事，李体干为维帅画策，惟恐余知。时维帅住厦门电报局，余住厦门提督杨西园署中，维帅令陈敬如往来传话，而不告知伊等住处，皆体干之谋。谓余住杨署中必漏消息，杨知维帅在厦门，必设法谋害也。此维帅同赴金陵时，亲口告余者。

在厦门发密电至广东，均系周梅生翻译，后周持电稿赶赴汉口向维帅讹索，维帅无奈，与以千金。当日之事，不问可知。维帅衷怀坦白，人最忠厚，凡此类皆小人误之也。维帅由南京赴湘，故梅生赶至汉口。

有德人来说：中、德交情最厚，向无微嫌；台事曾请英、俄设法，独未及德，似未周到。因此，德领事探商，渠亦以为应有电旨饬许星使向德外部商请阻割台湾，并由总署向德使筹商。查法、德素不相能，且台地并无法商，又无领事，惟德有之。今请法不请德，恐德难以为情，致添一层痕迹，似非邦交所宜。惟添请德国，于大局似有益无损。伏乞圣裁。请代奏。

四月二十七日

忽谣闻法使回复钧署，不能护台。台民汹汹，蜂集衙署，势将与官为难。变在俄顷，有无其事，均请速覆，以便设法安民。

四月二十二日

台民知法不可恃，愿死守危区，为南洋屏蔽，坚留景崧与刘永福。经反复开导，再三辞拒，无如众议甚坚，臣等虽欲求死而不得。至台能守与否，亦惟尽人力以待转机。此乃台民不服属倭，权能自主，其拒倭与中国无涉。恳旨饬下总署商倭外部，彼员从缓来台，则台与倭尚可从容与议；若即以武相临，不过兵连祸结，彼断难驯致全台。以上各节，是否有当？伏乞皇上训示。请代奏。

四月二十五日

闻倭归辽、旅索加费一万万；台湾系未失地，大可援成案加费索回。原议兵费偿二万万，又加赎辽、赎台之费，请各国公评价值，即可指台湾押与他国抵借巨款；所有赔款，均由此出。似此办法，则辽、旅、台湾均退还中国，而赔款数万万均由台出。据江督电称：美国曾估台湾可押十万万，即不如数，大约数万万可押。请旨饬下总署与李鸿章，向日本速议。台民誓不服倭，倭难收取，李经芳来台交割，台民愤极，定中奇祸，即澎亦断不可往。实相爱，非相忌之词。改派他员来台，恐亦无善全之策。伏思价款二万万，又加赎辽、旅费，部臣如何措手？借用洋债，各省海关全为英国所踞，已属难堪。借必应还，我又何以立国？不如赎台而转押台，则费有所出。至将来赎台之费，从容计议，自有众擎易举之法，容再续陈。惟押台之说，并无外洋巨商，请饬江督与议。总之，朝廷不忍割地弃民，人心感奋，百事可为；一失人心，断难再振。台民闻李经芳偕倭酋即日收台，变在旦夕。倘蒙俯采末议，祈速谕知。请代奏。

五月初一日

顾藩司内渡，接替无人。查有候补主事俞明震才可济变，胆识俱优，堪以接署。请代奏。

五月初一日

全台绅民敬电禀者:台湾属倭,万众不服,迭请唐抚代奏台民下情。而事难挽回,如赤子之失父母,悲惨曷极!伏查台湾已为朝廷弃地,百姓无依。惟有暂行自主,死守不去,遥戴皇灵,为南洋屏蔽。留台抚暂仍理台事,并留刘镇永福镇守台南。一面恳请各国查照割地绅民不服公法从公剖断,台湾应作何处置?再送唐抚入京,刘镇回任。台民此举,无非恋戴皇清,图固守以待转机。情形万紧,伏乞代为电奏。全台绅民同叩首。

五月初二日

四月二十六日奉电旨,臣景崧钦遵开缺,应即起程入京陛见。惟臣先行,民断不容,各官亦无一保全。只合臣暂留此,先令各官陆续内渡,臣再相机自处。台民闻割台后,冀有转机,未敢妄动。今已绝望,公议自立为民主之国。于五月初二日齐集衙署,捧送印、旗前来。印文曰"台湾民主国总统之印",旗为蓝地黄虎。强臣暂留保民理事,臣坚辞不获。伏思倭人不日到台,台民必拒。若炮台仍用龙旗开仗,恐为倭人借口,牵涉中国。不得已,暂允视事,将旗发给各炮台暂换,印暂收存,专为交涉各国之用。一面布告各国,并商结外援。嗣后台湾总统,均由民举,遵奉正朔,遥作屏藩。俟事稍定,臣能脱身,即奔赴宫门,席槁请罪。昧死上闻。乞代奏。

(以上录自中国史学会主编《中国近代史资料丛刊·
中日战争》第六册,上海新知识出版社一九五六年版)

附录二　清史稿本传

　　唐景崧,字维卿,广西灌阳人。同治四年进士,选庶吉士,改吏部主事。光绪八年,法越事起,自请出关招致刘永福,廷旨交岑毓英差序。景崧先至粤,谒曾国荃,赓其议,资之入越。明年,抵保胜,见永福,为陈三策,谓:"据保胜十州,传檄而定诸省,请命中国,假以名号,事成则王,此上策也;次则提全师击河内,中国必助之饷;若坐守保胜,事败而投中国,策之下也。"永福从中策。战纸桥,敌溃,为作檄文布告内外,檄出,远近争响应。越嗣君为法胁,莫能自振,景崧乘间劝内附。永福意犹豫,景崧曰:"子能存亡继绝,即所以报故主也。且阮福时已薨,无背主嫌。"永福意稍动,于是广招戎幕谋大举。上念景崧劳,赏四品衔。

　　景崧上书言:"越南半载之内,三易国王,欲靖乱源,莫如遣师直入顺化,扶翼其君,以定人心。若不为藩服计,不妨直取为我有,免归法夺,否则首鼠两端,未有不败者也。"十年,驻兴化,会北宁告急,毓英令景崧导永福往援。初,桂军黄桂兰等方守北宁,刘团被困山西,坐视不救,永福憾之深。至是景崧力解之,始往;并劝桂兰离城择隘而守,弗听。景崧轻骑入谅山,与徐延旭量战守。适扶良警,请还犒刘军,行至郎甲,涌球陷,阻弗达。回谅,谓延旭曰:"寇深矣!亟宜收溃卒,定人心,备粮粮,集军械,分兵守险,以保兹土。"于是令综前敌营务,扼巴塘岭。敌再至,再却之,广军气稍振。

　　会张之洞令其募勇入关,乃编立四营,号景字军,为规越广军之一。朝廷赏加五品卿。景崧遂取道牧马,行千二百里,箐壑深岨,多瘴厉,人马颠陨不可称计。既至,数挫敌锋。毓英高其能,复以潘德继滇军属之,兵力乃益厚,进顿三江口。逾月,法人攻刘军吴凤典营,景崧率谈敬德驰救,大捷。敌既退,遂先薄宣光。城外地故荒服,乃督军开山斩道,首龙州,迄馆司,创设台站,滇桂道始达。已而军其南门,敌开壁出荡,疾击之,逼城而垒,枪弹雨垒,攻益力。是时天霪雨,运馈绝,吏士无人色。逾岁,滇军丁槐攻城,桂军虽饥疲,然犹据山巅轰击。法人殊死斗,不可败。毓英虑其断后援,令勿拚孤注,于是退顿牧马。有旨罢战,遂入关。论宣光获胜功,赏花翎,赐号霍伽春巴图鲁,晋二品秩,除福建台湾道。十七年,迁布政使。二十年,代邵友濂为巡抚。

台湾自设巡抚,首任刘铭传,治台七年,颇有建设,详铭传传。铭传去,友濂继之,丈地清赋,改则启征,迭平番乱,建基隆炮台。及景崧莅任,日韩启衅,亟起筹防。永福分镇南澳。景崧自与永福共事,积不相能,乃徙永福军台南,而自任守台北,未几而李文奎变作。文奎故直隶匪,从淮军渡台,居景崧麾下为卒。有副将余姓者,缘事再革之,文奎忿甚,即抚署前斩其头,护勇内应,争发枪,将入杀景崧。景崧出,叛卒见而怖之,敛刃立,并告无事。景崧慰之,翻令文奎充营官,出驻基隆。于是将领多离心,兵浸骄不可制。

割台议起,主事邱逢甲建议自主,台民争赞之。乃建"民国",设议院,推景崧为总统。和议成,抗疏援赎辽前例,请免割,不报,命内渡。台民愤,乃决自主,制蓝旗,上印绥于景崧,鼓吹前导,绅民数千人诣抚署。景崧朝服出,望阙谢罪,旋北面受任,大哭而入。电告中外,有"遥奉正朔,永作屏藩"语,置内部、外部、军部以下各大臣。命陈季同介法人求各国承认,无应者。无何,日军攻基隆,分统李文忠败溃。景崧命黄义德顿八堵,遽驰归,诡言狮球岭已失,八堵不能军,且日人悬金六十万购总统头,故还防内乱,景崧不敢诘也。是夜,义德所部哗变。平旦,日军果占狮球岭,溃兵争入城,城中大惊扰乱,客勇、土勇互仇杀,尸遍地。总统府火发,景崧微服挈子遁,附英轮至厦门,时立国方七日也。二十八年,卒。

刘永福,字渊亭,广西上思人,本名义。幼无赖,率三百人出关,粤人何均昌据保胜,即取而代之。所部皆黑旗,号黑旗军。

同治末,法人陷河内,法将安邺构越匪黄崇英谋占全越,拥众数万,号黄旗。越王谕永福来归,永福遂绕驰河内,与法人抗,设伏以诱斩安邺,覆其全军。法人大举入寇,永福军频挫。越人惧,乃行成,而授永福为三宣副提督,辖宣光、兴化、山西三省,设局保胜,榷厘税助饷。有黄佐炎者,越驸马,以大学士督师。永福数著战功,匿不闻,永福衔之。越难深,国王责令佐炎发兵,六调永福不至,然越王始终思用之。

光绪七年,法人藉词前约互市红河,胁越王逐永福。越王佯调解,而阴令勿徙。法大怒,逾岁,入据河内。永福愤,请战,出驻山西,径谅山,谒提督黄桂兰,乞援助。会唐景崧至,面陈三策,永福曰:"微力不足当上策,中策勉为之!"朝旨赏十万金犒军,永福入赀为游击。战怀德纸桥,阵斩法将李威利,越王封一等男。既又败之城下,法人决堤掩其军,越人具舟拯之出,退顿丹凤,与法人水陆相持,苦战三日,部将黄守忠攻最力。敌大创,乃浮舰攻越都,悬万金购永福,越乞降。永福欲退保胜,黑旗军皆愤懑,守忠自请以全师守山西,功不居,罪自坐,永福乃不复言退。无何,闻法军至,遂出驻水田中,而军已罢困,及战,大溃,退保兴化。

九年,法人要议越事,岑毓英力言土寇可驱,永福断不宜逐,上趥之,命永福相机规河内,并济以饷。十年,毓英次嘉喻关,永福往谒,毓英极优礼之,编其军为十二营。法人闻之,改道犯北宁。永福驰援,径永祥金,英、法教民梗阻,击却之。比至,粤军已大溃,永福夺还扶朗、猛球炮台。俄北宁失,力不支,再还兴化。复以粮运艰阻,改壁文盘洲大滩,候进止。

毓英奏言:"永福为越官守越地,分所应为,若畀以职,将来边徼海滢,皆可驱策。"于是擢提督,赏花翎。而李鸿章坚持和议,犹责其骚动。已,和局中变,上令永福军先进。法人扰宣光,永福窖地雷待之,连日隐卒以诱敌,不敢出。复徙营偪城,三战皆利。敌援至,毓英遣水师溯河而上,永福夹流截击,夺其船二十馀艘,斩馘数十级,法人愕走。逾月,法舰入同章,毓英遣将分伏河东西,永福居中策应,两岸轰击,败之,复以全力扼河道。十一年,法军攻左城,守忠失同章不守,诸军败挫,永福退浪泊。停战诏已下未至,犹大捷临洮。论胜宣、临功,赐号依博德恩巴图鲁。和议成,法人要逐如故。张之洞令永福驻思钦,不肯行。景崧危词胁之,乃勉归于粤,授南澳镇总兵。

二十年,中日衅起,命守台湾,增募兵,仍号黑旗。景崧署巡抚,徙其军驻台南。及台北陷,景崧走,台民以总统印绶上永福,永福不受,仍称帮办。日舰驶入安平口,击沉之。攻新竹,相持月馀,兵疲粮绝,永福使使如厦门告急,并电缘海督抚乞助饷,无应者。而台南土寇为内间,引日军深入,破新化,陷云林,掇苗栗,轰嘉义,孤城危棘,永福犹死守。日台湾总督桦山资纪贻书永福劝其去,峻拒之。日军乃大攻城,城陷,永福亡匿德国商轮,日军大搜不获。内渡后,诏仍守钦州边境。后卒于家。

永福骨瘦柴立,而胆气过人,重信爱士,故所部皆尽死力云。

　　论曰:清初平定台湾,用兵数十载,始入版图。甲午议和,遽许割让,天下莫不同愤焉。台民奋起,拥景崧为总统,建号永清,此实国民自主之始,七日遽亡。景崧初说永福王越,乃自为之,竟不可以终日,虽有知慧,不如乘势,岂不然哉? 永福战越,名震中外,谈黑旗军,辄为之变色。及其渡台,已多暮气,景崧又不与和衷,卒归同败,此不仅一隅之失也,惜哉!

(《清史稿》卷四六三,中华书局点校本)

人名索引

一、本索引收入本书正文十卷中出现之古今中外人物之姓名，并及字、号、别名、谥号、官职、斋号、简称以及籍贯代称等。

二、本索引以日记正文中出现之姓名为主条目，其他称谓如字号、别名、谥号及籍贯、官职、简称、外国人之不同音译等，括注于姓名条目之后。字、号等称谓列为参见条目，如：

> 萃亭　见冯子材　（字号例）
>
> 刘二　见刘永福　（别名例）
>
> 胡文忠　见胡林翼　（谥号例）
>
> 合肥　见李鸿章　（籍贯例）
>
> 冯督办　见冯子材　（官职例）
>
> 鉴帅　见李秉衡　（简称例）
>
> 斐礼　见费理　（不同音译例）

三、一人以上合称，则参见各自之主条目。如：

> 二何　见何璟、何如璋
>
> 吉林、高阳两相　见宝鋆、李鸿藻

四、日记正文中未出现姓名而仅出现其他称谓者，未能确考姓名则以所出现之称谓为主条目。称谓过简（如只出现姓氏、官职）者，以至于同一称谓可指称多人，此等情况须结合上下文判断所指为何人，索引无功，故不列入。

五、人名所对应的阿拉伯数字，为该卷之阴历某月某日。阿码本应对应公历日期,表示阴历日期固不甚妥;然本日记中时常有但系月而不系日者,无法对应公历日期(阴历某月所对应的公历月份属上属下无法逐一准确判定),以汉字数字表示又嫌累赘,姑从权处理,敬祈读者谅之。

六、本日记详略、断续悬殊,有但系月而不系日者、有数处系相同月份者、有连续数日系于同一条者,且有闰月者,分别表示如下:

卷四 2.17　表示卷四之二月十七日

卷四 3.3－5　表示卷四之三月三日至五日(日记原文即连日系于一条内)

卷三 10(4)　表示卷三之内系为十月者多处,此为第四处

卷五 5'.1－2　表示卷五之闰五月一至二日

七、本索引按照汉语拼音顺序排列。

A

B

G

M

闽浙督部堂杨　见杨昌浚

莫矜智　卷三 11. 11,11. 17

莫善喜　卷六 12(1),卷八 3. 25

穆图善(穆将军)　卷五 7. 9(1),
　7. 16,7. 19,8. 20,9. 4,9. 5

N

南　皮　见张之洞

南洋苏抚　卷九 5. 6

尼格里　卷八 2. 29,3. 25

尼立意　卷五 8. 27

倪　　见倪文蔚

倪大公　见倪文蔚

倪　抚　见倪文蔚

倪　鸿(倪云癯)　卷四 5. 6

倪文蔚(豹帅、倪抚、倪、倪大公、倪中
　丞)　卷二 2. 16,2. 20,4. 3,4. 22,5
　(4),6(2),卷三 9(1),9(2),9. 23,
　10(5),卷六 10. 1,11. 4,12(1),卷八
　3. 25,4. 10,卷十 7. 20

倪中丞　见倪文蔚

聂　升　卷一 9. 20,卷四 3. 26

牛　氏　卷七 1. 14

农德魁　卷六 10. 5

农耕贵　卷八 4. 12

农宏武　卷六 9. 20

农宏义　卷五 9. 1

农廷询　卷六 9. 20

农耀霖　卷三 11. 17

侬智高　卷五 9. 1

O

欧阳利见　卷七 2. 9

欧阳萱(椿庭)　卷二 3. 29,卷四 3. 9,
　卷五 7. 9(2),卷六 9. 20,11. 12,卷
　八 4(2)

P

潘炳年　卷七 2(3)

潘德继　卷六 11. 28,12. 29,12(1)

潘鼎新(琴帅、潘中丞、潘帅、潘抚)
　卷四 3. 12,4. 16,4. 17,4. 19,4. 27,
　5. 6,5. 7,5. 26,卷五 5'. 1－2,5'. 4－
　5,5'. 10,5'. 15,6(2),7. 1,7. 3,7. 8,
　7. 9(2),7. 15,7. 16,8. 2,8. 24,8. 27,
　8. 29,9. 5,卷六 9. 6,9. 22,9. 23,
　11. 4,11. 5,12. 11,12. 25,12. 29,12
　(1),卷七 1. 7,1. 14,1. 15,1. 29,
　2. 7,2. 17,卷八 3. 16,3(1),3. 25,
　4. 27,卷九 5. 3

潘其泰　卷六 11. 28

潘亚清　卷一 11. 5,11. 6

潘　瀛　卷八 3. 25

潘祖荫(伯寅)　卷一 9. 11,11. 18

Z

篇名索引

本索引收入本书正文十卷中所录之独立成篇作品,举凡奏稿军报、公私函札、条约纪略、诗文唱和,皆予入录。所收作品,以首尾完具为标准,日记正文中之节引不予收录。